马克思市民社会思想
及其当代价值研究

原晨珈　著

九州出版社
JIUZHOUPRESS

图书在版编目（CIP）数据

马克思市民社会思想及其当代价值研究 / 原晨珈著
. -- 北京：九州出版社，2022.5
ISBN 978-7-5225-0932-7

Ⅰ．①马…　Ⅱ．①原…　Ⅲ．①马克思主义理论—社会
学—研究　Ⅳ．① A811.64

中国版本图书馆 CIP 数据核字（2022）第 077924 号

马克思市民社会思想及其当代价值研究

作　　者	原晨珈　著
责任编辑	黄明佳
出版发行	九州出版社
地　　址	北京市西城区阜外大街甲 35 号（100037）
发行电话	（010）68992190/3/5/6
网　　址	www.jiuzhoupress.com
印　　刷	三河市龙大印装有限公司
开　　本	710 毫米 ×1000 毫米　16 开
印　　张	15.75
字　　数	270 千字
版　　次	2023 年 1 月第 1 版
印　　次	2023 年 1 月第 1 次印刷
书　　号	ISBN 978-7-5225-0932-7
定　　价	68.00 元

>>>> 前　言

　　本书主题设定为"马克思市民社会思想及其当代价值研究"，就是要阐明马克思的市民社会思想不仅适用于资本主义历史阶段，而且对于认识中国特色社会主义历史阶段的创新型实践也有科学指导意义。

　　"市民社会"概念也是马克思主义理论发展史中的一个极其重要的概念。为此，为了使"中国故事"在面临西方思想的强势追问之下获得主动，关于市民社会的理论交锋无可避免，马克思市民社会思想的科学内涵及其与当今中国的关系尤其需要认真研究。

　　当前市民社会研究中存在两个现象：一、西方"市场经济—市民社会—自由民主政治"的模式被普适化，用于各国的研究中。改革开放以来对中国市民社会与民主政治发展道路的研究也处于此模式的主导下。在这种话语模式支配之下，中国的政治体制现状受到了质疑，未来民主政治发展也被纳入到了西方的框架之中；二、葛兰西、哈贝马斯以来的"文化市民社会"转向使市民社会的文化、政治功能被置于首位，市民社会的经济内涵被淡化。这种倾向强调的是市民社会相对于国家的独立性和对抗性，以及在此基础上的市民社会对民主政治的推动程度，并以此来对各国市民社会作出价值判断。在这两者的结合下，虽然学者们都承认中国的市民社会有了快速的发展，但是对市民社会的评价和发展走向则有不同认识。一些人认为中国的市民社会不合格，应该基于西方的模式来改造中国的市民社会；另一些学者虽然强烈反对用西方标准来衡量中国市民社会的发展，强调坚持走中国特色道路的重要性，但往往用"特殊性"这个词一言以蔽之，缺乏在"市民社会"的话语体系中做深入细致的分析论证。

本书试图用马克思主义的思想方法来检视西方自由主义的"市民社会—民主政治"思想，并科学认识中国市民社会发展道路上所面临的种种质疑以及问题。通过搜集众学者的研究，在充分学习的同时，也感到某种欠缺：既有成果对马克思市民社会思想的把握似有厚古薄今、以古非今之嫌。研究重在说明马克思市民社会思想的由来，也准确把握了马克思有关思想对资本主义政治经济关系本质的意义。但是，若以此来理解中国现实，就会自觉不自觉地用西方历史发展的逻辑来解读现实中国，从而导致如下困境：要么否定中国市民社会的发展，要么否定马克思市民社会思想对中国实践的指导价值。事实上，中国改革开放以来，市民社会发展迅速，却并不与西方相同。因此，不仅不能简单用西方的市民社会理论来判定中国现实及发展，而且也不能简单用过去对马克思市民社会思想的理解来解读中国，因为过去对马克思市民社会思想的理解是仅限于解剖资本主义，而今面对的是中国特色社会主义。因此，对马克思市民社会思想的研究既要考虑其在不同国家横向维度上的应用，也要考虑其在历史纵向维度上的发展，这才能使马克思市民社会思想与当前的历史实践及学术理论进行对话，以体现马克思主义的科学性与发展性。

　　本书的逻辑脉络是：首先梳理马克思市民社会思想的理论渊源、形成过程和理论内涵，以窥马克思市民社会思想的全貌。然后对国内学界关于马克思市民社会思想，以及运用这种思想来理解当今中国的认识并进行分析。分析发现，自改革开放以来，国内学界对马克思市民社会思想及其运用有了相当丰富的认识，但仍有如下问题需要深入研究：如何处理西方主流理论与中国发展之间的矛盾，如何回应当前"文化的市民社会"对马克思市民社会思想的挑战等。回应这些问题，需要进入到理论与历史的对话当中去。美国是自由主义市民社会思想的重要根据地，也是被海内外学者拿来与中国比较的重要参照系之一，因此本书专辟一章对美国市民社会发展逻辑进行审视，就自由主义与马克思市民社会思想如何看待美国市民社会发展中的相关问题进行比较性的对话，以揭示自由主义关于市民社会与民主政治认识上存在的片面性，科学理解美国市民社会发展。最后，对中国市民社会与民主政治发展道路的特点进行考察，研究分析中国实践对马克思市民社会思想的继承发展关系，阐发马克思市民社会思想在中国特色社会主义发展阶段的内涵和价值。

　　本书最后得出的结论是：一、市民社会的基本内涵是"物质的生活关系的总和"，其基本功能是物质生产生活的承担者，市民社会的经济基础内涵不应在后来学者强调的市民社会的文化转向中被忽视甚至消解掉，因为"文化的市民社会"所追求的民主政治也离不开这个根基。二、"市民社会"概念不完全等同于"经济基础"概念。市民社会一般是相对于国家而言，侧重于对社会历史发展中"经济生活承担者与政治管理者"之间能动关系的把握；而经济基础一般是相对于上层建筑而言，侧重于对社会历史发展中"经济制度与政治制度"之间制约关系的把握。三、尽管以美国为代表的当代西方社会有多方面的改良，包括民主政治的发展；但马克思市民社会思想的基本点仍然有助于我们把握西方市民社会的本质特点。四、中国市民社会的发展与西方有共同之处，即都是物质生活关系的承担者；但也有不同于西方的特点，即中国共产党在其中的领导作用，她应该始终代表市民社会的整体利益，正如马克思在《共产党宣言》中所说："共产党人始终代表整个运动的利益。"同时，党建与中国共产党的正确领导密不可分，且党建需要市民社会的参与，这是社会主义人民主体地位的本质要求。总体来说，中国市民社会的发展必须致力于走良性互动的道路，包括市民社会内部的各群体之间、市民社会与国家之间、中国市民社会发展与人类命运共同体之间等诸多良性互动，这是中华民族振兴的必需，是人类命运共同体建设的要求。同时，中国必须充分吸取西方资本主义市民社会发展中的经验教训。

>>>> 目　录

绪　论

一、问题的提出

市民社会作为一个从西方文明衍生出来的概念，其形成与发展的悠长历史也是西方人文思想发展的历史，从亚里士多德的城邦到当代柯亨、阿拉托的作为民主制度基础的市民社会，市民社会概念的内涵和外延经历了数次变化。20世纪80年代以来，由于苏联和东欧社会的重大转型及伴随而来的东欧剧变，在全球范围内掀起了市民社会研究思潮，市民社会理论得以复兴。人们现在所论述的市民社会概念不再是与城邦制等政治共同体相同的古典范畴，而是一个与政治国家相区分的相对独立的范畴。在西方当前的历史背景下，市民社会理论者讨论的主题是"重建市民社会"，作为对二战以来西方国家确立的福利国家体制的反思，为西方晚期资本主义发展危机提供良方。以哈耶克、弗里德曼为主要代表的新自由主义者最早对福利体制发起了猛烈批判，提出"重新私有化"，试图使经济资源脱离国家的控制，并在"市民社会先于国家"的自由主义理论传统基础之上，提出"治理"这个政治管理概念，强调市民社会与政府共同作为公共管理的行为主体，实现权力的多元化和市民社会对国家的制约。以哈贝马斯为代表的左翼理论者则对福利体制内在的国家干预与社会民主的矛盾进行了揭露和批判，提出必须重建国家与市场之间的批判性的公共领域，恢复市民社会的批判精神，为资本主义国家提供合法性基础。以吉登斯为代表的"第三条道路"者则试图超越左右之争，在两者之间寻找平衡，强调市民社会与国家的结合，从而建立一个积极的"公民社会"。各理论主张沿着不同的路径重建市民社会，围绕国家与市民社会关系为中心进行考察，以实现资本主义制度的可持续发展。而在中国当前历史背景下，学者们讨论的主题则是"构建市民社会"，中国漫长的封建时期和建国初期的计划经济时期使中国的市民社会至今仍处于生成阶段，构建市民社会无疑是对以往国家统摄社会的反思，是对中国现代化道路的思索。然而，针对中国市民社会的讨论更为复杂：在以西方世界为研究背景的讨论中，我国的市民社会与资本主义社会基本等同，尤其 17 至 18 世纪以来的市民社会思想史可以说就是一部资本主义形成和发展的自我认识史。而中国一方面在市场经济基础上推进着社会主义现代化建设，另一方面又有着迥异于西方的政治体制和文化传统，中国市民社会及其与国家关系的特殊性和复杂性显而易见。中国改革开放以来的快速发展使中国的现代化之路引起了各国学者的极大兴趣。从何种意义上认为中国存在市民社会？中国市民社会与国家关系如何？中国市民社会发展的最终指向是什么？这些都成为海内外学者们热议的问题。

（一）马克思市民社会思想的当代价值再认识

市民社会概念的西方文明源生性，注定了对中国市民社会的研究是在与西方的比较中进行的。在西方话语体系中，市民社会往往与个人权利、民主政治等概念结合在一起，后者使市民社会概念具有了更深的西方价值观念倾向性。西方学者往往也是基于西方价值预判来研究中国的市民社会的。许多西方学者对中国市民社会发展现状有独特判断，他们从市民社会独立于国家的程度、市民社会对民主政治推进的程度等等来评价，将中国的市民社会定义为"半市民社会""国家引导的市民社会"等。一些西方学者对中国市民社会发展前景做判断，预测中国民主政治的发展。这种预测在 20 世纪 90 年代曾达到高潮，其背景是苏联解体及东欧剧变的发生和市民社会组织在其中起的重大作用。但中国却没有步东欧剧变的后尘，且在社会主义市场经济的道路上大步前进，进入 21 世纪后更是风景这边独好。事实使诸多西方学者，如怀特、林德昌等开始直接深入到中国改革一线，探讨中国市民社会的向路。但是西方学界中仍有诸多人士将中国市民社会及其与国家关系的现状视为中国现代化道路上的暂时性偏离，认为西方模式的自由民主政治才是中国道路的最终指向。基于这种价值预设，中国国家与市民社会的关系、中国共产党在国家和社会中的领导地位等，都是西方学者重点批判的对象。如何在坚持走好中国自己发展道路的同时回应西方学界的有关批评，是中国在走向世界中与西方学界对话、讲好中国故事、拓宽话语权所必须面对的问题。

国内学者积极地回应了全球市民社会的研究热潮，邓正来、何增科、俞可平、郁建兴等都在这一领域有出色的研究成果，他们的理论视角包括对马克思有关思想的研究，并努力探讨中国市民社会的发展道路。历史是常读常新的，各时代的人们都会从当代实践出发去重新看待历史，从而获得更多历史感悟。重读历史包括对经典著作的常读常新，社会发展新实践会促使人们反思经典作家的一些重要思想，从中发掘某种更为通透的理论启迪。上述理论和实践不相适应的困境应当由此入手求解。为此，立足于中国的现代化历程，重新审视马克思市民社会思想的当代价值，就是马克思主义理论研究的分内工作，特别是在中国，因为马克思主义在中国居于指导地位。

国内外对中国市民社会的研究，关注重点是市民社会的发展及其与国家的关系，本书对马克思市民社会思想及其当代价值的研究也是侧重于此。本书在对市民社会思想的理论渊源和科学内涵进行系统考察的基础上，还选择美国作为西方市民社会发展的典型与中国进行比较分析，这是鉴于资本主义在当代发展的考虑。通过比较中美市民社会发展的异同，有利于理解市民社会在不同国家、不同历史阶段中的特点。在实践考察基础上对一些关键性理论争议作梳理，对中国市民社会和民主政治的发展有借鉴意义。

（二）选题意义

1. 对马克思市民社会思想及其当代价值的研究，有助于国内外学术界更好地认识当前中国市民社会的发展

自 20 世纪 90 年代市民社会概念复兴以来，市民社会话语的主导权便掌握在自由主义理论者的手中。在这种思想主导下，美国市民社会和国家的发展是自由、民主等"普世价值"胜利的典范，由此，市民社会概念被赋予了

浓重的伦理色彩和等级内容，凡是不符合西方"普世价值"观念的市民社会形态似乎都是不够文明的、低等级的，应该被改造甚至是被驯化的。这种认识无疑是对中国市民社会发展和政治现实的强烈拷问。国内一些学者甚至也自觉或不自觉地陷入了西方的这种认识逻辑当中。一些学者虽然强烈反对用西方标准来衡量中国市民社会的发展，强调坚持走中国特色道路的重要性，但往往用"特殊性"这个词一言以蔽之，这虽然把握住了对待中西方差异要历史性地看待这个历史唯物主义的基本态度，但是却又难免陷入了自说自话的困境，无疑使"中国故事"在面临西方思想的强势追问之下，缺乏了些理论上的正面交锋与碰撞。

马克思主义理论的科学性在于它揭示出了社会历史的发展规律。西方政治文明无疑是世界历史发展的重要成果，西方市民社会发展的道路也是发展中国家现代化进程中的借鉴，但借鉴不等同于照搬。正确借鉴的前提就是科学理解对象。为此，以历史唯物主义为指导，科学理解资本主义政治文明的发展过程，不仅是我们正确学习西方文明成果以推进中国现代化发展的需要，也是我们与西方开展有效思想对话的需要。运用历史唯物主义考察中西方市民社会发展的过去、现在和未来，并在此基础上与西方思想文明进行对话，才能拓展中国特色市民社会发展道路在世界上的话语权。

2. 研究马克思市民社会思想及其当代价值包含对马克思主义理论的丰富和发展

20世纪90年代尤其是改革开放以前，马克思的"市民社会—国家"框架被遮蔽在"经济基础—上层建筑"的框架之下，在马克思主义理论研究中没有受到应有的重视。随着中国市场经济的发展，马克思市民社会思想也进入到学者们的视野当中，成为历史唯物主义的重要组成部分。历史的不断发展与理论的多样性注定了马克思市民社会思想面临着实践与理论的双重考验。在理论上，自由主义市民社会思想、葛兰西以来的市民社会文化转向都在当前市民社会研究中有着强大的号召力，需要马克思主义研究工作者进行回应。这种回应既包括对前者的批判，也包括对前者的吸收，这样才能去伪存真，在理论对话中发展马克思主义。在实践上，一方面，马克思思想诞生于自由资本主义时期，是对后者发展本质的深刻揭示与批判。如今，资本主义发展在现代的发展，其市民社会与国家的关系有了许多变化，使资本主义制度至今仍有其特定的生命力，因此如何用马克思市民社会思想理解当前资本主义的新发展，是马克思主义的内在要求。另一方面，马克思市民社会思想既包括了对市民社会发展的一般性认识，也由于其针对性而包括了对特定市民社会形态的特殊性认识。文明的发展是多样性的，全球化引领下使参与其中的各国以不同的形态加入到了市民社会发展的大潮当中，尤其是中国作为与西方制度差异性最大、发展最为迅速的国家之一，其市民社会发展的研究具有重要价值。因此，用中国市民社会发展的实践来丰富马克思市民社会思想的内涵及其当代价值，是马克思主义理论科学性和现实性的双重要求。

二、中国市民社会研究现状

由于马克思主义是中国社会主义现代化建设的指导性思想，因此国内学界对马克思市民社会思想的研究是随着中国市民社会发展进程而展开的。这种语境决定了几乎任何对马克思市民社会思想的研究都内在地指向了中国实践。同时，对马克思市民社会思想的研究也无法脱离众多用于研究中国市民社会的其他相关理论。因此，必须在对中国市民社会研究的大背景下认识国内对马克思市民社会思想的研究。

（一）起步阶段：20 世纪 80 年代末至 90 年代初

20 世纪 80 年代末至 90 年代初是中国市民社会研究的初始阶段。这一阶段也正是市民社会理论开始从一种纯粹的西方观念转变为全球性话题的阶段。可以说，对中国市民社会的讨论，即是全球范围内市民社会概念复兴的体现，也是中国现代化转型的体现。

对中国市民社会的讨论是由西方学者启动的。美国的中国问题研究期刊

《近代中国》（*Modern China*）在 1993 年就出版了一期专题讨论[①]，讨论市民社会概念在中国的应用以及市民社会与中国的民主化进程。多数海外学者肯定了中国市民社会的发展。大体来说，这一时期海外学者对中国新生的市民社会的看法可以归为三类：第一，将市民社会视为中国革命性时刻的产物，是久被束缚的分散的社会主体所突然迸发出的一股统一力量；第二，将市民社会视为以城市知识分子和学生为主体代表的一种社会结构；第三，将市民社会视为中国长期历史发展的产物，在多年的强力压制之下又重新展露出了生机。学者爱德华·弗里德曼是持第一类看法的代表人物，他尤其关注市民社会作为束缚下突然建立的统一力量中农民的积极、支持作用。[②] 而在持第二类看法的学者的观点中，中国的市民社会并不是大众普遍性的意识觉醒，而是相对限定在城市内的知识分子、学生群体中，也不是前面学者所认为的突然爆发的力量，而是由城市知识分子和学生所发起的渐近地启蒙式运动。持这种看法的学者有梅尔·古德曼、安德鲁·内森等[③]。第三类看法则用更长的历史视角来看待中国的市民社会，认为市民社会在 19 世纪末便已开始兴起。

但也有部分学者对市民社会这个西方概念能否应用于中国提出了质疑。比如黄宗智认为，国家与社会的二分起源于西方经验，并不适用于中国，他建议在中国应采用"国家—第三领域—社会"的三分法。[④] 在黄宗智看来，哈贝马斯所描述的资产阶级公共领域或说市民社会，一方面有着特殊的历史背景，无法套用于中国的历史现实；另一方面它又是一个包含了众多价

---

① 见《近代中国》（Modern China）第 19 卷第 2 期题为 "'Public Sphere' / 'Civil Society' in China" 的专题讨论，参与讨论的学者包括：Frederic Wakemanmary Backus Rankinphilip C.C. Huangwilliam T.Rowerichard Madsenheath B.Chamberlain.

② 参见 Edward Friedman.Deng versus the Peasantry：Recollectivization in the Countryside [J].*Problems of Communism*，1990，39（05），pp.30–43.

③ 参见 Merle Goldman. The Men Who Took the Rap in Beijing [J].*World Monitor*，1991（August），pp.16–19；Andrew Nathan，*China's Crisis：Dilemmas of Reform and Prospects for Democracy*，New York：Columbia University Press，1990，p.32.

④ 参见 Philip C.C.Huang. Public Sphere" /" Civil Society" in China？：The Third Realm Between State and Society [J].*Modern China*，1993，19（02），p.216.

值观念的过于宽泛的概念，这反而造成了使用上的诸多困难和歧义。①黄宗智虽然用"第三领域"代替"公共领域"或"市民社会"，但却恰恰是在试图勾画出中国类似"公共领域"或"市民社会"的范围。正如学者杨念群所指出的，西方学者这一时期矛盾、犹疑的心态正来源于对中国社会特质的不同认识。②

　　这一时期市民社会问题引起了一些中国学者的关注，但并不普遍。过去，我们对市民社会概念是基本不谈的，原因便在于市民社会在马克思的理论中是等同于资产阶级社会而被批判的，也应被社会主义体制所摒弃。因此，国内学界对中国市民社会的讨论首先有赖于对马克思市民社会概念的重新审视。一些学者研究了市民社会概念对确立历史唯物主义的铺垫性作用③，将市民社会概念从经济基础概念的掩盖下重新挖掘出来。另一些学者则以马克思主义为理论基础，直接指出了中国国家政治与社会改革的方向。其中，具有代表性的是荣剑1987年至1988年发表的数篇讨论国家与社会关系的文章，鲁越的《从国家和社会的关系看国家政治经济职能的弱化趋向》，以及辛向阳的《从国家与社会的关系看国家与社会的"趋同"》。荣剑指出社会决定国家、国家和社会二元化、国家和社会重新统一是马克思关于国家和社会关系的三个基本原理，阐明了国家和社会发展的历史进程和一般规律，因此，国家在经济上向社会放权、社会从政治上制约国家是中国政治和经济改革的方向。④辛向阳和鲁越就国家职能弱化的问题进行了激烈的讨论。鲁越认为社会主义的经济改革是一个国家和社会二元化的过程，也是一个国家职

---

①　参见 Philip C.C.Huang. Public Sphere"/"Civil Society"in China？：The Third Realm Between State and Society［J］.*Modern China*，1993，19，（02），pp.222-223.

②　参见杨念群：《近代中国研究中的"市民社会"——方法及限度》，载于邓正来主编，《国家与市民社会：中国视角》，格致出版社，上海人民出版社，2011年版，第28页。

③　这方面的研究参见吴海燕：《"市民社会决定国家"开拓了通向历史唯物主义之路》，载《江西社会科学》1989年第2期；李淑珍：《论〈黑格尔法哲学批判〉中"市民社会决定国家"的思想》，载《北京大学学报》（哲学社会科学版）1987年第3期。

④　参见荣剑三篇文章的相关论述，分别为：《马克思的国家和社会理论与改革》，载《马克思主义研究》1987年第4期；《对马克思的国家和社会理论的再认识》，载《江汉论坛》1987年第3期；《试论马克思主义的一体化过程——马克思国家和社会理论逻辑关系的考察》，载《江淮论坛》1988年第3期。

能弱化的过程，这个弱化既包括经济权力也包括政治权力，最终实现将经济权力和政治权力完全归还给社会。① 辛向阳则认为鲁越错误地将国家与社会二元化当作是马克思的思想，指出在马克思那里，国家具有管理和暴力镇压的双重职能，中国社会主义制度发展的形式及外部国际环境决定了中国国家向社会回归的过程中不仅不能弱化国家职能，反而要强化国家的政治经济职能，通过社会管理方式的改变来不断地将国家社会化，最终实现国家融入社会。②

　　这一时期虽然许多国内学者已经意识到了重新认识马克思市民社会思想的重要性及其在中国改革中的作用，但限于理论认识与国内发展条件的不足，因此在具体如何理解与使用马克思市民社会概念上仍有犹疑与争议。从荣剑、鲁越、辛向阳等人在文章中基本并不使用"市民社会"这个概念，而统一用"社会"代之，便可看出学者们对市民社会概念的疑虑。对市民社会概念的争议从这一时期学者沈越与奚兆永之间的一场争论中也可看出。学者沈越从马克思著作翻译的角度指出以往国内学界将"市民"与"资产阶级"，"市民经济"与"资本主义经济"，"市民社会"与"资产阶级社会""经济基础"混同的错误，试图将市民用语从阶级属性中解放出来。③ 而学者奚兆永则对沈越所解读的这一套市民用语表达了质疑，认为后者将"资产阶级的权利"改译为"市民的权利"没有文本依据，市民经济思想更是作者强加给马克思的个人理论。④ 虽然两者主要是从理论层面阐述了对马克思著作中"bürgerliche Gesellschaft"等相关词汇如何翻译的不同理解，但是却间接表明了对市民社会概念在中国应用上的巨大争议和困难。

---

① 参见鲁越：《从国家和社会的关系看国家政治经济职能的弱化趋向》，载《哲学研究》1987年第2期，第24—25页。

② 参见辛少阳：《从国家与社会的关系看国家与社会的"趋同"——兼与鲁越同志商榷》，载《哲学研究》1988年第1期，第5—9页。

③ 参见沈越两篇文章的相关论述，分别为：《马克思市民经济思想初探》，载《经济研究》1988年第3期；《"市民社会"辨析》，载《哲学研究》1990年第1期。

④ 参见奚兆永两篇文章的相关论述，分别为：《评〈马克思市民经济思想初探〉》，载《经济研究》1989年第1期；《〈"市民社会"辨析〉的辨析》，载《哲学研究》1990年第5期。

（二）发展阶段：20 世纪 90 年代中期至 90 年代末

20 世纪 90 年代中期至新世纪来临之前是中国市民社会研究的快速发展阶段。中国改革的逐步深入，初始阶段对市民社会概念能否运用于中国实践的犹疑很快被打破。随着社会主义市场经济体制的确立，经济改革不断加速，政治改革也进入了一个新的阶段，中国发展的道路需加以理论上的探讨和论证。在这样的时代要求下，市民社会研究也进入了迅速发展的阶段，主题也由"中国是否存在市民社会"转向了"如何构建中国的市民社会"。

西方学者研究中国市民社会的理论范式也发生了转变。海外学者所预期的西方民主化进程并没有在中国发生，许多海外学者在自我批评中转向了其他研究路径。一条路径是修改原有理论使其更适用于中国现实，比如学者傅尧乐提出"国家引导市民社会"（state-led civil society）[1]，以描述中国国家通过直接或间接的方式建立社会组织和行政组织，实现管理经济和社会事务的现状。学者何包钢认为部分自治以及与国家部分重叠是中国市民社会的基本特点，因此指出中国的市民社会应称为"半市民社会"（semi-civil society）。[2]另一条路径是挖掘其他理论模型来研究中国市民社会。法团主义（corporatism）是主要代表理论之一。法团主义理论是西方源远流长的政治思想，其核心思想是关注国家与社会之间的联合与协作。在许多西方学者的眼中，中国国家对社会组织的管理方式与法团主义模式类似。学者安戈和陈佩华是最早用法团主义分析中国市民社会的学者之一。他们指出，中国市民社会中的主要社会组织都属法团主义，尤其在国家法团主义的模式下，中国的主要群体被联结在一起，作为"传送带"为党中央与下层群体提供双向联系，以实现国家对社会直接或间接的管理和控制，并指出在政治改革继续推进的基础上，社会法团主义是中国未来市民社会与国家关系的最终模式。[3]

在拓展研究的理论范式之外，西方学者对中国市民社会经验性的研究也

---

[1]　参见 B.Michael Frolic.State-led Civil Society, in Timothy Brook and B.Michael Frolic（eds）［J］.*Civil Society in China*, New York：M.E.Sharpe, 1997, pp.20-46.

[2]　参见 Baogang He, *The Democratic Implications of Civil Society in China*, New York：St.Martin's Press, 1997, p.8.

[3]　参见 Jonnathan Unger, Anita Chan, China, Corporatism, and the East Asian Model, *The Australian Journal of Chinese Affairs*, 1995（33）, pp.37-45.

更为深入与广泛，而不仅仅局限于个案式的研究。比如学者裴敏欣对改革开放以来各区域乃至全国范围的已注册的社会组织进行了经验性的研究，发现虽然中国社会组织增长的速度很快，但是慈善、宗教、公共事务类型的社会组织增长缓慢，他认为中国社会组织存在一定缺陷，政治改革落后于经济改革。[①] 国内市民社会的研究较之第一个阶段发展的尤为迅速。这一时期中国改革进入了全面发展的时期，因此也进入了极为艰难与重要的时期。正如学者指出的，中国现代化进程"是在对苏联计划经济模式和西方主流发展模式的双重诀别的前提下展开的，是在没有任何既定的目标模式和改革路径等的情况下主要由实践推动而形成的"[②]。一方面，中国社会，尤其是城市主体在国家政策的推动之下成为全球化体系的积极参与者。另一方面，在经历了80年代末至90年代初国内、国际的政治风波之后，国家要求在稳定的前提下继续进行改革。在此情况下，国家与市民社会的关系更加引发了学者们的广泛关注。以邓正来等发表的《建构中国的市民社会》一文为代表，市民社会问题，尤其是国家与市民社会的关系问题，逐步与法治建设、政治改革、社会转型等一系列现代化问题联系起来，成为研究中国问题的重要内容之一。

这一时期许多国内学者对西方市民社会相关理论进行了译介和研究。市民社会理论起源于西方，其形成与发展都离不开西方传统文化。因此，作为一场健康的理论讨论，对西方市民社会的概念、基本理论及其发展历史的引介是非常重要的。邓正来等主编的《国家与市民社会：一种社会理论的研究路径》一书便重点对海外学者关于市民社会概念与理论、市民社会及其相关问题、市民社会与中国问题的研究进行了引介，为拓深此领域中的中国本土性理论研究提供了不可或缺的研究文献。方朝晖深入到历史源头，指出现代的市民社会概念是西方两种传统的结合，一种是古希腊罗马以公民为核心的政治社会及建立于其上的思想观念，另一种是中世纪末期以来形成的市民等

---

① 参见 Minxin Pei, Chinese Civic Associations: An Empirical Analysis, *Modern China*, 1998, 24（3），pp.285–318.

② 邓正来：《"生存性智慧"与中国发展研究论纲》，载《中国农业大学学报》（社会科学版）2010年第27卷第4期，第11页。

级及其组成的社会结构和观念。① 何增科则对市民社会概念的思想史历程进行了细致的梳理，论述了从古希腊罗马作为政治社会、文明社会的古典市民社会，到由黑格尔开辟的区别于政治国家的现代市民社会，再到由社会和文化领域构成的当代西方市民社会的演变过程。②

众多政治学、社会学、法学学者从各自的学科角度出发探讨如何建构中国的市民社会，讨论市民社会与法治建设、政治发展等关系，以明确中国现代化道路的总体逻辑，推动中国现代化健康发展。在此过程中，一方面，马克思市民社会思想被许多学者作为重要的理论思想来源，展现了马克思思想的实践性。另一方面，针对马克思市民社会思想本身的研究也得到了极大的发展。俞可平在 1993 年发表的两篇文章，《马克思的市民社会理论及其历史地位》及《社会主义市民社会：一个新的研究课题》引起了较大反响。③ 俞可平明确批评了以往马克思思想研究中的三种错误观点：一种是认为市民社会思想仅仅是马克思通往历史唯物主义过程中的早期不成熟思想；第二种是认为在马克思那里，市民社会是经济基础的同义词；第三种是认为马克思的市民社会即指资产阶级社会。④ 俞可平对以上这些陈旧的观念进行了批判性的反思，并提出了"社会主义市民社会"这个概念，指出用马克思市民社会思想指导中国实践不仅符合马克思思想的本意，也是发展马克思思想的要求。

张一兵以读书笔记的形式对马克思《黑格尔法哲学批判》中的市民社会思想进行了细致的文本解读。⑤ 关于"市民社会决定国家"与"经济基础决定上层建筑"之间的关系在学界也展开了讨论。一种认识认为两者是等同

① 方朝晖：《市民社会的两个传统及其在现代的汇合》，载《中国社会科学》1994 年第 5 期，第 96 页。

② 何增科：《市民社会概念的历史演变》，载《中国社会科学》1994 年第 5 期，第 67—79 页。

③ 参见俞可平两篇文章的相关论述，分别为：《马克思的市民社会理论及其历史地位》，载《中国社会科学》1993 年第 4 期；《社会主义市民社会：一个新的研究课题》，载《天津社会科学》1993 年第 4 期。

④ 例如朱宝信在文章《培育有中国特色的市民社会刍议》中便使用了"社会主义市民社会"这一概念，参见朱宝信：《培育有中国特色的市民社会刍议》，载《文史哲》1994 年第 6 期。

⑤ 参见张一兵：《"市民社会"与"人"：一个共时性与历时性向度中的逻辑悖结》，载《江汉论坛》1994 年第 5 期，第 56—59 页。

的。比如王兆良就认为两者只是研究不同问题时使用的不同范畴。[①]另一种认识则认为两者存在不同。李淑珍强调马克思对市民社会和国家关系的研究，是从社会基本结构的视角对社会的审视，与生产力与生产关系、经济基础与上层建筑视角不同，不应混同。[②]

（三）深化阶段：21世纪至今

随着2001年的入世，中国开始全面地参与到全球化的进程之中。全球化给予了中国众多机遇的同时，也带来了诸多挑战，其中最重要的便是转变国家治理方式和加速政治改革的问题。中外资本的大范围交流和社会主义市场经济的深入发展急切地要求，中国政府必须加快速度转变以往的全能型政府管理方式。21世纪初学术界开始提出"服务型政府"的概念，探讨如何转变政府职能，提高政府公共服务的意识和能力，2007年的中国共产党十七大报告也明确将建设服务型政府作为国家行政管理体制改革的重要目标。近几年，学界进一步围绕"国家治理现代化"这个主题展开了热烈的讨论，并提出了"善治""共治"等相关概念。实际上，治理方式转变的问题内在地包涵了国家与市民社会关系的问题，国家治理现代化的问题即是国家与社会中的不同治理主体有效协作的问题，许多论者提出的"公民社会治理模式""多元治理模式"也是强调调整国家权力与社会自治逻辑的界限，明确市民社会作为国家治理主体之一的身份。与此同时，政治改革也被吸纳到了转变国家治理方式这个论域之中，政府行为模式及其与社会的内在关系也发生了重大变化。在此背景下，中国市民社会的研究进入了深化阶段。

就海外学者而言，他们开始从更加多元化的角度来分析中国市民社会，并力图给予后者以更加客观的描绘。针对一直以来以西方民主为导向的研究，一些海外学者进行了反思。比如学者莫顿指出："那种认为中国市民社会的出现一定会导向西方自由民主政治的认识是一种错误的幻想，市民社会

---

① 参见王兆良：《马克思的"市民社会"思想新思考》，载《哲学动态》1998年第7期，第32页。

② 参见李淑珍：《论马克思的市民社会与国家的思想及其历史与现实意义》，载《学术月刊》1996年第9期，第14页。

发展的限度内可以出现多种形式的民主，而中国市民社会组织真正的政治价值在于为中国社会变得更加公平、民主创造条件的巨大潜力……来自中国之外的众多设想必须首先符合中国自身的现实，否则会导致更大的不信任，并且会阻碍而不是促进中国国内的改革。"①一些学者注意到了21世纪以来中国中央和地方政府关系的变化，以及由此带来的中央和地方政府在对待市民社会组织上不尽相同的思路。许多学者开始改变以往将国家视为铁板一块的态度，以地方政府和市民社会为分析主体，探讨了中国国家与市民社会之间互动关系的更多可能性，学者蒂滋、库珀是其中的代表人物。蒂滋指出事权下放的行政改革使地方政府更有动力与市民社会组织合作，促使中国国家与市民社会之间形成了一种"协商权威主义"（consultative authoritarianism）模式，即一方面市民社会有了相对自主的发展，另一方面，国家发展出了更多复杂地、间接地控制市民社会的工具。②库珀则通过考察西南部地区地方政府与环境保护组织之间的互动，发现中国国家与市民社会之间的关系不是单一的，它们之间绝不是一种零和关系，而更像是一种既相互依赖又彼此疏离的关系。③

　　这一阶段国内学界已不再仅仅是吸收海外学者的研究，而是开始进行批判性的反思，直接与海外思想进行对话交流，主要体现在：

　　一是对海外学者使用的理论框架和逻辑的质疑。公民社会框架和法团主义框架作为海外学者研究中国市民社会与国家关系的主流框架，受到了一些学者的质疑。其中刘安认为，公民社会框架中国家与市民社会相对抗的基本视角不适应于中国；而法团主义研究中所预设的前提，即社会结构分化基础之上的代表范围及权利界定的发展并不符合中国现实，同时也无法有效说明

---

①　Katherine Morton. The Emergence of NGOs in China and Their Transnational Linkages［J］. *Australian Journal of International Affairs*，2006，59（04），pp.528-529.

②　参见 Jessica C.Teets. Let Many Civil Societies Bloom：the Rise of Consultative Authoritarianism in China［J］. *The China Quarterly*，2013（213），p.36.

③　参见 Caroline M.Cooper. This is Our Way in：the Civil Society of Environmental NGOs in Southwest China［J］.*Government and Oppostion*，2006，41（01），p.132.

体制之外的利益集团化情况。① 邓正来则在更深层次上质疑了将西方现代化道路作为研究中国市民社会道路的基础和隐含预设的做法，认为这是将西方政治现代化的道路不加批评地投射于中国，并赋予前者以普遍有效性的错误态度。② 同时，邓正来还指出当下对中国发展的研究都是"知识导向"的，即认为"人类社会是由知识建构而成的，因而必定是可以通过知识认知和解释的"③，这种取向往往导致了先行价值判断，并有着二元对立的逻辑思维，本质上是肯定了西方价值观念和经验实践，而否定或贬低了中国价值观念和经验实践。二是进而提出本土性的框架理解。有别于直接使用西方理论框架或进行适度改造来理解中国市民社会的诸多问题，许多国内学者试图创造本土性的理论框架。比如学者邓正来提出了"生存性智慧"，即强调"去价值判断""去意识形态化"和"实践导向"，它是地方性的，同时又是有效的、或一定程度上可模仿的，在此模式下，中国市民社会会出现渐进性的、非革命性的、反应式的原有意图之外的改革性扩展（邓称之为"非意图扩展"），从而为中国式的政治发展和现代化奠定基础。④ 康晓光等提出"分类控制"模式，认为政府从利益获取最大化的角度出发，依据社会组织对政府公共管理和服务提供帮助能力的大小，对社会组织进行了分类并采取了相应的策略予以管控，从而在新的社会形势下，实现了国家对社会的全面控制，以及为社会提供公共物品这个双重目标。⑤ 可以说，这些新框架的提出，既深化了对中国市民社会及其与国家关系的理解，又在当前西方主导的市民社会理论研究中开辟出了一片新的天地，对中西在平等地位上进行双向的交流对话起到了推动作用。

---

① 参见刘安：《市民社会？法团主义？——海外中国学关于改革后中国国家与社会关系研究述评》，载《文史哲》2009 年第 5 期，第 167 页。

② 参见邓正来：《关于"国家与市民社会"框架的反思与批判》，载《吉林大学社会科学学报》2006 年第 3 期，第 7—8 页。

③ 参见邓正来：《"生存性智慧"与中国发展研究论纲》，载《中国农业大学学报》（社会科学版）2010 年第 4 期，第 7—8 页。

④ 参见邓正来：《"生存性智慧模式"——对中国市民社会研究既有理论模式的检视》，载《吉林大学社会科学学报》2011 年第 2 期，第 8—10 页。

⑤ 参见康晓光，韩恒：《分类控制：当前中国大陆国家与社会关系研究》，载《社会学研究》2005 年第 6 期，第 78—85 页。

　　这一阶段关于马克思市民社会思想的研究也从政治学、经济学、哲学等角度多方展开，并形成了几个热点问题：一是从比较的视角深入解剖马克思的市民社会思想。马克思最初是在批判黑格尔国家理论的过程中发展其市民社会思想的，因此在与黑格尔比较当中理解市民社会也是众多学者选择的切入点，以往学界多强调马克思对黑格尔"国家决定市民社会"的颠倒，而在这一阶段对两者的研究则更为细致与深入。比如，学者王代月①从思想史的角度入手，认为马克思在批判和最终超越黑格尔市民社会思想的过程中经历了以下几个阶段：第一个阶段马克思将特殊性视为市民社会的全部内容，从而忽略了市民社会内在的辩证法，因此马克思这时对市民社会是持否定态度的；第二阶段通过对经济学的初步学习，马克思理解了黑格尔对市民社会的两个规定性，意识到市民社会是特殊性与普遍性共存的领域；第三阶段马克思对资本主义生产方式进行了细致的解剖，通过深入到资本主义生产方式的剖析，发现作为市民社会典型形态的资本主义社会，其内部存在的资本与劳动之间的对立是一切冲突与矛盾的根源，进而提出用自由人联合体扬弃市民社会，从而实现了对黑格尔的超越。

　　这一阶段的第二个热点问题是市民社会概念与公共领域、公民社会等概念的比较。葛兰西之后市民社会出现了文化转向，经过哈贝马斯、阿拉托和科亨等人的发展，公共领域、公民社会等概念成为学者研究市民社会及其与国家关系时常用的概念，尤其在国家治理问题成为当前中国发展的焦点问题下，建立在公共领域、公民社会等概念上的诸多治理理论，如第三部门理论等也得到了快速的发展。可以说，当下讨论公私界限、民众参政、克服民主制度危机等等问题都是在"追寻公共性"与"复兴市民社会"的双重变奏下进行的。理解市民社会概念与这些概念的关系也为理解马克思市民社会思想与当代市民社会理论的关系提供了支柱。一些学者也对目前学界存在的将市民社会、公共领域、公民社会等概念混同的情况提出了质疑。如学者王新生认为，市民社会应是三个层级的复合体，第一个层级是家庭；第二个层级是市场交换体系，它是市民社会的核心领域，但并不是早期自由主义者所认为

---

　　① 参见王代月：《马克思超越黑格尔市民社会理论的过程史研究》，载《教学与研究》2010年第3期，第34—36页。

的构成了市民社会的全部内容；第三个层级是公共领域，是市场经济高度发展之后出现的新的社会规范体系，其功能是生产公共理性和建构公共伦理。①可见市民社会与公共领域的关系是前者包含后者，后者从属于前者。

"公民社会"这个概念的合理性甚至也受到了质疑。张康之认为，市民社会与政治国家分离是现代社会发展的产物，公民是国家产生后出现的人的政治身份，市民社会与政治国家分离之后，个人在社会中是市民，在国家中是公民，"公民社会"这个概念模糊了这种区别，以及近代社会发展过程的历史内涵，不利于我们把握现代社会的构成及其运行机制。②

第三个热点问题是马克思市民社会思想与构建和谐社会主义社会。21世纪以来，构建社会主义和谐社会已成为党执政的战略任务，也成为广大人民群众的根本利益和共同愿望。构建和谐社会就是要正确处理个人与社会、社会与国家以及社会中多元化利益主体之间的关系，因此研究市民社会及其与国家关系是构建和谐社会的题中应有之义。学者卫欢认为马克思市民社会思想对构建中国和谐社会的指导意义在于确立"社会本位"原则、构建市民社会与国家之间的良性互动关系、关注人的发展，从而实现经济和谐、政治和谐及人际和谐。③刘明松指出马克思"社会本位"的原则承认了社会建设的宏观性与多样性，承认了发展社会中间阶层、提高社会构成异质性的重要性。④总体而言，学者们虽然强调社会本位的原则，但是也认为国家与社会良性互动应是中国市民社会与国家关系建设的方向，也是马克思市民社会思想的要求。

第四个热点问题是日本学者对马克思市民社会的研究。20世纪60年代，日本理论界诞生了"日本马克思主义"这个独立的流派。日本马克思主义既

---

① 参见王新生：《现代公共领域：市民社会的次生性层级》，载《教学与研究》2007年第4期，第14—16页。

② 参见张康之：《对"市民社会"和"公民国家"的历史考察》，载《中国社会科学》2008年第3期，第26—27页。

③ 参见卫欢：《马克思市民社会理论及其对构建中国和谐社会的指导》，载《政治与法律》2012年第5期，第69—72页。

④ 参见刘明松：《马克思"市民社会"视域中的社会建设》，载《社会主义研究》2009年第2期，第9页。

不同于西方马克思主义，具有浓郁的东方色彩；又由于远离了苏联意识形态的控制，因而产生了众多更接近原貌的马克思主义文本研究。日本马克思主义者试图从第一手的文献去研究马克思、重构马克思，具有代表性的学者是"市民社会论"的内田义彦、平田清明和望月清司，以及"物象化论"的广松涉。其中，"市民社会派马克思主义"者们对马克思市民社会的研究在近年来逐渐受到了国内学者的重视。丁瑞媛[①]主要对平田清明的市民社会思想进行了梳理和研究，指出平田清明认为马克思所指称的市民社会有三重规定性：即个人所形成的自由、平等社会的规定性，市民日常生活过程中所形成社会的规定性，以及与资本家社会形成鲜明对比的社会规定性。在这种规定性下，平田清平将马克思所指认的市民社会的积极性挖掘了出来。进一步提出了社会主义体制下的市民社会这一设想，认为社会主义是在资本家时期发展成果的基础上，重建劳动者的个体所有的社会。学者韩立新将望月清司的专著《马克思历史理论的研究》译介到中国，推动了学者们对望月清司的研究。尤其是望月清司将马克思的历史理论直接解读为市民社会理论，以异化、分工等概念为线索，将马克思历史理论描绘为从共同体到市民社会再到社会主义的历史进程的方式，将马克思的市民社会思想的地位提高到前所未有的程度。他拒斥用阶级关系解读马克思市民社会思想的态度也有着极大的创新性与勇气，引起了众多学者的关注。

三、研究方法与创新

（一）研究方法

1. 历史唯物主义方法

历史唯物主义方法要求在历史发展中理解相关事物。市民社会的发展也是一个历史进程。本书以马克思市民社会思想及其当代价值为主题，从不同

---

① 参见丁瑞媛两篇文章的相关论述，分别为：丁瑞媛，胡大平：《日本新马克思主义的市民社会理论及其效应》，载《南京社会科学》2015 年第 10 期；丁瑞媛：《论平田清明对社会主义与市民社会的链接与反思》，载《学术论坛》2015 年第 10 期。

历史条件下不同市民社会历史发展的普遍性与特殊性相结合的角度来进行研究讨论，并在此基础上展开学术对话。

2. 文献调研法

调研国内外学者对马克思市民社会思想及中美市民社会研究的中英文资料，在对其相关成果的考察梳理中，分析马克思市民社会思想的理论内涵，及对中美市民社会认识的代表性观点。

3. 比较分析法

将马克思主义与西方马克思主义、自由主义等对市民社会的不同认识进行比较，吸取其他理论中的合理因素为我使用，发展马克思主义，并深层次地展开不同理论之间的学术讨论。

4. 案例讨论法

以中国和美国市民社会的发展为案例进行讨论，分析两者在发展中的共性与特性，分析马克思市民社会思想对两者的解释力，以更好地认识当代中国市民社会发展的道路。

（二）创新之处

1. 本书对马克思市民社会思想及其当代价值的研究，突出强调了历史唯物主义的基本内涵：必须从市民社会是社会经济生产生活基本承担者的含义上理解市民社会及其与国家的关系，这是理解人民是历史创造者的依据，也是理解国家政治兴衰更替的客观基础。上述内涵虽然是马克思创立历史唯物主义时所揭示和强调的，但却在后来的"文化转向"研究中被淡化或边缘化了。今天面对中国发展的历史坐标，必须重申马克思历史唯物主义的本义，重新审视西方学者对西方政治文明发展史做的一些偏颇性粉饰，以利对中国现代化发展道路的科学总结。

2. 本书在其他学者研究的基础上，归纳出理解马克思市民社会概念科学内涵的三个层次。从总体层面上来看，马克思的市民社会是由各种社会交往关系构成的。马克思的市民社会一方面是人类社会中人与人之间的一切物质交往与精神交往的关系领域，另一方面是人类交往关系发展二重化的时期，即交往关系普遍化发展与异化发展的时期。国家则是交往关系进一步发展的

结果，是人类在市民社会中进行交往的总媒介。从交往关系这个层次来理解马克思的市民社会概念，有助于我们理解当代市民社会思想对马克思市民社会思想的发展，有助于更好地理解两者之间的关系。从本质层面上看，物质生活关系产生的市民社会与国家是马克思市民社会思想区别于其他市民社会思想的关键点。马克思对人类交往的考察始终都是建立在物质生产生活实践的基础上的，从物质生活关系理解市民社会无疑是把握住其实质。对文化等其他领域交往关系的理解如果脱离了物质生活关系便如无根之木，缺乏坚实的基础与真正革命的力量。从微观层面来看，马克思是通过对资产阶级市民社会的解剖来阐述市民社会及其与国家关系发展的。历史唯物主义的方法要求对事物的描述不能脱离具体经验历史的发展，马克思所处的资本主义早期发展时期是市民社会的典型时期，也是市民社会内部矛盾关系突显而进一步异化的时期。对这一时期的解剖既体现了市民社会共性的特点，又具有着特定历史阶段历史背景下市民社会发展的特性，有助于我们更全面地、更具体地把握市民社会概念。

3. 在马克思市民社会思想指导下分析美国市民社会的本质特点。

对实践的研究既不能脱离具体历史环境的差异性，也不能陷入"自说自话"的狭窄圈子。西方是资本主义市民社会发展历史较悠久的国家，如何把握它们的得失长短以便为当代中国发展所借鉴，是市民社会研究的重要价值取向。鉴于一些人对美国市民社会的推崇，本书专辟一章分析讨论美国市民社会的本质。目前主导美国实践研究的理论中，固然有许多科学之处，但也有许多并不符合历史事实的地方，而且在一定程度上是用理论遮蔽了真实的历史。马克思市民社会思想的科学性就在于其站在历史唯物主义角度，从现实实践出发，而不是从思维价值出发去认识历史、解剖历史。在马克思市民社会思想的视角下，美国国家现代化的道路应理解为是一条由资本主导的市民社会与国家互动，从而推进国家整体发展的道路，而不是由抽象理念或纯粹民主主导下的国家经济发展之路。从物质生活关系出发，才能真正理解美国市民社会及其与国家的关系，包括其政治文明的发展，也才能理解美国当前市民社会发展的问题所在。

第一章 市民社会思想的历史谱系考

马克思市民社会思想的形成离不开前人思想的积淀。在马克思之前，市民社会概念便经过了漫长的历史变迁，其内涵也随之发生演变。可以说，自国家产生以来，"社会与国家"便成为无数思想家们热衷讨论的话题。从古希腊罗马思想家，到洛克、亚当·斯密、黑格尔等近代启蒙思想家，都为市民社会思想增添了独特的理论和时代烙印，为马克思思想提供了历史的源头。因此，我们首先要考察马克思之前市民社会思想的历史谱系，以便更好地理解马克思本人的思想。

一、前资本主义社会的精神遗产

在人类进入资本主义社会之前，市民社会与国家还没有实现完全的分离，社会与国家是复合在一起的，城邦生活即政治生活被视为最体现公民特质的生活。直到中世纪，教会的兴起才使国家的权限，国家与教会的关系成为思想者探讨的主要问题。中世纪后期自治城市的出现和商品经济的发展，使国家与市民社会逐渐成为一对实体性的关系，城市中出现的新型观念也为近代市民社会思想的发展奠定了基础。

（一）古典时期的市民社会思想与城邦公共生活

"市民社会"（civil society）一词的拉丁文词源"civilis societas"是在罗马共和国时代便已形成的词汇，该词可以追溯到古希腊语"politike komonia"，表示政治公共体。可见，市民社会是一个历史悠久的概念，古典时期的古希腊和古罗马便将其生存的社会形态称为市民社会。

1. 古希腊亚里士多德的市民社会思想

一般认为，亚里士多德是最早提出市民社会概念的人。"市民社会"（civil society）的古希腊词源"politike koinonia"便是亚里士多德在其著作《政治学》中提出的一个核心概念。在亚里士多德那里，"politike koinonia"等同于城邦，他指出"城邦的一般含义就是为了维持自给生活而有足够人数的一个公民集团。"①同时，亚里士多德认为城邦不仅是为了维持基本的生活，还有一个更高的目的，这就是善，这给城邦赋予了伦理的意味。而且在亚里士多德看来，城邦的善必须来自公民的善。可以看出，城邦有两个目的，即维持生活这个基本目的，以及追求善这个最高目的。在此基础上，亚里士多德考察了城邦的自然起源，即家庭（社会最基本的单位）→村社（家庭的联合）→城邦（村社的联合）。这种历史演进是人类满足不断扩大的生活需要的结果。

正是在对城邦起源（或者说是国家起源）认识的基础上，亚里士多德界定了人的自然本性，即倾向于城邦生活，并指出人类的本性是政治动物。②可见，亚里士多德是在政治层面理解人的自然本性的。需要注意的是，亚里士多德的"政治性"不能理解为"社会性"。实际上，在古希腊没有表达"社会性"的准确词汇，虽然亚里士多德在对人的自然本性的描述中包含着人的"合群性"这个思想，但是"合群性"并没有被他列为人类的独有特征，而是作为人与动物的共同属性而存在的。亚里士多德的人的"合群性"始终是建立在人的"政治性"基础之上的。正是由于人的"政治本性"，才使城邦的存在具有历史必然性。

这样，在亚里士多德那里，公民与城邦便在伦理和政治层面建立起了有机联系，因而使"公民—城邦"成为一个对西方哲学话语有深远影响的两极模式。一方面，亚里士多德认为公民是城邦的有机组成部分，公民只有依赖于城邦才能完善自身，使人避免成为最恶劣的动物，从而实现自身的价值，

① ［古希腊］亚里士多德：《政治学》，吴寿彭译，商务印书馆1983年版，第113页。

② 参见［古希腊］亚里士多德：《政治学》，吴寿彭译，商务印书馆1983年版，第7页。

成为真正的人。因此，亚里士多德认为通过城邦这个中介，公民可以更好地实现自身的能力。另一方面，公民是城邦的主体，城邦的本质取决于生活于其中的公民的本质。人的"政治动物"本性使公民的本质就是平等地享受政治权利。在亚里士多德所生活的时代，陪审法庭和公民大会作为审判和行政统治的机构，是城邦最高权力的代表，因此，公民就是拥有平等而广泛的政治权力的人。而公民身份不仅意味着个人拥有参与政治的权利，而且意味着他们拥有参与政治的德性。关于这种参与政治的德性应该是什么，亚里士多德认为必须依政体来确定，而政体应依照公正的原则对城邦中的各种官职进行设置，是关于城邦公民的某种制度或安排。因此公民在参与城邦政体时，必须既承担一定的角色，同时又履行角色所要求的德性。由此看来，公民既是城邦的统治者又是被统治者，公民所应具有的德性既包含统治者的德性又包含被统治者的德性。可见，同城邦的概念一样，亚里士多德的公民概念也集政治性与伦理性于一体。

虽然一般认为，亚里士多德是以政治性来界定公民和城邦（市民社会）的，但是他并没有完全排除经济的作用。亚里士多德认为理财术不仅是家庭生活所必需的知识，也是政治家所必需的知识，因为国家比家庭更需要金钱。财富的作用不仅在于满足城邦内部的日常需要，更在于提供抵抗外来军事侵略者的力量。而且，早在公元前 7 世纪斯巴达城确立其城邦制度时就立法规定分到土地的就是城邦的公民，公元前 6 世纪的雅典也通过废除债务奴隶制，将贵族霸占人民的土地还给后者，并依据后者所拥有的土地财产多少来规定其政治权利大小，从而最终确立了雅典的城邦制度。因此在此历史背景下，亚里士多德认为经济权利也应是公民权利的一部分。但是，正如阿伦特所指出的，城邦虽然为公民的财产筑起了一道围墙，但却并不是现代意义上对私人财产的尊重，而是由于没有财产的个体缺乏归属，便无法参与城邦的公共事务。[①] 可见，在亚里士多德的市民社会概念中，经济是从属于政治的，后者才是市民社会的支配性力量。因此，亚里士多德的市民社会在本质上是一个政治社会。

---

① 参见［美］汉娜·阿伦特：《公共领域和私人领域》，刘锋译，载于汪晖、陈燕谷编《文化与公共性》，生活·读书·新知三联书店 1998 年版，第 63 页。

亚里士多德认为，虽然城邦是在家庭和村社这两种自然共同体之后产生的，但是城邦由于其至善的目的而与前两者相比具有更高的道德性质。这使得城邦成为一个文明社会，使生活在其中的公民获得自由、平等的美好生活。可以说，亚里士多德的作为政治共同体的市民社会为人们描述了一个理想的社会。但是，亚里士多德所处的时代并不是每个人都能够成为城邦的公民，因此其所设想的这种理想社会是有局限的，西塞罗等人对其进行了发展和扩充。

2. 古罗马西塞罗的市民社会思想

西塞罗首次将市民社会的古希腊词源"politike koinonia"转译为拉丁文"civilis societas"，并界定该词义为"单一国家，而且也指业已发达到出现城市的文明政治共同体的生活状况"[①]，并指出野蛮社会和前城市社会不属于市民社会。可见，西塞罗的市民社会有三层含义，一是指国家（主要指共和国），二是指政治共同体，三是指与野蛮社会相对应的文明社会。

与亚里士多德相同，西塞罗也认为政治权利是公民最重要的权利，市民社会是一个政治社会，其目标指向是建立文明社会。针对亚里士多德认为只有城邦公民才可享受平等的政治权力所带来的局限性，西塞罗提出应扩大公民所涵盖的范围，妇女、奴隶等被亚里士多德剥除在公民概念之外的群体在西塞罗看来也应获得平等的公民地位。同时，西塞罗市民社会思想的一个重要创新在于提出了基于自然法则的"理性"和"正义"应成为市民社会的基础性规范。在西塞罗看来，正义既是最高的美德，也是公共的善，正义不是利己主义式的。西塞罗虽然不否认国家的功利性质，但是却强调正义应成为国家的终极目标，国家作为"人民的事业"，理应超越单个人或集合体的狭隘、功利和局限，成为理性、正义的象征。西塞罗的理性与正义始终与自然法紧密地结合在一起，他用国家法律与统治者所使用的统治术之间的关系来论证理性与正义的自然法基础。西塞罗指出，法律作为正义与理性的象征，是基于自然法的，而统治者所使用的统治术是基于功利的，有为了功利而践踏法律的冲动。因此，如果理性与正义不是必然存在于自然

---

① ［英］戴维·米勒，韦农·博格丹诺编：《布莱克维尔政治学百科全书》，中国问题研究所等译，中国政法大学出版社 1992 年版，第 125—126 页。

之中的，那么法律作为理性与正义的代表便可能被功利所毁灭，那么，在法律统治之下的人民、城市、国家等都不可能存在了。西塞罗强调，法律的制定以及正义与非正义的判断都必须以自然法为基础，如果正义的原则不是建立在自然法之上，那么导致的结果便是愚人的决定和暴君的命令都成了合乎正义的了。

可见，西塞罗从自然法出发，试图用正义和理性来使国家成为人民共同利益的代表，从而避免特殊利益和个体判断对政治共同体内部和谐局面的破坏。西塞罗的这种思想是针对其当时所处时代中，罗马共和国内部各派系之间残酷的政治斗争导致罗马共和国几近破裂的历史现实提出的，他强调国家内部的和谐，各政治势力的协调，以重建罗马共和国。西塞罗的国家思想虽然没有阻止罗马共和国向专制转变，但是其理性、正义原则中的自然法思想却使亚里士多德的市民社会思想向前迈进了一步，并为后来的学者，如洛克等，在自然法下认识市民社会提供了直接的思想源泉。

3. 古典市民社会思想的实体指向及其建立的理论传统

由上述可知，不论是亚里士多德还是西塞罗所讨论的市民社会，其实体指向其实是公民城邦，是城邦中具有公民身份的人所组成的社会共同体。在古典时期，公民只是社会中享有特权的少部分人，不具有普遍性。比如，在古希腊，公民的资格有七种限制，除了对国籍、民族、年龄、性别有限制外，还要求社会出身必须是自由民、必须家有财产，而且必须不从事体力劳动。可见，妇女以及体力劳动的主要承担者奴隶都是被排除在外的。奴隶主是公民的主要组成者。公民资格最初是城邦为获得安全与稳固的生存基础，而用于将与其关系密切的个体区别于他人的工具，而随着社会结构的逐步定型，公民资格便成为城邦的一个核心问题，公民与城邦形成了紧密的联系。实际上，古典市民社会思想将政治社会作为其实体指向是由其社会结构决定的。就古希腊而言，城邦是由城堡和城堡周围的农村组成，城堡是人们居住的场所，农村是生产的场所。韦伯也曾指出"古代的城市不是远方市场的制造中心，与中世纪的城市相比，它们只是表现出影响乡村生活和居住的方式"[①]，"居住在农村的阶层占有决定性的地位"[②]。因此城邦的内在本质并不是城市的，个体到市中心也只是为了参与政治、宗教或别的集体性事务。因此，古典的市民社会概念所指的是一个政治共同体。其中所内含的公民与城邦的关系，以及公民参政议政的思想内容则在之后的市民社会思想中得到了继续和发展。

而且，亚里士多德将城邦社会视为与君主专制为代表的野蛮社会的对立面，使市民社会具有了文明社会的内涵，市民社会的这种伦理意蕴也被传承下来，尤其在启蒙时代成为启蒙思想家们追求社会进步的理论工具。此外，古典市民社会思想中包含着对私人领域与公共领域的讨论也成为后世讨论的主题。在亚里士多德看来，城邦的也就是公共的，公民之间的交往既是政治性的，也是公共性的。家庭等私人领域的交往是不平等关系之间的交往，而只有基于平等之上的公共交往才能建立被法律所调节的契约。私人领域与公共领域的这种划分被当代思想家所继承与发展。汉娜·阿伦特正是以亚里士多德所描述的古希腊社会结构中的私人领域和公共领域为逻辑起点，讨论了现代历史中经济事务不再局限于私人领域之中，而成为公共领域的内容，从而对公共领域产生了毁灭性的打击，限制了建立在公共领域基础之上的个体自由。哈贝马斯在阿伦特的基础之上进一步分析了现代国家权力的膨胀和经济原则的盛行所导致的公共领域的结构转型，并由此建立了以公共领域和生活世界为内容的市民社会思想。

（二）中世纪的市民社会思想与城市社会实体

一般认为，中世纪是市民社会和政治国家同一的时期。马克思指出："中世纪的精神可以表述如下：市民社会的等级和政治意义上的等级是同一的，因为市民社会就是政治社会，因为市民社会的有机原则就是国家的原则。"[③] 可见，中世纪的市民社会仍是亚里士多德与西塞罗所定义的政治社会

---

① ［德］马克斯·韦伯：《经济与社会》下卷，林荣远译，商务印书馆1997年版，第571页。

② ［德］马克斯·韦伯：《经济与社会》下卷，林荣远译，商务印书馆1997年版，第696页。

③ ［德］卡尔·马克思，弗里德里希·恩格斯：《马克思恩格斯全集》第3卷，人民出版社2002年版，第90页。

的本质，但是其使用方法已发生了变化，同时，中世纪后期自治城市的兴起也为现代市民社会概念的形成提供了现实与思想的基础。

1. 教会与国家关系中的市民社会思想

中世纪是神权与政权相互斗争的历史时期，对市民社会的讨论也体现在对神权和政权的关系和彼此的权力界限的争论中。不管是维护神权还是政权的理论家，都纷纷从亚里士多德和西塞罗那里寻找理论依据。

中世纪早期的神学家利用国家神授的理念来维护神权至高无上的地位。基督教神学的教父圣奥古斯丁主张神权与政权的各自独立，但又认为两者都来源于上帝。圣奥古斯丁的思想中包含国家应服从于教会的精神领导的思想，但又不强调神权绝对高于政权，因此他在国家与教会关系问题上的态度是含糊不清的。直到 5 世纪末教皇格拉修斯一世首次提出双剑论，指出政权和神权是帮助人类获得永恒救赎的两种必需的权力，其中国家保障人们通向天堂道路的和平，并且提供有序的环境以使人们可以更好地为上帝服务，而教会则以精神的教义指引人们通往天堂。在此基础上，格拉修斯一世又进一步明确提出神权理应高于政权，当两者发生冲突时，"肉体之剑"要服从于"精神之剑"。随着教会的势力越来越大，政权也要依附于教会才能存在，神权便获得了绝对的地位，到 11 世纪时，许多国王的登基都必须由教皇加冕，其理论表现是这一时期的一些学者，如索尔兹伯里的约翰直接提出世俗权力来自教会。

在此情况下，亚里士多德的思想最初在 13 世纪重新出现在欧洲时是遭到基督教抵制的，建立在上帝创世说和原罪说基础上的基督教神学与基于自然人性的亚里士多德政治学思想存在着巨大的矛盾，因此亚里士多德著作的广泛传播给教会统治带来了威胁。同时，随着基督教宗教绝对统治地位的确立，早期基督教与异端之间激烈的矛盾已日益转变为统治阶级与人民群众，以及统治阶级内部政、教不同势力之间的矛盾。于是神学理论家改变以往通过将世俗国家视为罪恶产物来贬低世俗国家、维护教会神圣统治的做法，而是在承认国家存在合理性的基础上论证神权高于政权。于是，以托马斯·阿奎那为代表的神学家通过改造亚里士多德的国家学说，使之服务于基督教神学。阿奎那承袭了亚里士多德关于人是"政治动物"的认识，进一步提出人是"社会和政治动物"。这种将"社会"叠加在"政治"之上的做法，其实体现了这一时期对政治的理解已不同于古希腊，而且正是通过将"社会"一词添加到人性论中，阿奎那成功地将亚里士多德的国家学说与神学统一起来。他指出，上帝赋予了人的自然本性，而人要满足自然需要就必须过群居生活，但是人性的自私使人类社会中存在着利益之间的冲突，因此需要国家来实现美好和幸福的生活，因此阿奎那称国家为"那些服从同样的法律并受单一政府的指导以求生活充盈的人"所组成的社会①。阿奎那认为国家的目的是实现人的理性对于社会生活的要求，从而赋予了国家以一定的合理性，使国家成为世俗统治的代表。但是同时，阿奎那又认为人的理性来自上帝，因此尘世的幸福虽然是人的理性的要求，但是却无法超越人的理性的最高要求，即教会引导所至的完美的幸福。可见，阿奎那通过肯定政权来论证神权的至高无上性，在政权和神权之间采取了折中的方法，从而满足了罗马教义的需求。

与此相对应的，维护政权的学者也同样从古典市民社会思想中汲取了大量的理论资源，利用亚里士多德关于政治共同体伦理内涵的认识，肯定了国家对人们物质需要和伦理需要双重满足的能力，从而论证了国家的世俗权力不受神权干涉的正当性。其中，马西略关于国家与教会关系的学说给予了神权学说以有力的回击。

马西略所在的时期，正是民族意识和神权斗争最为高涨的时期，神权对国家政治事务的干涉不仅使整个国家处于动乱之中，而且还阻碍了工商业的进一步发展，马西略的政治思想正是封建社会逐渐崩溃、市民阶级开始出现这一历史背景下的产物。马西略认同亚里士多德关于国家是家庭、村社自然发展的产物，是人类对社会共同需要的产物的说法，也同样认为国家的最终目的是实现至高的善，以此反驳神权学说将国家视为上帝安排的看法。在此基础上，马西略对国家所要实现的善做出了划分，即现世的幸福生活和来世善的生活。教会的作用是实现来世善的生活，因此教会应是国家的组成部分，这也就使得国家成为高于教会的存在。国家与教会的这种关系在马西略

① ［意］托马斯·阿奎那：《阿奎那政治著作选》，马清槐译，商务印书馆1982年版，第84页。

对人民类别的划分上有着充分的体现。马西略依据分工将人民划分为农民、手工业工人、士兵、商人、教士和政府官吏，只有这六类人士按照其分工完成自己对于社会的责任，才能形成一个拥有和平幸福生活的国家。由此可见，教士仅是国家众多等级中的其中一个，并不具有特殊的地位，也应受到国家的管理。可以说，马西略对政治共同体（市民社会）内在独立精神的强调和其伦理性的主张都直接来源于亚里士多德和西塞罗。

以上可知，虽然神权理论家和政权理论家各自的出发点不同，但都引用了古典市民社会的理论作为自己的论据，因此并没有在本质上超越古典市民社会理论。但是关于国家和教会关系的讨论仍然影响了对现代市民社会与国家关系的认识。泰勒认为，中世纪社会观的重要性在于指出了社会与政治组织不同，这为现代市民社会理论和自由主义理论奠定了基础。① 这里中世纪的社会观指政治国家与教会所代表的世俗世界和精神世界各自独立，这种观念使西方人极易接受社会独立于国家的看法。

2. 中世纪的城市社会及其观念

17、18 世纪以来形成的现代市民社会一方面离不开古希腊罗马时期的城邦国家观念，一方面也离不开 11 世纪以来新出现的市民等级的直接推动，后者所在的城市社会以及他们在交往关系中形成的思想观念都深刻影响了现代市民社会的形成和发展。马克思在其多篇著作中使用"旧日市民社会""中世纪的市民社会""行会市民社会"等词汇来表示早期市民社会。恩格斯也曾指出，在中世纪封建贵族之间争斗不休的时候，被压迫的劳动阶级已然开始崛起并摧毁着封建制度。② 这表明马克思、恩格斯已经认识到了中世纪后期市民等级和城市社会向现代市民社会形成的历史过程。

11 世纪前后，封建割据以及领地世袭化最终确立，王权已基本无法再干涉地方政治，由此自由民只有依附于领主以在战争中得以生存，便形成了领主附庸关系和农奴制。而随着经济的复兴，以庄园制为核心的封建经济结

---

① 参见［加拿大］查尔斯·泰勒：《市民社会的模式》，冯青虎译，载邓正来、［英］杰弗里·亚历山大编《国家与市民社会》，中央编译出版社 1999 年版，第 11 页。

② 参见［德］卡尔·马克思，弗里德里希·恩格斯：《马克思恩格斯文集》第 4 卷，人民出版社 2009 年版，第 215 页。

构发生了变化，农产品有了剩余以及手工技术的复杂化使一批专业的手工业者出现了。手工业者与农民交换日常用品，产生了最早的商品交换活动，并进一步促进了专门以商品买卖为业的商人的产生。而且，"十字军东征"带来的中西物质文明的交流使许多以定期的集市为主要形式的贸易中心在西欧的交通要道出现。集市逐渐成为常设的贸易中心，由此聚居了大量的工商业者，这些地方后来发展为城市。城市中的非农业人员依据行业的不同组成了行会，行会中的成员平等地进行社会与经济活动。城市以向领主交纳"领主税"的方式获得一定的自治权来保障城市内自由的经济交往，城市这种"自由的空气"吸引了在领主附庸关系下失去人身自由的农民，农民大量向城市流入。商业经济的发展以及人口流动的加速使封建主义的社会、经济和政治结构都面临着严重的威胁。

更为重要的是，城市社会的发展和市民等级的出现产生了一系列新型的观念和制度，孕育了现代市民社会的精神。正如美国历史学家汤普逊指出的，城市兴起的过程是缓慢演进的，但在结果上却是革命性的，这种革命性首先表现为市民等级要求封建领主和君主承认城市拥有自治的权力，否则就用暴力来赢得自由。[①]这种为争取自由和自治进行斗争的市民社会精神体现了中世纪西欧城市最重要的精神特质。马克斯·韦伯认为，除了自治性之外，共同体组织和拥有城市法体系也是使中世纪西欧城市成为真正意义上的城市"社会"（community）的原因。[②]11、12世纪经济的复兴、宗教改革和罗马法的复兴使城市在传统和新时代需求的互动下成为一个复合的共同体，形成一套理性的法制体系。众多为保障城市自治权力而与封建体制谈判或相抗衡的城市"公社"（commune）成为共同体的代表，是城市中商人和所有市民的联盟组织，并在此之上形成了不同于封建制度的一套政治制度设计。如11、12世纪最具有代表性的意大利的许多城市就任命了自己的执政官，之后发展为享有最高司法权和行政权的"统治委员会"，到13世纪，这

---

① 参见［美］汤普逊：《中世纪经济社会史》（下），耿淡如译，商务印书馆1997年版，第424—425页。

② 参见［德］马克斯·韦伯：《儒教与道教》，王容芬译，商务印书馆1995年版，第57—58页。

些城市甚至拥有了成文的宪法和自治的政府。这使得人们对政治权力的合法性问题有了重新的思考，并将民主选举、管理的原则引入了人们的视野。昆廷·斯金纳就曾详细描述过在中世纪城市共和国中所体现的平民统治的原则，指出这些城市中所有的政治机关都由选举产生，并在一定期限内执政，选举出来的执政官与市民选出的统治委员会对各项事务共同磋商，而统治委员会不仅有权对执政官的职能进行审查，而且是起草和修改城市成文宪法的主要负责机构。① 这些自治运动对封建制度下的神权政治理论提出了挑战，为中世纪后期及早期资产阶级革命反对封建制度，提倡世俗与宗教分离提供了鲜活的例子。

除此之外，行会组织也是中世纪城市的一个重要组成部分。这些行会组织在早期主要是保护成员及实施由成员自愿结成的各项关系，之后逐步形成了众多由商人、手工业者等组成的世俗行会组织。行会组织建立了各自的法令以规定成员间的权利义务关系，并在一定程度上垄断了城市的商业和经济活动。同时行会组织间为了对抗封建领主等共同利益联合起来行动，为城市自治运动提供了支持。因此可以说，行会组织就是自治城市的一个缩影，两者都为现代市民社会追求自由、民主、法治以及政治多元化提供了历史的积淀。

二、资本主义社会形成的自我认识

17、18 世纪以来的现代市民社会概念，是在资本主义发展过程中逐步形成的，"真正的市民社会只是随同资产阶级发展起来的"②，这时的"财产关系已经摆脱了古典古代的和中世纪的共同体"③。因此，从谱系学的角度上讲，现代市民社会思想尤其是从洛克到黑格尔的市民社会思想，可以看作是资本

---

① 参见［英］约翰·邓肯：《民主的历程》，林猛译，吉林人民出版社 1999 年版，第 73 页。

② ［德］卡尔·马克思，弗里德里希·恩格斯：《马克思恩格斯选集》第 1 卷，人民出版社 2012 年版，第 211 页。

③ ［德］卡尔·马克思，弗里德里希·恩格斯：《马克思恩格斯选集》第 1 卷，人民出版社 2012 年版，第 211 页。

主义社会形成的自我认识。正是在资本主义的自我认识之上，市民社会思想发展出了可供人类社会共同利用的思想。

（一）社会契约论者：自然状态之上的市民社会

虽然 16 世纪民族国家的兴起和中央集权的确立使市民等级的商业活动受到了王权的保护，市民社会已经逐步与政治国家产生了分离，但市民社会与国家成为两个相对独立的领域却是在 18 世纪才趋于完成的。马克思也指出，市民社会是"16 世纪以来就做了准备，而在 18 世纪大踏步走向成熟"[①]的。也正是在 18 世纪，诸多思想家才从理论上明确地对市民社会与国家的区别与联系进行了说明。邓正来也曾指出，直到社会契约论的提出，社会与国家的分野才在理论上被确认。[②]以洛克为代表的社会契约论从一个抽象的自然状态出发，讨论国家的建立，并在其中产生了关于市民社会和国家关系的模糊认识。

社会契约论一个最根本的原则是契约是一切道德准则具备合法性的前提条件，每个个体也仅仅愿意被源于自身意愿的协议所控制。而这种合法的道德准则是在非道德环境下经过人们的商议产生的。因此，社会契约论者假定了一个最初的自然状态，在此自然状态下社会是混乱无序的，随时有毁灭的危险，因此人们必须共同订立契约成立国家，来作为一个管理机构对抗自然状态的无序，保障人们的安全。因此，"自然状态—国家"成为社会契约论的一个基本逻辑，当然，契约论者对此逻辑的具体过程有不同的认识，从而形成了不同的思想内容。

在霍布斯看来，每个人都有且唯一拥有一种"自然权利"，即竭尽自己所能来保全自己生命的自由，因而为了达成这个目的他拥有采取一切方式的自由，但矛盾的地方在于，正是每个人拥有保护自己自然权利的自由却使得处于人类社会中的每个人无法获得保障，并使得每个人之间都处于交战状

---

① ［德］卡尔·马克思，弗里德里希·恩格斯：《马克思恩格斯文集》第 8 卷，人民出版社 2009 年版，第 5 页。

② 参见何增科：《公民社会和第三部门研究导论》，载何增科编《公民社会与第三部门》，社会科学文献出版社 2000 年版，第 80 页。

况。^①这种人人都与他人为敌的战争状态就是霍布斯所主张的自然状态。为了避免这种自然状态所实际导致的人的生存权利受损，人们只有诉诸根植人内部的理性，通过结成契约，每个人都放弃权利来达到和平状态。可见，霍布斯从人性恶为出发点，建立起了他的契约论。霍布斯指出，契约不仅使个体获得了自我救赎，也使国家得以产生。因为契约一经确立，不论契约中规定一个人或一个群体作为契约建立者共同权利的代表，也不论契约建立者个体的具体意愿如何，个体都将其自身拥有的一部分行动与决断的权利授予给了别人（或群体），在这种情况下，国家便建立了。^②可以看出，"自我保存"原则和"理性"原则是霍布斯契约论的两个基本原则，正是在此原则上，自然状态与国家建立起了最直接的联系。

而与霍布斯人与人之间关系像狼一样的自然状态相比，洛克的自然状态则是一个建立在自然法法则基础上的完备无缺、自由平等的状态。但自然法的约束力有限，仍需建立国家来构建立法、执法和权力来补充自然状态的不足。而且与霍布斯不同的是，洛克的契约双方是公民和国家，个体让渡的权力只是立法权、司法权等部分权利，生命权、财产权等天赋的权力还由个体保留，国家必须保障公民的生命安全、自由及财产权利，协调社会中的冲突，如果国家侵犯了公民的这些权利，那么人民有权收回自己让渡的权力，重新选择国家。可见，洛克虽然没有提出现代市民社会概念，但是在他的契约论思想中国家与社会已有了明确的界限。此外，洛克指出"社会是先于国家而在，国家只是处于社会中的个人为达到某种目的而形成契约的结果"^③。因此，与霍布斯不同，对洛克来说，以自然法则为基础的自然状态不是混乱的战争状态，而是一个相对完善的状态，所以人们通过社会契约建立国家并不是为了要用国家来代替自然状态，而是为了保证人们在自然状态中无法充分实现的权利。

对比霍布斯和洛克的契约论思想，我们可以看出，霍布斯所设定的自然

---

① 参见［英］霍布斯：《利维坦》，黎思复、黎廷弼译，商务印书馆1985年版，第97—98页。

② 参见［英］霍布斯：《利维坦》，黎思复、黎廷弼译，商务印书馆1985年版，第133页。

③ 邓正来，［英］杰弗里·亚历山大编：《国家与市民社会》，中央编译出版社1999年版，第83页。

状态是没有市民社会及其与国家关系的内容的，他同古典时期思想家如何理解城邦的概念一样，仍将市民社会和政治国家视为同样的概念，因此，霍布斯将国家既称为 city，又称为"civil society"。①这证明霍布斯仍是在公民社会的意义上理解市民社会，与国家不同的市民社会还未进入霍布斯的视野。而且，在霍布斯的国家起源思想中，人们让渡了全部代表人格的权利，使人们成为对国家绝对服从的臣民，这使霍布斯的国家具有了至高无上的权威。霍布斯的这种思想是服务于他所在的"绝对国家"体制的。但是，霍布斯在其自然状态的假设中又赋予了每个人以平等的保护自己生命的"天赋权利"和内在理性，因而霍布斯说"一个公民没有什么可以只属于他自己而不属于国家或主权者的财产，但每个公民的确可以有不属于别的公民而属于自己的东西"②，以平衡公民在理念上的平等与现实中对王权的依附之间的矛盾，也引发了之后关于公民平等的思想。而洛克虽然也在自然状态之上构建国家，但是他却反对霍布斯的国家，指出"谁企图将另一个人置于自己的绝对权力之下，谁就同那人处于战争状态"③。可见，被霍布斯赋予自然状态属性的"战争状态"在洛克那里却成了"绝对国家"的特征，洛克对"绝对国家"是持否定态度的。这是因为，洛克看到了当时市民社会已经出现的历史现实及其积极意义，因此他在自然状态和国家之间引入一个市民社会的层次，认为自然状态中的人们进入社会，并共同建立国家。同时，洛克还认为人们先结成市民社会并赋予其"立法权"，然后才赋予了国家以"行政权"，从而在实际上建立了一个"自然状态—市民社会—国家"的结构，并确立了自然状态、市民社会与国家的历史顺序。但是洛克的市民社会仍然具有公民社会的政治含义，他仍称市民社会为"政治社会"。这是由洛克当时所面临的历史背景和理论任务所决定的。洛克的社会契约论是为资本主义的发展服务的，而市民社会虽然在君主王权的保护下获得了一定的自由空间，但是另一方面却又受到了绝对王权的压制，因此洛克赋予市民社会政治含义，使其成为足

①　参见张康之，张乾友：《对"市民社会"和"公民国家"的历史考察》，载《中国社会科学》2008年第3期，第24页。

②　[英]霍布斯：《论公民》，应星、冯克利译，贵州人民出版社2003年版，第90页。

③　[英]洛克：《政府论》下篇，叶启芳、瞿菊农译，商务印书馆1986年版，第13页。

以对抗"绝对国家"的政治力量。此外，不同于霍布斯把"自我保存"作为人唯一的"天赋权利"，洛克则把私有财产权纳入到了人的自然权利中，认为没有财产便没有生命安全和幸福，财产是自由的前提，因而对土地所有权的保障成为洛克社会契约论的一个核心论点，而且自洛克以后，私有财产权也成为人权理论的一个核心内容。由此可见，洛克的思想中包含了许多现代市民社会的思想内容，进而成为资产阶级革命有力的思想武器。

卢梭在使用市民社会这个概念时仍然是在国家或政治共同体的古典意义上使用的，但他的国家概念则是洛克式的，认为国家负有保障所有权和惩治对所有权的侵害行为的责任。他也以自然状态为起点，但认为人在自然状态中是像动物一样孤立生活的"未开化人"，这种自然状态是一种自然的原始状态，是人的潜能无法获得充分发展的状态，国家产生于人们的共同意志。一方面，卢梭的自然状态和国家（或称文明社会）之间是存在着巨大的鸿沟的，自然状态下的人们是愚昧的，国家是人们改造自身的产物。另一方面，尽管在洛克等早于卢梭的启蒙思想家中已有与国家相对的社会概念，但是卢梭却以更加传统的方式将市民社会同国家结合起来。同霍布斯一样，卢梭认为人们在契约中应将所有权力转让给国家，而且，由于卢梭也认为个人的自然权利只有通过国家权力才能得到保证，因此卢梭社会契约论下建立的是一个强大的主权国家，他认为把主权"划分为立法权力和行政权力，划分为税收权、司法权和战争权，划分为内政权和外交权"，就是"把主权体搞成一个东拼西凑出来的怪物"。[①] 但不同的是，卢梭不认为人们让渡出权利后就成为被统治者，根据卢梭的人民主权原则，国家和人民是主权的同义词，国家是人民公意的产物。卢梭受到了洛克的影响，明确将国家与政府区分开，使政府成为国家的仆人，人民依照公意对执行国务的政府进行控制，从而与霍布斯所倾向的君主政体区别开来，具有了更为民主的内涵，对法国大革命产生了深刻的影响。

总体而言，社会契约论是为资产阶级革命提供理论依据的学说，因此其思想内容的众多理论与原则都是建立在资产阶级对经济自由、私有财产要求

---

① ［法］卢梭：《社会契约论》，杨国政译，陕西人民出版社2004年版，第22页。

的基础之上。不论是霍布斯为保障英国资产阶级在动乱中维持优势地位、资产阶级利益不受损失而提出君主专制，还是洛克在英国资产阶级已获得统治权力的情况下，为解释革命现实、捍卫革命成果而提出"人生而具有理性"并反对"绝对国家"，都是资产阶级发展时期特定环境下的产物。但是与此同时，社会契约论中确立的众多原则和思想，如作为理论出发点的个人权利，自由主义原则，对国家、政府责权的认识等等，都深刻地影响了现代关于市民社会与国家关系的思想。从这一意义上说，契约论虽然是对国家起源的一种假设，但是其本意并不是要考察国家的起源，而是要用于说明资产阶级发展这个历史事实的性质。因此，其虽然没有对国家与市民社会进行明确的区分，但是在结果上却对国家和社会之间的关系进行了规定，并对两者在实践中的关系产生了影响。同时，契约论者的思想并不导向一致的市民社会与国家关系，如洛克对个人自由空间的强调导向的是市民社会高于国家，极端地倾向是发展为无政府主义，而卢梭的人民公意代表着共和主义传统，只有公意下才有自由，那么很可能造成的结果是政治活动凌驾于其他生活领域之上，市民社会遭到了吞噬。

（二）孟德斯鸠：权力制衡之上的市民社会

一般认为，近代资本主义的发展产生了两种市民社会的认识，一种是洛克的社会先于国家的传统，另一种是孟德斯鸠的权力制衡的市民社会传统，可见孟氏传统对现代市民社会思想的重要作用。泰勒也指出孟德斯鸠的贡献在于其指出了多样化的国家构架产生了多样化的社会界定方式，并强调权力在各力量主体间的均衡分配。①

与洛克认为社会外在于国家不同，孟德斯鸠的社会并不独立于国家，而是在政治体系之中成为政治权力多样化的基础力量。孟德斯鸠的这种认识与他对现实的考察有关，他认为当时英国的君主立宪政体下，国家与个人之间存在一群独立合法地监督法律、制约国家权力的"中介团体"，使公民的个体权利得到了保障，因此成为孟德斯鸠眼中理想的国家制度。由此，孟德斯

---

① 参见［加拿大］查尔斯·泰勒：《市民社会的模式》，冯青虎译，载邓正来、［英］杰弗里·亚历山大编《国家与市民社会》，中央编译出版社1999年版，第27页。

鸠第一次把国家与个人之间平衡政府权力的"中介团体"引入了思想家们的视线，虽然孟德斯鸠的"中介团体"并不是现代意义上的社会组织，而是指议会等机构以及一些如贵族的等级团体，但是这种"中介团体"作为制约国家的社会力量的思想还是产生了深刻的影响。

孟德斯鸠提出"中介团体"的原因在于他不仅如洛克一样关注个体的自由、平等，而且还关注在政治国家中个体怎样实现自身的自由，因此政治制度的设计以及政治自由成为孟德斯鸠政治理论的重点。这是孟德斯鸠与洛克等社会契约论者的主要区别，社会契约论者思想的主体是原始契约，核心问题是权力如何起源与归属于谁，至于政体问题只是一个从属的问题，并不涉及实质。而孟德斯鸠看到了政治形式与人性之间的关联，认为一个好的政体应是符合人的自然本性的政体。可见，同亚里士多德相同，孟德斯鸠同样重视政治形式对于个体品性的重要性，但其所要建立的政体基础是资本主义发展下的现代性人格，而不是亚里士多德时代不独立的人格。孟德斯鸠认为，政治分权是个体自由的前提和保障，良好的法制和政治结构形成了自由的社会，而被包含在政治结构中的"中介团体"，虽然看似是从属于国家的，但在本质上却保持着自由的精神，拥有着对抗非法或不正义的政权的力量。而且中介团体的存在不仅不会导致国家的混乱，反而促进了国家的团结统一。这是因为在孟德斯鸠看来，统一的本质在于"各部分尽管相互对立，却能协力促进社会一般的善……各部分就像宇宙中各部分一样，由彼此的作用和反作用永恒地联系在一起"①。可见，孟德斯鸠的政治理论受到了牛顿力学的影响，认为一个"宽和政体"需要各种力量之间相互规制和平衡，才能良好运作。"中介团体"正是这样一种促进政体运行的本原力量之一，使政治的形成符合人的自由本性，从而不仅抑制了统治者的任意性，也通过法律的实施抑制了被统治者的任意性。在孟德斯鸠看来，自由的状态无法与生俱来，必须由宪法来确定，宪法是社会权利的来源，他指出："在一个国家里，也就是在一个有法律的社会里……自由是做法律（lois）所允许的每件事的权利

---

① ［法］孟德斯鸠：《罗马盛衰原因论》，婉玲译，商务印书馆1995年版，第51页。

（droit）。"①因此社会从国家那里获得规定性，正是这种思想对黑格尔的市民社会思想产生了影响。

托克维尔可以说是孟德斯鸠最好的学生，他也被称为"美国市民社会理论的教父"②。孟德斯鸠的"中介团体"被托克维尔发展为自治社团，成为"以社会制约权力"的重要内容。托克维尔的市民社会思想主要体现在《论美国的民主》和《旧制度与大革命》中。他通过对法国大革命与美国的民主经验观察分析后，认为与市民社会中不同利益的斗争而引起的矛盾冲突相比，国家权力的肆意扩大更加危险，当国家从社会的"守夜人"变成无处不在的管制者时，灾难便会随之降临。因此，托克维尔认为一个由各种独立的、自由的社团组成的多元社会对国家权力在一定限度内运行进行监督是必要的，这个多元的社会主体包括社会组织、利益集团、大众媒体等。如果说孟德斯鸠的"中介团体"作为特定的权力阶层对国家权力进行的制约还是"权力制约权力"，那么托克维尔的"社会制约权力"无疑在自由主义的道路上更迈进了一步。在托克维尔的"社会制约权力"模式下，权力是高度分化的，国家权力不是唯一的权力中心，社会中存在的多元权力作为权力的共享者可通过各种途径参与到政治决策当中，从而实现对国家权力的制约。在托克维尔看来，这种多元社会比三权分立式的政治结构安排更应成为民主制度的必要条件，在此意义上讲，托克维尔可以说是第一个将市民社会与政治民主联系起来的人。而且，当代市民社会话语的"市场—市民社会—政治国家"三分，以及将非政府组织作为市民社会的核心内容并考察其对培育公民性、增加公民政治参与的作用，可以说是直接受到了托克维尔及其对美国民主研究的影响。

虽然孟德斯鸠传统与洛克传统在对政治国家目的的认识上相同，即认为政治国家是保障个体生命、财产权利的主体，因而都反对专制而维护自由。但是，两者的路径又存在不同，不同于洛克的"社会先于国家"是把外在于

---

① 杨璐：《孟德斯鸠的"社会"：不同于现代自然法传统的努力》，载《社会学研究》2015年第2期，第238页。

② 参见［美］艾伯利编：《市民社会基础读本——美国市民社会讨论经典文选》，林猛、施雪飞、雷聪译，商务印书馆2012年版，第8页。

国家的社会作为政治国家合法性的现实基础，孟德斯鸠则是力图在政治国家内部寻找其合法性基础和自由实现的途径，即法制和权力制衡，以克服洛克契约论下社会在国家走向专制后又必须返回战争状态的困境。总之，孟德斯鸠和托克维尔的政治理论给市民社会打上了权力制衡的烙印，也强调了国家对社会不可或缺的作用，是对英美等资本主义国家政治建制的理论认识。

（三）苏格兰启蒙思想家：市民社会与国家的界分

一般认为，黑格尔是第一个在理论上明确将市民社会和国家作为一对并立的概念进行论述的思想家，正是其在《法哲学原理》中对市民社会和国家的论述引起了青年马克思的思考。黑格尔和马克思都强调了市民社会的经济内容，可以说，这是他们吸收了以休谟、亚当·斯密、弗格森为代表的18世纪苏格兰启蒙思想家资源的结果。苏格兰启蒙运动直接产生于18世纪初苏格兰的政治现实，即苏格兰是为坚持自己的政治制度而牺牲经济的发展，还是放弃苏格兰的政治独立性从而在英格兰的商业帝国中发展自由贸易。在这一现实冲突之下，"社会进步"成为苏格兰启蒙运动的讨论主题，这一主题一直持续到英格兰和苏格兰合并后的数十年。围绕这一主题，苏格兰启蒙思想家对政治国家与经济发展之间的关系，财富、美德与自由之间的关系等等进行了探讨。

其实，在黑格尔之前，苏格兰启蒙思想家便对市民社会与国家进行了界分。休谟在《人性论》中对经济发展的论述包含了市民社会与国家区分及相互关系的内容。休谟认为进行物品上的改良是个体结成社会的主要优势，社会状态下进行分工、合作以及相互提供安全感是促进经济发展的条件。但同时，社会也放纵了个体追求私利的贪得无厌的本性，因此国家最初是作为防卫前者对社会规则的破坏而成为必要的，休谟因此指出"正如人数众多的文明社会离开了政府便不能自存"[1]，"正义规则虽然足以维持任何社会，可是他们并不能在广大的文明社会中自动遵守那些规则；于是他们建立政府"[2]。从以上论述中可以看出，市民社会（文明社会）和政治国家是不同的，同时政

① ［英］休谟：《人性论》（下册），关文运译，商务印书馆1980年版，第595页。

② ［英］休谟：《人性论》（下册），关文运译，商务印书馆1980年版，第584页。

治国家是社会进步的必要条件。休谟也对社会和国家的产生及两者的顺序作出了经验主义的阐释。休谟在批评社会契约论时说到，社会并不是理性的契约产物，而是公共生活所带来的益处使社会在惯例和习俗下固定下来，政府的产生也是为了保障公共生活益处的实现而自然形成的，这种认识无疑比社会契约论更具有历史性。亚当·斯密被认为对市民社会的模式作出了最完整的描述①，斯密把社会体系形态的历程分为了四个阶段，即最底层的无所谓君主或国家的狩猎民族，较高一层的有酋长或君主的畜牧农民或游牧者，再高一级的自给自足的农业民族，最后更进步的有农业、制造业、商业的文明社会。学者约瑟夫·克罗普西认为斯密对于社会体系的这种划分的创新在于，他对人类生活落后或文明的描述都使用的是非政治性的术语，具体来说是经济或社会的组织模式，以往"自然状态—政治社会状态"的传统区分所包含的社会和国家的重叠被斯密抛弃了，而代之以从非政治性上区分野蛮社会和文明社会，不仅隐含了国家与社会的区分，更使前者处于为文明社会提供服务的从属地位。② 可见，斯密已不把市民社会作为传统的政治术语来使用。

由于苏格兰启蒙运动兴起于苏格兰与英格兰政治合并完成下的自由主义政治生态，因此其理论任务是后革命时代的启蒙，不同于法国等启蒙运动的主要内容是政治革命和政治自由，苏格兰启蒙运动面对的是正在进行的工业革命和逐渐城市化的"市民社会"，其主要任务是考察"经济变革以及对这一变革的伦理和政治条件和后果"③，从而实现新的社会价值观念的转变。

正如上述所说，对现代经济学具有卓越贡献的斯密就主要从经济方面去阐述市民社会的发展历程，正如法国学者罗桑瓦隆指出的："亚当·斯密似

---

① 参见邓正来，［英］杰弗里·亚历山大编：《国家与市民社会》，中央编译出版社 1999 年版，第 34 页。

② 参见［美］约瑟夫·克罗普西：《国体与经体：对亚当·斯密原理的进一步思考》，邓文正译，上海人民出版社 2005 年版，第 86—87 页。

③ ［英］戴维·米勒，韦农·波格丹诺编：《布莱克维尔政治学百科全书》，邓正来译，中国政法大学出版社 2002 年版，第 738 页。

乎是第一个而且远远早于黑格尔从经济上懂得了市民社会。"①在斯密看来，社会之所以存在就是由于经济关系，正是劳动分工和市场交换才使社会建立和发展，社会的内涵就是市场社会。而且经济含义下的市民社会更具有活力了。分工下建立的社会是一个相互依赖的社会，在他的代表作《国民财富的性质和原因的研究》（以下简称《国富论》）中，斯密揭示了一个看似杂乱无章的自由市场如何以一个具有自行调整机制的系统运行，斯密称自由竞争的市场是一只"看不见的手"，使商人在追逐私利的主观动因下却在客观下增进了社会的整体利益。因此，斯密眼中的市场不再是一个进行交换的特殊场所，而是整个社会，这个社会具有市场所赋予的经济调节机制和社会组织机制。可见，斯密在社会与国家何者优先的认识上是接近洛克的"社会先于国家"。在苏格兰启蒙思想家眼中，社会的文明和进步正在于生存方式的变化和对物质财富的渴求。弗格森对社会发展历史进程的论述便是以财产关系为核心的，他指出野蛮阶段的人们对财产几乎无动于衷，而在未开化时期，财产权利虽然还未被纳入法律的范围，但是却是人们渴求之物，而在文明社会即商业社会中，却充满了各种商业艺术和谋利艺术。

苏格兰启蒙思想家在市民社会与国家区分的框架下讨论市场自身的独立性及运行机制，目的在于解决私利与公益的问题。以往的经济思想认为，只有政府的干涉，私利才能变为公益。而苏格兰启蒙思想家则从不同的角度论证了市民社会内部即存在私利与公益相通的机制。休谟从人性本质出发，认为人性中自爱与仁爱并存。亚当·斯密也提出人性具有"自利"与"同情"两个方面，要想最大限度地为自己谋利，就不能完全无视别人的利益，斯密举例说道："我们每天需要的食物和饮料，不是出自屠夫、制酒师和面包师的恩惠，而是出自他们自利的打算。我们不说唤起他们利他心的话，而说唤起他们利己心的话。我们不说自己有需要，而是说对他们有利。"②弗格森虽然反对休谟和斯密人性论中的个人主义和功利主义倾向，但是也提出人性

---

① ［法］皮埃尔·罗桑瓦隆：《乌托邦资本主义——市场观念史》，杨祖功、晓宾、杨齐译，社会科学文献出版社2004年版，第76页。

② ［英］亚当·斯密：《国富论》（上），郭大力、王亚南译，上海三联书店2009年版，第14页。

具有三大法则，即自我持存法则、社会法则、评断法则或发展法则，指出人对私利的追求和对同伴的福利的追求是人的固有本性。总之，苏格兰启蒙思想家通过分析人性中对自己的自利和对他人的同情或依赖，为市民社会的自我组织性提供了伦理基础。此外，上述苏格兰启蒙思想对社会形成和发展的自然历史性认识也为其提供了社会观的基础。苏格兰启蒙思想家对私利和公益的讨论，不仅承袭了古希腊以来对社会中存在的重要矛盾的关注和哲学讨论，而且是对经济快速发展下出现的财富分配和社会秩序问题的认识。

苏格兰启蒙思想家通过对公与私的讨论，一方面开启了经济的市民社会的启蒙，确立了市场在市民社会和国家中的地位，并且将自由根植经济的土壤之中。苏格兰启蒙思想家们认为，市场经济的运行最终可以产生自由和公益，而这是个体成为市民所必须具备的美德，而避免国家对市场经济的干预便体现了自由的现实意义。另一方面，苏格兰启蒙思想家又试图在国家与市民社会之间建立一种平衡的关系。他们承认经济自由的益处，但对商业发展带来的弊端也有清晰的认识，比如休谟虽然为奢侈进行辩护但却批判信贷，弗格森赞成自由贸易，但也攻击消极的政治国家。斯密认为政府有三大职能，即国防、司法以及提供公共物品，这些职能使斯密的政治国家远远超过了"守夜人"的角色。其实，苏格兰启蒙思想家承认政府的重要职能，并认为政治领域是一个专业化领域，只是政府的职能是受限的，因此政府是一个"有限政府"。拉齐恩·萨丽也指出，现代社会运行的复杂性和多样性，使得行政、立法、司法等国家部门的存在和具备一定的能力成为必需，以休谟为代表的苏格兰启蒙思想家则早早地关注到了这些。[1]

总之，与同一时代的其他思潮相比，苏格兰启蒙运动具有更科学而客观的立场，注重考察人类社会的具体历史变迁，并认为市民社会的形成是人类行为的结果，而不是人类理性设计的结果，甚至理性本身都受到社会演化的制约，因此社会进步必须以历史传统为基础。正是这种历史观使苏格兰启蒙思想家不仅观察到了当时已经存在的市民社会与国家的分离，而且使其对市民社会经济内容的强调极大地推动了两者在理论上的区分。他们认识国家与

---

① 参见［美］拉齐恩·萨丽等：《哈耶克与古典自由主义》，秋风译，贵州人民出版社 2003年版，第13页。

市民社会关系的总体原则，仍是基于洛克所确立的"社会先于国家"这个传统之上的，同时他们又肯定了政治权威的必要性，从而对市民社会与国家之间的辩证关系有了更加全面的理解。

三、逻辑定位：黑格尔关于国家与市民社会的思想

虽然 17、18 世纪的启蒙思想家已经以各种方式论说了市民社会与国家分离的现代现象，但是这些论述在"自然状态""社会契约""文明社会"等一系列概念的遮蔽之下，还未见清晰。直到黑格尔在《法哲学原理》中，才明确地将市民社会和国家规定为两个相互独立而又联系的概念。古典政治学说、自由主义政治学说及经济理论所展现的市民社会发展的历史线索，都汇集到了黑格尔那里，形成了一种学理上的综合。

（一）黑格尔《法哲学原理》的逻辑结构

要理解黑格尔的市民社会概念及其与国家的关系，首先必须了解《法哲学原理》的整体结构，因为对于追求哲学大一统的黑格尔而言，逻辑学是黑格尔哲学的方法论基础，而《法哲学原理》的整体结构便体现了其独特的逻辑体系。因此，对市民社会及其与国家关系的埋解必须站在黑格尔《法哲学原理》的整个思想体系中才能进行。

文艺复兴和启蒙运动以来，思想家们一直站在人本主义的立场，把自由作为人的本质予以追求，黑格尔同样将现代自由作为其哲学主题。黑格尔虽然继承了卢梭、康德以来以理性取代自然，人的自由意志成为自然本性基点的传统，但黑格尔认为康德的道德命令所设定的主观自由仅是一种空虚的形式自由，而自由应是个体独立性与实体伦理性的统一，这意味着自由不应仅是概念化的抽象，还应表现出现实性的真理，从而实现在认识论上概念和定在的统一。黑格尔认为，卢梭、康德的错误就在于把意志当作了个人的一种官能，而要让自由成为不可摧毁的堡垒，就必须将意志看作是纯粹抽象的理智，使意志成为永久的和自决的精神，作为这种意志精髓的自由才能够成为

绝对的。因此，黑格尔为自由设定了一个坚实的基础，即"绝对理念"，这个绝对理念存在于主体之外，经过了"主观精神"和"客观精神"的发展。主观精神表现了人的精神思维的一般抽象形式，还不具有真正的现实性，是认识现实真理的思维逻辑形式。客观精神是主观精神的外化，是自由在现实生活中的历史发展，最终达到自由的最高阶段——绝对精神，《法哲学原理》即是全体自由的现实化，是客观精神的具体发展过程。绝对理念在客观精神阶段表现为法的理念，即"法的概念及其现实化"。而法的概念及其现实化（实存）被黑格尔称为是"灵魂"和"肉体"的关系，他指出作为"灵魂"和"肉体"的法的概念及其定在既是统一的，统一于法的理念这个生命体中，又是相互独立存在的，这充分体现了黑格尔的辩证法。同时黑格尔指出，法的理论是和谐的，是概念与定在之间的相互渗透，"法的理念是自由"[①]。因此，在黑格尔那里，"法"就是自由的概念及其现实化的统一，法哲学就是权利哲学，是自由意志自我展开、自我实现的实践哲学。自由意志的这种展开和实现体现着一系列的阶段和环节，包括抽象法、道德和伦理。这三个环节的每一个环节都是自由的某种体现，而且每一个环节都蕴含着下一个环节自由实现的因素，下一环节体现的自由则比上一环节更为真实、具体。

　　抽象法是形式的抽象的自由，体现自由意志的直接性和抽象性，是关于社会一般平等自由人格的抽象的法。道德是主观意志的自由，是自由意志通过自己为自己立法并在行为中实现。在道德中，人的主体性得到承认，一切道德行为的价值以及之所以被承认是我的，就在于其是主观意志的产物，这被黑格尔称为"故意"。伦理作为抽象法和道德之后的第三个环节，则是前两者的升华，是主客观的统一，因而是更为具体的自由，因此黑格尔称"伦理是自由的理念。它是活的善……伦理就是成为现存世界和自我意识本性的那种自由的概念"[②]。道德关涉的是个体主观的精神世界，而伦理指向的则是社会客观的生活世界，关注的是社会正义的关系及秩序。在伦理这个环节中，家庭、市民社会和国家又依据从低级到高级、从抽象到具体的原则依次

―――――――――――

① ［德］黑格尔：《法哲学原理》，范扬、张企泰译，商务印书馆1961年版，第1—2页。
② ［德］黑格尔：《法哲学原理》，范扬、张企泰译，商务印书馆1961年版，第164页。

展开。国家作为"伦理理念的现实",使自在自为的自由意志获得了定在。可以说,黑格尔是用唯心主义的术语表达了他关于社会进化的理论,进化发生在意识的层面,但是进化却超出了个体的控制,个体仅仅是自由意志进化的一个介质。

总体来说,黑格尔《法哲学原理》的逻辑结构不仅体现了黑格尔对自由的认识,而且体现了黑格尔哲学强大的历史感。黑格尔自由意志的思想建立在对洛克所创立的古典自由主义的批判之上,是对英法德自由主义思想和运动的认识和发展。当时主导政治哲学的是抗争王权所产生的自由主义思想,而在黑格尔看来,不论是洛克的经验主义方法还是康德的形式主义方法,他们所建立的自由之基,即自然权利概念都是以个体的自由意志为出发点和目的的,在此之下,自然状态之外的社会和国家都仅仅是个人的工具,自由只是意味着抽象的满足自然需求的自由。这种自然自由观必然产生的一个倾向便是对国家的妖魔化,把国家当作与自由对立的产物,使个人与国家的关系对立化了。但黑格尔批评自然自由观的方法并不是简单的否定它,而是将其纳入自由意志发展的整体过程中去考察,将其视为自由意志发展所必经的一个阶段予以扬弃。

黑格尔对古典自由主义的批判来源于其对历史现实的认识。以个人主义价值观和市场社会为基点的自由主义自 17 世纪兴起以来虽然结出了丰富的革命果实,推动了市民社会的发展,但是也在实践中暴露了诸多问题。英国工业革命进程中贫富差距的不断加大,社会阶级矛盾日益激化,由此出现了众多反自由主义思潮,而法国大革命则进一步见证了自由主义的内在矛盾和危机。法国大革命的爆发震撼了整个欧洲,尤其是法国的邻邦德国,在法国大革命的影响下,德国于 1789 至 1795 年爆发了数起农民、工人的暴动和罢工运动。在黑格尔看来,抛弃过去一切的法国大革命充分发挥了古典自由主义的主观自由原则,这种抽象自由的实现包含着全体自由的本质规定,使自由意志以否定一切的形态在现实生活中展现出来。但是法国大革命追求的自由是片面的,其对抽象的自由的追求导致了政治狂热,"当时一切才能方面和权威方面的区别,看来都被废除了。这一个时期是以战栗、震惊、势不两立,来对抗每个特殊物。因为狂热所希求的是抽象的东西,而不是任何有组织的东西，所以一看到差别出现，就感到这些差别违反了自己的无规定性而加以毁灭。因此之故，法国的革命人士把他们自己所建成的制度重新摧毁了，因为每种制度都跟平等这一抽象的自我意识背道而驰。"① 因此，法国大革命所追求的抽象的自由平等无法成为肯定的现实，因为它视一切制度和规定为自己的限制物而予以批判，甚至否定个体的生命。这使得法国大革命最终沦为任性和恐怖的工具，造成了法国的政治动荡，也使德国到了分裂的边缘。一方面，正是对法国大革命的反思使黑格尔开始重新思索个人与国家的关系、国家权力以及自由的真正本质。另一方面，对法国大革命及其古典自由主义根源的批判也是黑格尔运用其自由意志的辩证法的体现。法国大革命由启蒙运动下个体主体理性对自由的追求所发动，但其自由精神的空洞无物使其自由实践必然失败，仍必须经过伦理、法律和国家的规制才能变为具体的和现实的，这正是黑格尔《法哲学原理》的逻辑进路。在一定程度上，这一逻辑进路也是当时革命反思下产生的对秩序、稳定等价值追求的理论反映。

（二）黑格尔对古典自由主义市民社会理念的批判

古典自由主义是近代市民社会发展的理论体现，因此黑格尔对古典自由主义的批判也体现在其对市民社会概念的理解和批判中。在此基础上，黑格尔从理论上区分了市民社会与国家并构筑了自己的理性国家以超越古典自由主义的市民社会，并在这个过程中说明了其对市民社会与国家关系的理解。

市民社会、国家是伦理中承接家庭的两个阶段，家庭、市民社会、国家三者由低至高共同完成了伦理精神的运动，都是体现了特定伦理精神的伦理实体，三者即相互独立，又相互联系。因此，必须在三者的辩证运动过程中才能理解市民社会和国家。黑格尔对家庭作出的解释是，家庭是以爱为其规定性的精神实体，而爱是一种统一性的感觉，因此家庭中的每个个体对自己属于家庭这个统一体的感觉，比自己作为一个独立个体的意识更为强烈。② 可见，家庭成员相互关系的基础是爱而非利益，爱的规定使成员认识到自己

---

① ［德］黑格尔：《法哲学原理》，范扬、张企泰译，商务印书馆 1961 年版，第 15 页。

② 参见 ［德］黑格尔：《法哲学原理》，范扬、张企泰译，商务印书馆 1961 年版，第 175 页。

与他人的统一，同时发现必须将自己作为独立存在的认识排除在意识之外，才能真正获得个体的自我意识。① 可见，个体在家庭中不是独立的，不是以权利的形式出现的，而是家庭共同体的成员。家庭成员需要放弃对个体特殊需要以及欲望的追求，而以家庭的关怀和增益为目的，家庭成员也只对家庭财富这一共有物享有权利，而不拥有特殊所有物。这种直接同一性的伦理情感仅仅能存在于家庭之中，这种伦理情感是意识中最初的内容，也是一切责任义务产生的源泉，但随着子女成人后拥有法律人格和组成自己的家庭，以及其他形式的家庭的解体，个体的特殊性便挣脱了束缚，获得了发展的自由，由此，家庭向下一个环节，即市民社会过渡。

在黑格尔的逻辑体系中，绝对精神的发展规律推动了家庭向市民社会过渡，因为"家庭还是在它的概念中的伦理理念，所以结合在家庭的统一中的各个环节必须从概念中分离出来而成为独立的实在性"②。市民社会是普遍性以特殊性的独立性为出发点的环节。黑格尔给出的市民社会概念是"各个成员作为独立的单个人的联合，因而也就是在形式普遍性中的联合，这种联合是通过成员的需要，通过保障人身和财产的法律制度，和通过维护他们特殊利益和公共利益的外部秩序而建立起来的"③。基于这个定义，黑格尔从以下两个方面批判了古典自由主义的市民社会及其与国家关系理论。

其一，黑格尔对市民社会的个人主义原则进行了辩证性的分析。作为家庭的下一个环节，市民社会是特殊性的领域。在这一领域中，特殊性对具体的个体来说是最初的规定者、是目的，"在这一基地上，一切癖性、一切禀赋、一切有关出生和幸运的偶然性都自由地活跃着"④。市民社会是一个通过普遍的联系满足个人需要的体系。因此，"作为各种需要的整体以及自然必然性与任性的混合体"⑤，即作为具体的、特殊的人，是市民社会的一个原则。对于家庭来说，市民社会代表了差异和特殊，它承认了个体特殊性的需要和权利。黑格尔指出，市民社会的这一特性虽然表面上看似使普遍性的伦理丧

① 参见［德］黑格尔：《法哲学原理》，范扬、张企泰译，商务印书馆1961年版，第175页。
② ［德］黑格尔：《法哲学原理》，范扬、张企泰译，商务印书馆1961年版，第195页。
③ ［德］黑格尔：《法哲学原理》，范扬、张企泰译，商务印书馆1961年版，第174页。
④ ［德］黑格尔：《法哲学原理》，范扬、张企泰译，商务印书馆1961年版，第197页。
⑤ ［德］黑格尔：《法哲学原理》，范扬、张企泰译，商务印书馆1961年版，第197页。

失了，在历史上表现为建立在家长制、宗教原则之上的古代国家所遭到的伤风败俗以及由此带来的衰亡。但是从伦理的发展来看，建立在原始的、自然直观之上的古代国家由于缺乏反思的精神，仅是无内容的同一，因此还不是理性伦理的真正实现。黑格尔以此批评了柏拉图理想国中纯粹实体性的国家，同时肯定了强调个人主义原则的市民社会，指出柏拉图的理想国之所以只能是一种幻想，就在于它试图把特殊性排除出去的想法本质上同"解放特殊性的这种理念的无限权利相矛盾"①。

但是，市民社会的个人主义原则一方面使伦理更加真实、具体，另一方面其引发的内在矛盾冲突也破坏着伦理的实体性概念，要求市民社会扬弃自身，向下一个环节运动。黑格尔认为，市民社会是一个需要的体系，每个人为了满足自身的需求必须建立普遍性的形式，由此人们在市民社会中结成了相互联系、相互依赖的体系。但是，对市民社会中的私人来说，个人利益是目的，普遍性的形式仅是手段、工具，而"特殊性本身是没有节制的，没有尺度的，而这种无节制所采取的诸形式本身也是没有尺度的"②，因此在市民社会内部，无限的匮乏与无限的奢侈必然并存。最终，市民社会"在这些对立中以及它们错综复杂的关系中，既提供了荒淫和贫困的景象，也提供了为两者所共同的生理上和伦理上蜕化的景象"③。黑格尔看到了市民社会中由于个体自然禀赋的不同以及分工的不同导致的贫富不均以及贱民阶层的产生。而且尽管市民社会的财富可以无限增加，仍无法遏制极端的贫困和贱民阶层的产生。正因如此，黑格尔对市民社会提出了质疑，指出："怎样解决贫困，是推动现代社会并使它感到苦恼的一个重要问题。"④可见，市民社会并不是黑格尔心中客观精神的最终体现，市民社会内部存在的种种冲突与矛盾无法由自身克服，只有向伦理国家过渡。

其二，黑格尔对市民社会中存在的普遍性力量进行了辩证的分析。黑格尔指出，"特殊的人都是通过他人的中介，同时也无条件地通过普遍性的

---

① ［德］黑格尔：《法哲学原理》，范扬、张企泰译，商务印书馆1961年版，第201页。
② ［德］黑格尔：《法哲学原理》，范扬、张企泰译，商务印书馆1961年版，第200页。
③ ［德］黑格尔：《法哲学原理》，范扬、张企泰译，商务印书馆1961年版，第199页。
④ ［德］黑格尔：《法哲学原理》，范扬、张企泰译，商务印书馆1961年版，第245页。

形式的中介，而肯定自己并得到满足"①。可见，普遍性的形式构成了市民社会的第二个原则。黑格尔十分重视家庭和市民社会中的普遍性力量。在家庭中，家庭通过婚姻、家庭财富以及子女教育，用普遍物代替了个体自然的冲动。在市民社会中，需要的体系、司法、警察和同业公会也体现了普遍性的力量。在需要的体系中，人们在市场活动中建立的普遍联系使得虽然每一个个体的行为都源于利己之心，却在普遍性的原则下最终转化为对公众有益之物。②也就是说，特殊性在普遍性中得到了调和。可以看出，这是黑格尔对斯密"看不见的手"思想的吸收。在司法中，抽象法中所承认的个人权利在市民社会的法律体系中被普遍承认、认识和希求，从而获得了有效性和客观现实性。在警察和同业公会中，警察体系消除偶然的不法行为，保障单个人的生活和福利，用外部秩序和设施"使包含在市民社会特殊性中的普遍物得以实现和维持"③。其中，同业公会被黑格尔视为家庭之外的，主动要求特殊性与普遍性统一起来的第二个实体，因此被黑格尔称为"第二家庭"，在同业公会中，参与其中的人们在照顾自身的时候，也在为别人工作，而且个体是自觉地服务于公共事务。

但是，黑格尔强调市民社会中存在的普遍性力量仅仅是形式的普遍性，是外在的普遍性。需要的体系中的普遍性是作为特殊目的的产物、附属品存在的。司法的形式的普遍性保障了抽象的平等，但却将个人拥有多少财产等特殊性、偶然性的东西予以排除。警察和同业公会开始要求特殊性与普遍性以内在的方式统一起来，但这种统一仍是有限的。

黑格尔通过对市民社会个人主义原则和形式普遍性的辩证批判，实现了对古典自由主义之基，即市民社会的扬弃，同时也实现了对古典自由主义理论下的市民社会与国家关系的驳斥。黑格尔认为，建立在契约论上的国家并不是真正的伦理国家，契约论所确立的国家仅仅是无数特殊性的同一，因而描述的仍是市民社会的原则。④即在契约论者看来，国家仅是诸多特殊性之

---

① ［德］黑格尔：《法哲学原理》，范扬、张企泰译，商务印书馆1961年版，第245页。

② 参见［德］黑格尔：《法哲学原理》，范扬、张企泰译，商务印书馆1961年版，第210页。

③ ［德］黑格尔：《法哲学原理》，范扬、张企泰译，商务印书馆1961年版，第248页。

④ 参见［德］黑格尔：《法哲学原理》，范扬、张企泰译，商务印书馆1961年版，第197页。

间的简单相加，国家的功能在于以普通的形式实现个体特殊的利益。在黑格尔看来，古典自由主义理论下国家和市民社会之间手段与目的的关系虽然体现了自由的原则，但是古典自由主义的国家制度建构只是将市民社会的原则之一，即形式的普遍性无限放大了，但并没有根本性地消除市民社会所固有的冲突矛盾，真正的自由仍未实现。相反地，古典自由主义所强调的个人主义原则不仅无助于问题的解决，反而加剧了市民社会的内部冲突，使市民社会解体的进程加快了。为此，黑格尔通过确立能够真正实现主客观统一的伦理国家，来批判并超越古典自由主义的市民社会和国家。

（三）黑格尔对市民社会的逻辑定位：国家决定市民社会

在黑格尔看来，市民社会内部存在的特殊性与普遍性的矛盾依靠自身无法解决，只有向伦理国家过渡。市民社会的首要原则是保护特殊性，即保障个体的财产与自由，因此，每个人结合起来组成市民社会，虽然通过形式的普遍性在一定程度上促进了他人或公共的利益，但是并不以后者为最终目的，市民社会仍是以个人利益为最终目的的。在这种情况下，个体成为国家成员便不是必然性的，其建立在利益基础之上的联合完全是偶然性的联系和任意性的选择。[1] 而在伦理国家中，特殊性与普遍性是真正统一的。一方面，个体只有成为国家成员才具有现实性，结合本身便是目的，个人自由的客观实现便是成为国家成员，个人与国家之间的关系是必然性的联系。另一方面，伦理国家作为现实的普遍物也包容着个体特殊性的利益，使"个人的单一性及其特殊利益不但获得它们的完全发展，以及它们的权利获得明白承认"[2]。黑格尔还对国家进行了历史性分析，他指出古代国家出现了普遍性，但特殊性还没有获得解放，而现代国家与古代国家相比，普遍性与个体特殊性及私人福利相结合，国家不仅要保障个体的财产权利和自由，而且要以促进后者的发展为自己的责任。

可以看出，黑格尔所提出的伦理国家不仅吸取了西方古典政治思想中

---

① 参见［德］黑格尔：《法哲学原理》，范扬、张企泰译，商务印书馆1961年版，第253—254页。

② ［德］黑格尔：《法哲学原理》，范扬、张企泰译，商务印书馆1961年版，第260页。

的伦理性要素，而且还吸收了现代社会的主观自由要素。他指出一方面只有在普遍性和特殊性都保持着各自的力量时，国家才具备客观性与伦理性。另一方面，国家之所以具有强大的力量也源于"它的普遍的最终目的和个人的特殊利益的统一，即个人对国家尽多少义务，同时也就享有多少权利"①。正是在此意义上，普遍性与特殊性在伦理国家中统一了起来，实现了具体的自由。

总之，黑格尔将国家与市民社会区分开来，并且认为国家高于市民社会、国家决定市民社会，是试图使市民社会中存在的种种冲突和问题在国家中得到调节和解决。这种以国家来解决市民社会问题的路径一方面来源于其独特的辩证法逻辑和将精神作为实体和主体的客观唯心主义哲学观本质，另一方面来源于他对当时社会现实的观察。黑格尔看到了工业革命快速进行下的英国社会出现的两极分化问题和物欲横流的现状，也看到了信奉绝对自由的法国大革命导致的暴力和恐怖主义，因此试图引入伦理国家来维持市民社会的存在。同时，黑格尔国家与市民社会思想诞生时德国还处于封建割据时期，资本主义经济还未得到发展，与资产阶级对立的工人阶级也还未真正产生。因此黑格尔虽然对英国古典经济学有所研究，但却受困于自身所处的历史环境无法看到市民社会内部冲突矛盾的本质原因，也无法看到工人阶级这股市民社会内部的革命力量，才诉诸精神的自我发展来改造市民社会。

本章小结：市民社会思想研究范式的初步确立

古典思想家们所讨论的市民社会虽然对应的是政治城邦，他们理论视野中也没有对社会和国家的清晰分离，但是他们所确立的"公民—城邦"框架为后来的"市民社会—国家"框架奠定了基础。到黑格尔在理论上明确区分了市民社会和国家两个概念，这种研究范式便确立起来了。古典思想家们对个体与共同体、私与公、特殊性与普遍性的认识被传承下来，成为市民社会思想发展中一个不变的重要议题之一。可以说，市民社会思想本身的历史发

---

① ［德］黑格尔：《法哲学原理》，范扬、张企泰译，商务印书馆 1961 年版，第 261 页。

展便反映了人与群体关系的认识变化。古希腊罗马的市民社会思想描述的对象是基于善或法、利益而形成的社会共同体，反映的是少数拥有公民资格的个体与城邦的关系。随着生产的进步，个体自我意识逐步觉醒，个体对个人利益的实现有了更高的要求，从而逐步更新着对于如何认识和解决个人利益与公共利益之间冲突的观念。西塞罗对法的认识就表明了个体对国家管理者的要求和限制，以保护个人权利。在当时的生产力条件下，个人权利主要与政治权利相联系，因此市民社会也主要是一个政治共同体，与政治权力混同。

到了中世纪，早期神权与政权关系的辩论一方面反映了个体试图逃脱独裁者的压迫的期望，另一方面也反映了宗教逐步反过来又成为独裁者压迫个体的新的精神工具的过程。同时，阿奎那等神学家虽然通过对古希腊罗马国家学说的改造维护了基督教的统治地位，但在实际上却推动了以特殊性为基底的世俗社会与宗教及政治国家的分离。中世纪后期城市社会的形成以及城市市民的经济交往及政治制度实践，进一步表明个体要求脱离政治束缚，实现个体独立的呼声已成为不可遏止的潮流，由此开启了经济生活与政治生活分离的序幕。

商品经济的快速发展和神权与世俗权利的分离，催生了文化思想领域的启蒙，以市场经济为基础，要求保障私人财产等个人权利的现代市民社会理论逐渐兴起。洛克、孟德斯鸠等启蒙学者虽然对社会与国家关系的理解不尽相同，但是都批判君权神授，主张人们通过社会契约让渡权力进入国家状态，以克服自然状态的缺陷，实现自由和平等。他们虽然仍基本在政治社会和国家的意义上使用市民社会，以表明与自然状态相区别的文明社会，但是却在思想构建中蕴含了国家与市民社会分离的思想。而苏格兰启蒙思想家，尤其是经济学家则明确对市民社会的经济内涵予以规定，为从经济和政治领域的界分理解市民社会与国家关系提供了基础，直到黑格尔才完成了两者在学理上的区分。

黑格尔对市民社会与国家的概念区分，表明在西方历史中，市民社会与国家在现实中的分离已宣告完成。随着资产阶级兴起而建立起来的市民社会已然成为一个以经济生产、物品交换为主要内容的实体，成为世俗生活的领域。与古典时期不同，人们在日常生活中聚集起来不是为了表达作为城邦公民的权利，而是为了经济交易，人们之间的关系也在此基础上广泛的建立起来了，形成了雇主与雇员、买主和卖主等经济关系。虽然许多早期的启蒙学家仍然延续古典思想家的传统，来描述这种群体社会的政治性、伦理性，但是反映的却是工商业的繁荣及与其相应的价值观念。与此同时出现的是，以市民社会为主要研究对象的社会学开始走上理论的历史舞台。亚当·弗格森的《文明社会史论》（*an essay on the history of civil society*）被认为是社会学的启蒙作品，现代市民社会思想更是紧紧地与社会学缠绕在一起。市民社会不仅作为一种思想理论被抽象地讨论，而且作为现实发生的历史事实供观察记录。马克思的市民社会研究中也体现了社会学的一些特征，比如说《德意志意识形态》中对社会进行的实证主义研究取向。自黑格尔以来，在现代市民社会研究上，政治哲学与社会学的思想对话日益活跃，甚至难以脱离对方而存在，不论是马克思、韦伯还是哈贝马斯，他们对市民社会的研究都同时具有政治哲学与社会学这两种视角。

可以说，市民社会概念自出现以来就伴随着国家的演化和市场经济的发展，市民社会概念被赋予的政治和经济内涵（西方马克思主义又赋予了市民社会以文化内涵）使市民社会具有了政治、经济两重性，体现了社会发展下人的公与私的二元分裂。思想家们对市民社会与国家关系的讨论实际上也是对特殊利益与普遍利益、经济与政治、私人领域与公共领域等矛盾范畴的认识。这些矛盾关系同样也是马克思以及西方马克思主义者讨论市民社会及其与国家关系的重点。马克思对这些矛盾的存在根源以及解决途径的认识，使其市民社会思想不同于其他理论模式，并构成了马克思独特的历史唯物主义思想体系的内在线索。

第二章　马克思市民社会思想的
　　　形成与发展

在前人的指引下，市民社会与国家继续成为马克思重点关注的内容。前人的市民社会思想在成为马克思思想形成来源的同时，也成为马克思批判和超越的对象。而马克思市民社会思想的唯物史观基底，也使其时刻保持着历史的在场性，拥有着对话甚或批判当代市民社会思想的力量，以及扬弃自身的勇气。

一、马克思市民社会思想的产生

马克思市民社会思想的形成伴随着历史唯物主义诞生、形成与发展，是一个漫长的过程。下文将按照时间顺序，结合原著文本对这个艰辛的过程进行探索，以期窥视马克思市民社会思想内容的全貌。

（一）早期政治思想实践中对黑格尔市民社会思想的质疑

马克思对市民社会及其与国家关系的关注并非偶然。马克思长期的哲学思考以及在现实生活中的政治实践使他意识到对市民社会及其与国家关系重新认识的重要性。

1. 马克思早期的哲学反思

马克思早期的哲学思考集中体现在其博士论文中。马克思在写博士论文期间正是其从康德转向黑格尔，成为青年黑格尔派一员的阶段，因此论文充满着青年黑格尔派的思想主张。青年黑格尔派的观点将人的自我意识解释为与自然相脱离的绝对实在，主张用自我意识替代黑格尔的"绝对精神"成为最高的哲学主体，并主张通过对宗教和国家的批判实现对社会的彻底变革，表达了激进的政治立场。因此，对自我意识内在结构、自我意识与外在实体的关系成为马克思博士论文的主要内容。在马克思看来，亚里士多德以后古希腊后期哲学思想的发展与黑格尔后的哲学思想发展有着相似性，伊壁鸠鲁派、斯多葛派和怀疑论派都属于自我意识的哲学，表达了人们试图在主体思想中寻求自由。马克思指出，"在伊壁鸠鲁派、斯多葛派和怀疑派那里，自我意识的一切环节都得到充分表现，不过每个环节都表现为一种特殊的存在"①，将他们合在一起便形成自我意识的完整结构。因此在马克思看来，研究古希腊后期哲学思想对认识黑格尔后的哲学发展有着重要的意义。

马克思博士论文的一个主要内容就是自我意识和实体之间的关系。在对德谟克利特和伊壁鸠鲁原子论进行研究比较之后，马克思指出伊壁鸠鲁原子论的最为独特的一点便是他的原子"偏斜"论，即原子在自由坠落时偏离直线，从而不同于严格按照直线运动的德谟克利特的机械原子论。马克思认识到虽然伊壁鸠鲁还无法科学地解释原子偏斜的原因，而是用人的意志自由来说明偏斜，但这种论说将偶然性或说自由引入了哲学，并阐发了自我意识的能动原则。关于这一点，卢克莱修作为最了解伊壁鸠鲁物理学的学者有过说明，认为只有在原子因为偏斜而产生互相碰撞成为决定论或强制的时候，自由这一面才开始出现，因为正是"偏斜打破了'命运的束缚'……偏斜正是它胸中能进行斗争和对抗的某种东西"②。但另一方面，马克思也意识到了伊壁鸠鲁原子"偏斜"论的不足。他指出："（一个人）只有当他与之发生关系的他物不是一个不同于他的存在，相对，这个他物本身即使还不是精神，也是一个个别的人时，这个人才不再是自然的产物。但是，要使作为人的人成为他自己的唯一现实的客体，他就必须在他自身中打破他的相对的定在，即

---

① ［德］卡尔·马克思，弗里德里希·恩格斯：《马克思恩格斯全集》第1卷，人民出版社2002年版，第17页。

② ［德］卡尔·马克思，弗里德里希·恩格斯：《马克思恩格斯全集》第1卷，人民出版社2002年版，第17页。

欲望的力量和纯粹自然的力量。"①因此，个人自由的实现不是伊壁鸠鲁所认为的脱离定在的自由，相反，个体必须与其他人产生联系才能摆脱自然的规定性，成为社会性的存在。可见，在马克思那里，自我意识与世界之间并不是对立的，而是统一的。同时，对"定在的自由"的强调反映了马克思对哲学与现实之间关系的思考，哲学不是现实生活之外的心灵沉思，哲学必须干预现实，并与现实建立反思和实践的联系才能实现真正的自由。

自我意识背后隐藏的正是初登历史舞台的向往个人主义自由的德国资产阶级，马克思所讨论的自我意识的"排斥"作用反映在现实生活中便是个体竭力（尤其是资产阶级）与宗教关系和政治束缚作抗争。青年黑格尔派是站在德国资产阶级的自由主义立场上批判现实的，但马克思对哲学实践功能的强调却不同于青年黑格尔派满足于抽象的自我意识，从而向构建反映人民自由意志的哲学迈进了一步。马克思的博士论文虽然并没有提市民社会，但是对人的自由的讨论却切中了时代的主题，对自我意识、个体自由的追求无疑是近代以来市民社会的主流。但资产阶级要求的自由不是所有人的自由，而是资产阶级的自由，因此以人的自由作为进路，将人具体化、能动化、个性化，实现对抽象人性论的批评为马克思后来进入到对市民社会本体的研究中提供了哲学的基础。马克思在博士论文中对人的发展的关注也成为贯穿马克思研究市民社会乃至整个人类社会发展的一条基本线索。

2.《莱茵报》时期的政治实践

虽然马克思通过博士论文期间的研究对自我意识有了新的认识，但是由于还没有超出黑格尔哲学的藩篱，因此无法找到自我意识与世界统一的基础。直到马克思卷入政治斗争的哲学实践中，他才对黑格尔哲学产生了根本性的怀疑，并将市民社会与国家关系作为一个对现实生活和哲学发展都非常重要的问题予以看待。他在《政治经济学批判》序言中写道："1842—1843年间，我作为《莱茵报》的编辑，第一次遇到要对所谓物质利益发表意见的难事……为了解决使我苦恼的疑问，我写的第一部著作是对黑格尔法哲学的批判性的分析……我的研究得出这样一个结果：法的关系正像国家的形式一

––––––––––––

① ［德］卡尔·马克思，弗里德里希·恩格斯：《马克思恩格斯全集》第1卷，人民出版社2002年版，第37页。

样，既不能从它们本身来理解，也不能从所谓人类精神的一般发展来理解，相反，它们根源于物质的生活关系，这种物质的生活关系的总和，黑格尔按照 18 世纪的英国人和法国人的先例，概括为'市民社会'"。①

由于普鲁士政府的反动政策，马克思去大学做一名哲学讲师的希望破灭，随即他便转向出版行业来宣传自己的思想理论。从 1841 年参与筹办《莱茵报》至 1843 年该报被普鲁士政府查封，马克思进入到现实生活中，遇到了许多现实政治问题。马克思最先关注的是出版自由的问题。在个人和社会逐渐脱离封建共同体的现实下，普鲁士政府却在 1841 年颁布了新的书报检查令，推行文化专制主义。为此，马克思在《评普鲁士最近的书报检查令》一文中对书报检查令的反动性质和虚伪自由主义予以批判，阐发其民主主义、理想主义和个体自由的精神。

马克思认为，言论自由和出版自由是个体精神自由的重要表现形式，普鲁士的书报检查令表面上是反对对写作活动进行各种"无理的约束"，但实质上却是在自由主义的外衣下进一步限制出版自由。对此，马克思指出："虚伪自由主义的手法通常总是这样的，在被迫让步时，它就牺牲人这个工具，而保全事物本身，即制度。这样就会转移从表面看问题的公众的注意力。"②书报检查令规定不得阻止人们对真理进行严肃和谦逊的探讨，马克思讽刺说，"严肃"和"谦逊"的规定"一开始就使探讨脱离了真理"，因为这些规定将注意转移到由法律赋予挑剔权的第三者身上，并且用指定的形式来谈论事物，这使人们忽视对事物本身的谈论，而"真理像光一样，它很难谦逊"，要求真理具有特定的形式就等同于否认真理的普遍性。③在此基础上马克思指出普鲁士的书报检查令与理性主义相违背的根本原因在于普鲁士国家的不合理性。法律应是国家理性的表现，但书报检查令却使特殊的、主观的东西代表了普遍、客观的东西，使反理性的东西成为理性的东西。可以发

---

① ［德］卡尔·马克思，弗里德里希·恩格斯：《马克思恩格斯选集》第 2 卷，人民出版社 2012 年版，第 2 页。

② ［德］卡尔·马克思，弗里德里希·恩格斯：《马克思恩格斯全集》第 1 卷，人民出版社 2002 年版，第 109 页。

③ ［德］卡尔·马克思，弗里德里希·恩格斯：《马克思恩格斯全集》第 1 卷，人民出版社 2002 年版，第 110 页。

现，此时马克思的批判仍是基于黑格尔理性国家观的立场，在马克思看来，书报检查令是普鲁士政府对理性国家的偏离。但是马克思此时的思想也并非完全等同于黑格尔，他提出自由的思想应该是人民性的，即代表人民精神，而且得出了必须变革现存的国家制度这样的革命性结论。随后，在《关于新闻出版自由和公布省等级会议辩论情况的辩论》中，马克思揭露了莱茵省议会的等级性和阶级性，指出莱茵省议会为封建贵族服务的本质。在此马克思已经意识到了代表普遍利益的理性国家与代表特殊利益的现实国家存在着矛盾。

在与普鲁士政府进行论战的过程中，马克思发展了他在《博士论文》中的人民自由意志和哲学介入现实改造的思想，而到了《莱茵报》后期，马克思遇到一系列现实生活的物质利益冲突，使他找到了克服空洞的自我意识概念、把哲学和现实统一起来的道路。可以说，马克思对物质利益的重视是其思想发展的必然结果。在黑格尔那里，物质利益是客观精神自我展开的一个环节，在青年黑格尔派那里，物质利益则成为束缚自我意识的定在，因此，不论是在黑格尔那里还是青年黑格尔派那里，物质利益都无法成为一个被真正关注的焦点，而马克思从《博士论文》到对出版自由的思考却为其将理性客观性落在物质利益上提供了土壤。

马克思在此期间面临的物质利益难事主要指省议会对林木盗窃的讨论，以及为摩泽尔河地区农民的贫困生活同普鲁士当局的论辩。省议会为了保护林木所有者的私人利益而牺牲了法的原则，由此马克思认为，普鲁士国家和法已成为私人利益，而不是普遍理性的代表。这显然与马克思将私人利益视为"不法"的观点相矛盾，这使马克思面临一个难题：不法的利益为何能够在实际上左右法律，如何解释抽象的理性观念在物质利益领域遭遇到的困境？直面物质利益的重要性在《摩泽尔记者的辩护》中更加突显。马克思看到了国家管理与社会现实之间的矛盾，现存社会政治关系对摩泽尔地区农民贫困状况的决定性作用，认识到必须从"各种关系的客观本性"来认识国家活动，指出这些社会政治关系"既决定私人的行动，也决定个别行政当局的行动，而且就像呼吸的方式一样不以他们为转移"①。对物质利益与理性国家原则的矛盾，以及社会关系对国家的制约作用的认识使马克思不得不重新审视市民社会中的物质利益和黑格尔理性国家观，并在《黑格尔法哲学批判》中对后者进行了清算，从而开启了市民社会与国家关系理论的建构之路。

（二）"市民社会决定国家"命题的确立

"市民社会决定国家"命题是历史唯物主义的一个重要命题。该命题虽然是马克思市民社会思想的早期命题，但却是建立在详细的历史考察以及理论论证基础上的科学命题。

1. 克罗茨纳赫笔记时期对市民社会与国家关系的历史考察

19世纪30年代共产主义思想在德国开始传播并于40年代初开始产生较大影响，标志之一就是赫斯所主导的研究共产主义思想的团体在科伦成立。马克思于1842年10月加入这个团体，这个团体讨论的问题多与现实经济问题相关，使马克思更加关注社会现实。《莱茵报》时期马克思面对现实问题时遇到的困惑则使从理论上把握社会现实，考察经济问题在社会历史中作用的重要性变得日益凸显。接下来，马克思首先从历史研究中发现现实生活中的规律。

《莱茵报》被查封后，马克思来到克罗茨纳赫并于1843年7月到8月研读了大量的历史学和政治学资料，完成了5册本的《克罗茨纳赫笔记》，内容涉及法国、英国、德国、波兰、美国等历史，时间跨度从公元前600年到19世纪30年代近2500年，著作作者包含马基雅弗利、卢梭等古典政治学者，这为他同时在写作的《黑格尔法哲学批判》提供了丰富的经验材料和具体论据。根据马克思在笔记中所做的注解和索引可知马克思《克罗茨纲赫笔记》的主题就是他在《黑格尔法哲学批判》中反复研究的内容，即国家与市民社会的相互作用及两者分离的历史过程。

围绕这一中心主题马克思重点关注了三条线索。一是阶级、等级的产生和性质，以及封建等级向资产阶级的转变过程。通过对欧洲封建社会发展的

---

① ［德］卡尔·马克思，弗里德里希·恩格斯：《马克思恩格斯全集》第1卷，人民出版社2002年版，第363页。

历史考察，马克思发现在封建社会中，政治国家统摄一切，政治国家在封建贵族和教会等少数人的手中。而随着手工业和贸易的发展，市民阶层逐渐兴起，推动了封建制度日益衰落。马克思在关注封建社会与资产阶级社会政治结构关系的同时，逐渐意识到所有制对国家政治权力的重要作用。《克罗茨纳赫笔记》中摘录了近代英国资产阶级社会经济与政治关系的有关内容，表明 18 世纪末英国议会成员的代表不是人民的代表，而是少数利益持有者的代表，代议制只是人民主权的骗局。①

二是所有制的形式、历史发展及其对国家制度的影响。关于所有制及其对政治结构影响的研究实际上已经涉及市民社会的研究。在对路德维希的《最近五十年的历史》的摘录中，马克思发现法国大革命前后主要由资产阶级构成的国民议会，尽管没收了教会财产，但却始终维护私有财产。②在对贝勒尔《斯泰尔夫人遗著考证》摘要的批注中，马克思发现在封建制度中财产统治人，而在现代社会中却是人控制财产。③马克思还摘录了施密特《法国历史》中德国私人财产发展的三种形式，即私有地产、权责一体的采邑以及封建地租。墨瑟尔《爱国主义的幻想》的摘录中则探讨了真正的财产所有者也是议会中特权阶层代表的思想。通过大量历史研究，马克思意识到不论是封建社会还是现代社会，财产所有制都是社会历史的基础，财产关系居于社会和国家的中心位置。

三是国家与法的研究。马克思通过对法国三级会议以及英国议会的产生和运行方式的研究，逐渐意识到了资产阶级国家代议制的局限性。尤其在认识到了法国大革命后建立的国家政权代表的并不是人民的权益，而是有产者的权益，政治国家中公民形式上的平等无法掩盖市民社会中由于私有财产多少而造成的实际不平等后，马克思对代议制的本质有了更进一步的了解，指出它是争取政权或获得统治地位的资产阶级用以对抗封建制度的工具。马克

---

① 参见张一兵：《回到马克思——经济学语境中的哲学话语》，江苏人民出版社 2014 年版，第 158 页。

② 参见张一兵：《回到马克思——经济学语境中的哲学话语》，江苏人民出版社 2014 年版，第 156 页。

③ 参见张一兵：《回到马克思——经济学语境中的哲学话语》，江苏人民出版社 2014 年版，第 157 页。

思在《莱茵报》时期对黑格尔理性国家观的质疑不断得到印证，这些研究成为马克思关于国家起源和国家本质思想的经验材料，同时推动马克思从革命民主主义向共产主义转变。

总之，《克罗茨纳赫笔记》中对阶级、所有制、国家与法的相关研究，起到了为《黑格尔法哲学批判》的写作提供新思路的作用。比如《黑格尔法哲学批判》中通过对罗马和德国长子继承制的比较来说明国家和私有财产之间的关系，就得益于《克罗茨纳赫笔记》时期的历史考证，而且，《克罗茨纳赫笔记》使社会结构的历史性比较成为《黑格尔法哲学批判》中的一个问题。① 更重要的是，《克罗茨纳赫笔记》推动了马克思内在逻辑的转变。对私有财产、所有制、物质利益等问题的研究，无疑都涉及经济问题，这为最终马克思的研究从国家转向市民社会，从哲学转向经济学提供了助推力。

2.《黑格尔法哲学批判》中对市民社会与国家关系的再认识

批判黑格尔法哲学、清算黑格尔的理性国家观，是马克思在《博士论文》期间的哲学追求和《莱茵报》时期遇到的矛盾冲突的必然结果。《克罗纳茨赫笔记》为马克思批判黑格尔法哲学提供了大量的经验材料和逻辑思路。同时，在此期间出版的费尔巴哈的《关于哲学改造的临时提纲》中把宾语当主词、主体当客体的颠倒思辨哲学的方法也为马克思理清市民社会与国家的关系提供了启发，从而使马克思在《黑格尔法哲学批判》中确立了市民社会决定国家这个社会历史研究的唯物主义前提。

在《黑格尔法哲学批判》中，马克思针对黑格尔《法哲学原理》中国家法部分的第 261 节至 313 节进行了分析和批判。虽然马克思此时已经能够从一般唯物主义的观点来看待黑格尔的理性国家观，但由于他此时还没有对政治经济学进行深入研究，因此缺乏深入解剖市民社会的工具，对黑格尔法哲学的批判主要集中在黑格尔的国家哲学上，但是其中却不可避免的包含了对国家与市民社会关系的分析。

马克思对黑格尔关于市民社会与国家思想中的积极因素进行了肯定。首先马克思指出，"在现代国家中，正如在黑格尔的法哲学中一样，普遍事务

---

① 参见［日］山之内靖：《受苦者的目光——早期马克思的复兴》，彭曦、汪丽影译，北京师范大学出版社 2011 年版，第 199—200 页。

的被意识到的真正的现实性只是形式的，或者说，只有形式的东西才是现实的普遍事务"①，肯定了黑格尔对现代国家本质的认识。马克思也认可黑格尔对市民社会和政治国家在学理上进行的区分，并指出后者"觉得市民社会和政治社会的分离是一种矛盾，这是他的著作中比较深刻的地方"②。实际上，黑格尔从政治、经济上区分国家与市民社会并始终强调两者之间的冲突和对立，无疑是对法国大革命以来的现代制度的真实描述。

在现代市民社会与国家的关系中，黑格尔看到了特殊性与普遍性之间的矛盾，但他不同意契约论、卢梭的"公意"、斯密的"看不见的手"等学说解决两者矛盾的方式，而是试图用等级制、同业公会等中介来克服国家与市民社会之间的分离和冲突。马克思肯定了黑格尔试图消除两者冲突的努力，但通过对黑格尔立宪君主制、行政权、立法权进行的逐一批判，使马克思得出了一个结论，即黑格尔的方案是"想用复旧的办法来消除市民社会和政治国家的二元性"③，是用中世纪的共同体来消除市民社会和国家的分离和对立。在马克思看来，黑格尔"把官僚机构赋予现实的行动着的国家作为它的形体，并把官僚机构当作赋有知识的精神捧到市民社会的唯物主义之上"④，这实际上是用国家来统摄市民社会，是一种历史性的倒退。

马克思认为，黑格尔提出的消除市民社会和国家矛盾的方案来源于理性的神秘主义。黑格尔将家庭、市民社会视为理性精神的概念领域，理性通过将自己分为家庭和市民社会获得现实的内容，家庭向市民社会的过渡、市民社会向国家的过渡是概念的生产过程。因此，这种过渡不是从家庭、市民社会、国家的特殊本质中得来的，"而是从必然性和自由的普遍关系中引申出

①　［德］卡尔·马克思，弗里德里希·恩格斯：《马克思恩格斯全集》第3卷，人民出版社2002年版，第80页。

②　［德］卡尔·马克思，弗里德里希·恩格斯：《马克思恩格斯全集》第3卷，人民出版社2002年版，第94页。

③　［德］卡尔·马克思，弗里德里希·恩格斯：《马克思恩格斯全集》第3卷，人民出版社2002年版，第103页。

④　［德］卡尔·马克思，弗里德里希·恩格斯：《马克思恩格斯全集》第3卷，人民出版社2002年版，第92页。

来的"①，即是从它们之外的观念、精神中得来的，马克思认为这种方式是黑格尔把逻辑学的方法照搬到了法哲学中，结果使市民社会的自我规定以及市民社会与国家的辩证关系消融在了概念的运动中。在黑格尔调和市民社会和国家的理性神秘主义方式下，法哲学成为逻辑学的补充，市民社会、国家的实体性不在具体经验之中，而在抽象的逻辑中。因此，马克思认为，只满足于从表面上解决市民社会和国家之间的冲突和矛盾是黑格尔的错误之处。正如洛维特所指出的那样，由于黑格尔"把经验神秘化，他的唯心主义的解释就成了在哲学上为实际现存的东西作辩护的'最极端的唯物主义'。他在市民社会和国家之间所做的调和并没有现实地摒弃私人的—利己的实存和公共的—共同的实存之间的矛盾，毋宁说，它们恰恰通过调和而表明这种矛盾是不可扬弃的。"②可见，马克思并不反对黑格尔要求市民社会和国家、特殊利益和普遍利益统一的愿望，而是反对黑格尔采取的方式。黑格尔先验的思辨哲学本质上的非批判性在于它仅仅是改变了现存经验世界被认识的方式，却没有改变现存经验世界的内容，它在精神上力求统一和完整，却无法搭建起先验世界与经验世界之间的桥梁，使市民社会和国家的分离和对立仅仅在概念中被克服了，但在经验现实中却无法被克服。

在此基础上，借用费尔巴哈改造黑格尔思辨哲学的方法，马克思进一步对黑格尔法哲学进行了改造。在《关于哲学改革的临时纲要》中，费尔巴哈指出"在黑格尔看来，思维就是存在，思维是主体，存在是宾词"③，而"我们只要经常将宾词当作主词，将主体当作客体和原则，就是说，只要将思辨哲学颠倒过来，就能得到毫无掩饰的、纯粹的、显明的真理"④。由此可见，费尔巴哈通过将黑格尔认为是第二性的、有限的物质经验作为真正哲学的基

---

① ［德］卡尔·马克思，弗里德里希·恩格斯：《马克思恩格斯全集》第3卷，人民出版社2002年版，第13页。

② ［德］卡尔·洛维特：《从黑格尔到尼采》，李秋零译，生活·读书·新知三联书店2014年版，第195页。

③ ［德］路德维希·费尔巴哈：《费尔巴哈哲学著作选集》（上卷），荣震华、李金山译，生活·读书·新知三联书店1959年版，第114页。

④ ［德］路德维希·费尔巴哈：《费尔巴哈哲学著作选集》（上卷），荣震华、李金山译，生活·读书·新知三联书店1959年版，第102页。

础批评与改造了黑格尔思辨哲学。受费尔巴哈的影响，对黑格尔的市民社会与国家的关系，马克思进行了批判和改造。马克思认为，市民社会是世俗的领域，国家则是抽象的存在，两者的分离实质上是经验和概念的分离，黑格尔从一般规定而非现实客体出发，使作为现实经验载体的市民社会成为神圣化的理性国家的体现，而"其实正应当从现实的主体出发，考察它的客体化"①。因此，在黑格尔那里"观念变成了主体，而家庭和市民社会对国家的现实的关系被理解为观念的内在想象活动。家庭和市民社会都是国家的前提，它们才是真正活动着的；而在思辨的思维中这一切却是颠倒的"②。由此，马克思通过对黑格尔市民社会和国家关系的批判，确立了市民社会对于国家的基础性地位，确立了马克思市民社会与国家关系理论的哲学原则。

在理顺市民社会与国家的关系后，马克思对市民社会与国家的分离及其性质进行了历史性的分析。在黑格尔那里，以特殊利益为原则的市民社会是与国家的普遍性相对立的，但市民社会必须将国家作为自己的最终目的，因为这是客观精神发展的必然要求。也就是说，这种对立只是暂时的，国家最终会克服市民社会。而马克思则指出，在古代社会，政治国家是国家的全部内容，人民并不从事物质生产活动，他们是国家政权的代表，而真正从事物质生产活动的奴隶即古代社会的市民社会中的成员则不被承认为人而是私有财产，因此马克思说"在希腊人那里，市民社会是政治社会的奴隶"③。到了中世纪，财产、商业、行会等私人领域都具有政治性质，经济活动和文化活动都被赋予了政治含义，国家借助等级制度这个中介统摄市民社会。而随着封建制度的瓦解，政治等级转变为社会等级，国家从市民社会中分离出来成为虚幻的共同体，人也分为市民社会中的市民与政治国家中的公民，并且在政治国家中享有着虚幻的平等，在市民社会中则面对着现实的不平等。市民社会与国家的这种分离被马克思描述为"人民生活普遍性的天国"与"人民

---

① ［德］卡尔·马克思，弗里德里希·恩格斯：《马克思恩格斯全集》第3卷，人民出版社2002年版，第32页。

② ［德］卡尔·马克思，弗里德里希·恩格斯：《马克思恩格斯全集》第3卷，人民出版社2002年版，第10页。

③ ［德］卡尔·马克思，弗里德里希·恩格斯：《马克思恩格斯全集》第3卷，人民出版社2002年版，第91页。

生活现实性的尘世存在"之间的对立。马克思认为，这种分离的实质是人民现实生活的异化，国家就是这种异化的产物，所以，"历史任务就是国家制度的回归，但各个特殊领域并没有意识到：它们的私人本质将随着国家制度或政治国家的彼岸本质的消除而消除，政治国家的彼岸存在无非是要肯定这些特殊领域自身的异化"[①]。可见，通过对国家和市民社会分离的历史性分析，马克思发现，必须在市民社会而不是黑格尔所认为的理性国家内部来寻找克服市民社会和国家、特殊利益与普遍利益之间矛盾冲突的道路。

在《黑格尔法哲学批判》中，马克思虽然理清了市民社会与国家的关系并初步发展了自己的市民社会思想，意识到市民社会内部才是国家与市民社会关系的秘密，但是此时马克思对市民社会和国家关系的认识更多还是通过理论的批判建立起来的，对市民社会内容如私有财产也仍主要是在法学而非经济学上进行讨论，因此充满着思辨哲学的意味。

3. 政治解放与对市民社会的政治哲学批判

1844 年在《德法年鉴》上发表的《论犹太人问题》和《〈黑格尔法哲学批判〉导言》中，马克思从人类解放的高度深化了市民社会决定国家这个原则。

犹太人问题在 19 世纪的德国是一个突出的社会和政治问题。虽然表面上看犹太人是由于其宗教信仰、民族性格与基督教占统治地位的德国民众之间的巨大差异而一直都受到普鲁士政府的压迫，但是由于犹太人在德国经济生活中占据着重要地位，因此普鲁士政府对犹太人的压迫实际上反映了封建专制对新兴资产阶级的压制。犹太人为了争取自身的政治权利，也展开了对抗排犹行动的斗争，这种斗争客观上与当时德国的反封建斗争结合到了一起。因此，犹太人问题逐渐走进马克思的视野。

关于犹太人问题方面，布鲁诺·鲍威尔的观点在当时有着较大的影响力。鲍威尔将犹太人争取自由权力的问题等同于纯粹的宗教问题，认为犹太人的状况根源于其信奉宗教的落后性及由此导致的民族劣根性。同时，鲍威尔还认为，由于宗教本质上是背离人类解放的，因此，不仅是犹太人，而且

---

① ［德］卡尔·马克思，弗里德里希·恩格斯：《马克思恩格斯全集》第 3 卷，人民出版社 2002 年版，第 42 页。

德国的基督徒也必须摆脱宗教才能获得解放。换句话说，在鲍威尔看来，政治解放必须以宗教解放为前提，政治解放与宗教解放是一致的。

但马克思反对这种观点。首先，马克思认为宗教解放不同于政治解放。马克思指出，由于德国还处于封建制度的统治之下，资产阶级革命才刚刚开始，因此政治和宗教仍未分离，犹太人问题才成为一个纯粹的宗教问题，宗教信仰才与政治解放相冲突。但在实现了政治解放的美国和法国，宗教信仰已经从政治国家的领域撤离，并成为市民社会的内容，宗教信仰不再与政治权利相冲突，犹太人问题成为一个世俗问题。可见，市民社会与国家分离的过程不仅包含着物质内容的分离，还包含着宗教等精神内容的分离。

接着，马克思分析了政治解放的积极意义与局限性。政治解放的结果是市民社会与国家分离，使市民社会从国家的束缚中解放出来，也使国家从宗教的束缚中解放出来，这是政治解放的进步之处。但是政治解放并没有从根本上消除宗教对人的束缚，宗教的产生有着更深刻的世俗根源。马克思指出这个根源在于市民社会与政治国家的矛盾，它使人分裂为政治共同体中的抽象的公民和世俗生活中工具化的私人，在政治解放了的国家，宗教是"市民社会的精神，是人与人分离和疏远的"①，这些国家的成员之所以仍然信奉宗教"是由于人把处于自己的现实个性彼岸的国家生活当作他的真实生活"②，"政治解放并没有消除人的实际的宗教笃诚，也不力求消除这种宗教笃诚"③，因而并没有完成人类解放。所以，对犹太人问题的批判应该由宗教批判转向对政治解放本身的批判。政治解放只是使市民社会从政治中解放出来，并没有变革市民社会本身，并没有消除人在天国中抽象的平等与在现实中的不平等之间的矛盾，是通过人的二重化完成了的人的异化。而在犹太人问题方面，"犹太人的实际政治权力同他的政治权利之间的矛盾，就是政治同金钱势力之间的矛盾，虽然在观念上，政治凌驾于金钱势力之上，其实前者是后

① ［德］卡尔·马克思，弗里德里希·恩格斯：《马克思恩格斯全集》第3卷，人民出版社2002年版，第179页。

② ［德］卡尔·马克思，弗里德里希·恩格斯：《马克思恩格斯全集》第3卷，人民出版社2002年版，第179页。

③ ［德］卡尔·马克思，弗里德里希·恩格斯：《马克思恩格斯全集》第3卷，人民出版社2002年版，第175页。

者的奴隶"①。因此，犹太人问题解决的最终途径是对市民社会进行改造，消灭社会不平等的经济根源，实现人类解放。

在《犹太人问题》中，马克思将宗教批判转变为政治批判，确立了改造市民社会、最终实现人类解放的目标。《〈黑格尔法哲学批判〉导言》中进一步明确了批判市民社会的重要性，并对消除市民社会与国家分离对立的力量有了新的认识。在马克思看来，人类解放是对政治解放批判的结果，是将政治解放所形成的人作为"公民"和"市民"的分裂重新统一起来的途径。上文已述，黑格尔认为用国家的普遍性来克服市民社会的特殊性才能解决公私矛盾、实现人的自由，然而通过对黑格尔法哲学的批判以及对宗教神学和政治的批判，马克思发现宗教异化、人的自我异化的根源来自经验世界。因此，公私重新统一也只能发生在"自己的经验生活，自己的个体劳动，自己的个体关系"②领域，即市民社会领域。在《导言》中，马克思提出了市民社会内部可能克服特殊性的普遍性力量，即无产阶级。马克思指出，无产阶级是"一个被戴上彻底的锁链的阶级"③，是"一个由于自己遭受普遍苦难而具有普遍性质的领域"④，他们由于不享有任何特殊权利因而获得了彻底改造市民社会的普遍性。但马克思该时期的这一设想仍是不成熟的，没有私人财产的无产阶级作为一种不包含特殊性的纯粹普遍性，显然缺乏容纳特殊性的力量，无法实现公私的统一。无疑，马克思需要重新从市民社会内部出发，从特殊性出发，找到统一特殊性与普遍性的真正力量。总之，《德法年鉴》之后，马克思对国家与市民社会关系研究的重点已转移至市民社会，国家—市民社会二元对立的框架开始破除。

---

① ［德］卡尔·马克思，弗里德里希·恩格斯：《马克思恩格斯全集》第3卷，人民出版社2002年版，第194页。

② ［德］卡尔·马克思，弗里德里希·恩格斯：《马克思恩格斯全集》第3卷，人民出版社2002年版，第189页。

③ ［德］卡尔·马克思，弗里德里希·恩格斯：《马克思恩格斯选集》第1卷，人民出版社2012年版，第15页。

④ ［德］卡尔·马克思，弗里德里希·恩格斯：《马克思恩格斯选集》第1卷，人民出版社2012年版，第15页。

（三）对市民社会初步进行政治经济学批判：市民社会的异化本质

马克思在实现从宗教批判到现实批判、从国家到市民社会的转向后，面临的一个急切任务便是解答市民社会历史发展的动力之谜，因此需要详细解剖市民社会内部的物质生产活动。这一时期在德国爆发的西里西亚纺织工人起义，促使马克思开始研究政治经济学。长期以来，政治经济学就是资产阶级国民经济学的同义语，资产阶级国民经济学将劳动力买卖、自由贸易和竞争神圣化，视其为自然界的永恒规律，以此美化资本主义制度。这使得工人阶级所受到的压制在理论上被完全忽视了，阶级矛盾成为生产发展必需的暂时性的副产品，工人运动也被视为不合时宜的偶然之物。因此，对资产阶级国民经济学进行批判，从而彻底揭露资产阶级制度的虚伪面具，是同情和支持工人运动的马克思及其他社会民主人士的理论支点。同时，恩格斯在《德法年鉴》上发表的《政治经济学批判大纲》也为马克思研究政治经济学提供了启发。恩格斯通过对英国的政治经济状况的研究，分析了私有制造成的资本与劳动的分离、资本与资本的分离、社会阶层之间的对立、道德沦丧等恶果，并提出了通过社会革命消灭资本主义私有制的口号。恩格斯的《政治经济学批判大纲》中对资本主义经济关系的辩证研究以及工人阶级的贫困现状促使马克思认识到，必须通过政治经济学的研究才能对市民社会进行解剖，进而揭示市民社会和国家关系的本质。

马克思首先找到的对市民社会进行政治经济学批判的支点是"异化"这个概念。在马克思之前，异化这个概念在 19 世纪的哲学中主要是由黑格尔予以使用，并经过了费尔巴哈的宗教异化和赫斯的经济异化的发展和改造。黑格尔在《精神现象学》中将异化描述为主体通过否定自己而在对象中发现自己、反思自己的过程。在黑格尔那里，异化既是辩证法的概念，又是本体论的概念，它意味着自我从自身中发现矛盾并分裂为对象，进而在对象上发现自身，从而实现主客体统一的过程。黑格尔认为社会历史的本质是主体自我异化的辩证过程，从历史唯心主义的角度得出理性是社会历史发展的决定力量的结论。费尔巴哈的异化观点体现在他对基督教的批判当中，他认为基督教上帝的本质是人的本质的异化，人所崇拜的上帝其实是人自身力量的异化，而人却将这种力量视为一种能够控制自身的外在力量。费尔巴哈通过宗教异化概念将宗教世界归结为它的世俗基础，但是却没有转向从世俗世界自身来说明世俗世界异化为基督教的原因，而是又建立了一个以人的理性、意志和爱为内容的爱的宗教，体现了费尔巴哈以感性的人为立足点的哲学观念的不彻底性。赫斯经济异化的思想体现在他的《论金钱的本质》文章中，赫斯指出人类的本质体现于相互交往的社会活动中，然而进入资本主义社会，人由于成为私有者而为了各自的利益相互对立，变为孤立的人，人的本质异化为货币关系，人的一切都可以换算为货币来进行估价和买卖。虽然赫斯看到了在资本主义制度下人与人的关系异化为金钱货币，但是赫斯缺乏对货币的经济学分析，只是通过将费尔巴哈的人本主义批判运用到资本主义制度得出了结论，因此对资本主义制度的批判更多地仍是道德层面上的。但是赫斯将异化概念运用到经济领域中却影响了恩格斯和马克思的政治经济学研究。受到黑格尔和费尔巴哈的影响，马克思在进行政治经济学研究之前便已开始使用异化概念，在《博士论文》中，伊壁鸠鲁的原子偏离被马克思解释为原子自我异化的体现，异化具有否定和抽象的意味；在《黑格尔法哲学批判》中，马克思则对将社会历史视为意识自我异化过程的本体论异化观进行了批判，从而正确地将政治异化看作是经济过程的结果；在《犹太人问题》和《〈黑格尔法哲学批判〉导言》中，借用费尔巴哈的宗教异化观，马克思从宗教批判转向到政治的批判和对现实生产生活的分析中。正是通过这一过程，马克思将异化引入到对劳动自身的分析中，提出了"异化劳动"这一概念。

马克思所在时代的国民经济学家在说明市民社会的运行时总是事先把分工与私有制假定为事实和事件从而说明产品交换的必需性，而马克思认为正是这种"虚构的原始状态"使国民经济学家无法发现问题的本质，正确的做法应该是从现实出发，分析分工、交换和私有制存在的原因。当时社会的现实是"工人生产的财富越多，他的产品的力量和数量越大，他就越贫穷"[①]，这一事实产生的原因在于在资本主义制度下，劳动本身具有了否定自身的性质，即劳动产生了异化。因此，正是由于国民经济学家把未经批判认识的劳动作为一切原理的出发点，才使得国民经济学理论中存在着这样的对立面，

---

① ［德］卡尔·马克思，弗里德里希·恩格斯：《马克思恩格斯全集》第3卷，人民出版社2002年版，第267页。

即一方面劳动是所有价值的唯一源泉，而另一方面私有制、资本被认为是天然规律。

马克思描述了劳动异化的四个规定：一是劳动产品的异化；二是劳动过程的异化；三是人的类本质的异化；四是人与人关系的异化。在原始状态下，人在改造物质世界的活动中生产劳动产品，也生产人自身，因此人与劳动产品之间的关系是直接的、本质的。但在私有财产的条件下，人必须出让劳动产品换取金钱，人与劳动产品之间的关系被破坏了，生产过程中的劳动成为一种作用于劳动者之上的外在物质力量。劳动者生产得越多，他们个人拥有的越少、失去的越多。而劳动产品与劳动者关系的破坏源于劳动过程成为不属于劳动者自身的活动。这样，劳动过程对劳动者来说不再是自主、自愿的活动，而是强制性的活动，劳动者在劳动过程中不是自由的发展自身的能力，而是感到身心俱疲。同时，这也导致了劳动者与自己类本质，即人类自然本性的异化。人的类本质是自由地、有意识地改造自然界，人类主动创造出来的物质世界不仅体现了人类的各项属性，而且反映了人类本身再生产的过程。因此当我们被剥夺了自身的劳动对象，我们也就被剥夺了自己的类本质，这使人的类生活成为维持个体存在的手段。这进一步导致了人同他人关系的异化。人与人关系的异化类似于人与自身劳动产品的异化。在异化劳动的情况下，"每个人都按照他自己作为工人所具有的那种尺度和关系来观察他人"①，我们视其他工人为其劳动被任意买卖的物品，而非真正意义上的人类成员。因此，人同自己的类本质相异化就等同于人同人相异化。当然，由于马克思此时已经站在无产阶级立场上对市民社会进行批判，因此他主要是以工人为主体来阐述劳动异化的，但马克思同样也指出"凡是在工人那里表现为外化的、异化的活动的东西，在非工人那里都表现为外化的、异化的状态"②，私有财产的支配地位使得资本家也服从于资本。但总体而言，人与类本质的异化在工人和非工人那里的体现程度是不对称的，即集体体现在工

---

① ［德］卡尔·马克思，弗里德里希·恩格斯：《马克思恩格斯选集》第1卷，人民出版社2012年版，第58页。

② ［德］卡尔·马克思，弗里德里希·恩格斯：《马克思恩格斯选集》第1卷，人民出版社2012年版，第63页。

人阶级身上。

马克思通过异化劳动这个概念说明，在资本主义社会，人以各种方式与赋予他们人性的社会相疏离，独立的个体成为高于其社会成员身份的存在。马克思后来在《政治经济学批判》导言中也提到只有到了 18 世纪的"市民社会"中，社会联系才成为个体达成其私人需要的手段，成为外在的必然性。①吉登斯也指出，马克思在异化劳动的阐述中所要揭露的是：以往的市民社会理论大多都建立在孤立的个体这个基础上，国民经济学家也以此为依据，将私有财产纳入人本身进行考虑，使"人本身被认为是私有财产的本质"②，即"人本身被设定为私有财产的规定"③，从而使个体与社会相分离并且使后者从属于前者。由此，国民经济学使人与私有财产的外在紧张关系转化为人本身成为私有财产这种紧张本质，进而马克思说"以劳动为原则的国民经济学表面上承认人，毋宁说，不过是彻底实现对人的否定而已"④。因此，马克思明确表示只有在消灭私有财产的基础上才能消除劳动异化。可见，马克思宗教异化—政治异化—经济异化的由现象到本质的逻辑思路已经形成。要理解宗教异化必须展开对政治的批判，政治国家和市民社会的分离导致了政治的异化，由于市民社会决定国家，政治异化的根源在市民社会内部，即私有财产的存在导致了劳动的异化，最后形成了工人阶级与有产者阶级之间的对立以及人与自身类本质的对立。

由劳动异化带来的还有交往异化。实际上，马克思对劳动异化四个规定中的人与人相异化就体现了市民社会中市民之间交往的异化，而在《1844 年经济学哲学手稿》同时期所写的《詹姆斯·穆勒〈政治经济学原理〉一书摘要》（简称《穆勒评注》）中，马克思则对市民社会中的交往异

①［德］卡尔·马克思，弗里德里希·恩格斯：《马克思恩格斯文集》第 8 卷，人民出版社 2009 年版，第 6 页。

②［英］吉登斯：《资本主义与现代社会理论——对马克思、涂尔干和韦伯著作的分析》，郭忠华、潘华凌译，上海译文出版社 2007 年版，第 19 页。

③［英］吉登斯：《资本主义与现代社会理论——对马克思、涂尔干和韦伯著作的分析》，郭忠华、潘华凌译，上海译文出版社 2007 年版，第 20 页。

④［德］卡尔·马克思，弗里德里希·恩格斯：《马克思恩格斯全集》第 3 卷，人民出版社 2002 年版，第 290 页。

化现象进行了大量的分析。在市民社会中，交往关系转变为单纯的以盈利为目的的买卖关系，在这里，人与人之间的交往关系异化为了以物为中介的交换关系。在交换关系下，不仅"谋生的劳动以及工人的产品同工人的需要，同他的劳动使命没有任何直接的关系"①，而且"通过交换，他的劳动部分地成了收入的来源，这种劳动的目的和它的存在已经不同了。产品是作为价值，作为交换价值，作为等价物来生产的，不再是为了它同生产者直接的个人关系而生产的"②。为了最大限度地实现交换，生产者和销售者生产和出售产品不再是为了满足人的真正需要，而是为刺激他人的欲望，"默默盯着他的每一个弱点，然后要求对这种殷勤服务付酬金"③。由此，生产和需要也就异化了。此外，马克思还论述了在市民社会中，作为交换中介的货币作为私有财产的外化，成为在人之外和在人之上的本质的过程，货币成为支配人的上帝。总之，《穆勒评注》中对生产、交换、消费、分工、货币的分析都是以人与人的交往关系为视角的，可见马克思对市民社会的批判已从《1844年经济学哲学手稿》第一手稿中人的自由自觉的劳动这个基点进展到了社会关系这个基点，从而为之后从生产力和生产关系的视角进行市民社会批判提供了基础。

二、马克思市民社会思想的发展

在解答了市民社会与国家何者为第一性的问题，并对市民社会进行了初步的政治经济学解剖之后，马克思开始进一步思考市民社会与国家中种种对立冲突的根源及其在现实中是如何生产出来的。在对这些问题进行历史唯物主义分析的过程中，马克思获得了批判市民社会的真正力量，明确了扬弃市民社会的道路。

---

① ［德］马克思：《1844年经济学哲学手稿》，人民出版社2000年版，第174页。
② ［德］马克思：《1844年经济学哲学手稿》，人民出版社2000年版，第174页。
③ ［德］马克思：《1844年经济学哲学手稿》，人民出版社2000年版，第121页。

（一）市民社会思想的哲学升华

在《黑格尔法哲学批判》和《德法年鉴》时期，马克思对市民社会和国家关系的研究都是以市民社会与国家的分离与对立为前提的，马克思这一时期所要解决的是，在历史进程中市民社会和国家何者应为第一性这个基本问题，并得出了市民社会决定国家这个唯物主义的结论，在这一时期马克思对市民社会和国家关系的研究都是以市民社会与国家的分离与对立为前提的。如果仅仅到这里，那么可以说马克思还没有完成对黑格尔市民社会与国家关系理论的根本性超越。在黑格尔的辩证法体系中，市民社会与国家既相互分离、对立，又相互渗透，两者结构性地互相作用于一系列机制当中，因此，在黑格尔那里，国家和市民社会只能从概念上分开，而实际上却是一个共同作用的机体。比如黑格尔将警察和同业公会视为市民社会的领域，代表了国家对市民社会的渗透，国家领域中的等级议会则代表了市民社会对国家的渗透。马克思对黑格尔思想有深刻的认识，他看到了黑格尔市民社会和国家概念的相互关系，但是对于黑格尔将两者相互作用关系的根源归于概念自身的逻辑结构，马克思则是反对的。《德法年鉴》之后马克思对政治经济学的研究主要是对市民社会进行解剖，由于马克思认为市民社会决定国家，市民社会和国家冲突矛盾的根源在市民社会内部，所以对市民社会的解剖也就是在从根本上揭示市民社会和国家的相互关系。为了更清楚的说明问题，马克思在《1844年经济学哲学手稿》序言中指出："在本著作中谈到的国民经济学同国家、法、道德、市民生活等等的联系，只限于国民经济学本身专门涉及的这些题目的范围。"[①] 可见，马克思对政治经济学的分析也包含了对国家、市民社会及两者关系的分析。在《手稿》中，马克思称国家"不过是生产的一些特殊的方式，并且受生产的普遍规律的支配"[②]，并指出作为对一切异化积极扬弃的前提，对私有财产积极的扬弃，是人从国家"向自己的人的存在和社会的存在的复归"[③]。此外，马克思还明确指出在现实生活中，市民社会和国家作为人的存在和存在方式并不是孤立地作用着的，而是相互消融、相

① ［德］马克思：《1844年经济学哲学手稿》，人民出版社2000年版，第3页。
② ［德］马克思：《1844年经济学哲学手稿》，人民出版社2000年版，第82页。
③ ［德］马克思：《1844年经济学哲学手稿》，人民出版社2000年版，第82页。

互产生。^①可见，确立了市民社会和国家何者为第一性的问题后，两者的相互关系或者说是统一性问题便进入了马克思的研究视野中。

1. 国家与市民社会关系分析的工具之一：分工

马克思在《1844年经济学哲学手稿》中注意到，社会分工与异化劳动、私有财产存在着一定的关系，指出分工的扩大和资本的积累造成了工人对片面的、机械的劳动的依赖，使工人陷入贫困变为机器，并认为分工是异化劳动和私有财产的表现形式。但是此时马克思对异化劳动产生根源的认识仍是不清晰的，他一方面指出私有财产是异化劳动的结果，另一方面又从私有财产出发说明异化劳动产生的过程，虽然这表明了私有财产与异化劳动相互加强的关系，但是也不可避免地陷入了循环论证的逻辑困境。正是在对异化劳动最初根源的进一步分析当中，马克思发现了社会分工。波兰学者亚·沙夫注意到了马克思将异化的根源与社会分工联系起来的思路及其开创性，指出："马克思与其唯心主义先驱者不同，不是从精神领域而是从物质生产领域引申出异化的，把它同劳动的社会分工联系起来。"^②吉登斯将社会分工视为人类自我异化的条件更是继承了马克思的观点，他指出："资本主义大推动了人类控制自然的进程，自然因人类的技术和科学活动而日益'人性化'了——但是这是以自我异化的剧增为代价的，而自我异化又以社会分工的扩大为条件。"^③

马克思首先通过社会分工概念实现了市民社会分析与批判话语的转换。在《德意志意识形态》中，马克思明确了社会分工与异化劳动之间的关系，指出只要自然而非自愿形成的社会分工还存在，劳动对人来说就是一种异己的活动。社会分工本身包含的巨大矛盾，即社会财富增加和外在统治人的力量的增加之间的矛盾，既是异化产生的原因，也是最终自发分工走向自觉分工的根源。通过异化向社会分工的转化，马克思将劳动纳入到了市民社会考察的中心。与异化这个哲学逻辑概念相比，社会分工无疑具有更为现实、经

① 参见［德］马克思：《1844年经济学哲学手稿》，人民出版社2000年版，第110页。

② ［波兰］亚·沙夫：《马克思论异化》，载中国社会科学院哲学所编译《马克思哲学思想研究译文集》，人民出版社1983年版，第108页。

③ ［英］吉登斯：《资本主义与现代社会理论——对马克思、涂尔干和韦伯著作的分析》，郭忠华、潘华凌译，上海译文出版社2007年版，第250页。

验的内涵，因此可以说这一过程标志着马克思开始从"一般哲学理论阐释"转向"直接面对真实历史的实证批判"①。在此过程中，马克思将社会分工与生产、交往、生产力、生产关系、所有制、世界历史等联系在了一起。在马克思那里，分工发展的不同阶段体现着所有制的各种不同形式，反映着人与人的社会关系，由此马克思划分了几种所有制形式，即以家庭中现有自然形成的分工的进一步扩大为基础的部落所有制，以城乡分离等分工比较发达为基础的古典古代的公社所有制和国家所有制，以土地所有制和少量资本存在为基础的封建的或等级的所有制，以及以机器生产和广泛分工为基础的资产阶级所有制。不仅如此，马克思还分析了分工与生产力的关系，指出"任何新的生产力，只要它不是迄今已知的生产力单纯的量的扩大（例如，开垦土地），都会引起分工的进一步发展"②。可见，市民社会作为全部的物质生产和物质交往关系总和的基础在于分工，马克思对生产力—社会分工—所有制关系的认识表明生产力和生产关系通过社会分工这个中介联系起来了。

其次，马克思通过社会分工说明了国家的产生、功能及与市民社会的统一性。马克思之前虽然认识到了市民社会是国家的尘世基础，但是对于国家是怎样具体的从市民社会分离出去的，马克思的认识还是不清的，他主要是将国家视为人民现实生活异化的产物。而通过社会分工，国家从市民社会分离但同时又与市民社会相联系的过程便得到了说明。分工带来了分配的不平等，产生了所有制，在分工发展的同时产生了个体的特殊利益与互相交往的个体共同利益之间的矛盾，使个体的活动成为一种异己的、与他人对立的力量，从而产生了市民社会对国家的需要。因此马克思指出，在较大的分工联系的现实基础上，"正是由于特殊利益和共同利益之间的这种矛盾，共同利益才采取国家这种与实际的单个利益和全体利益相脱离的独立形式，同时采取虚幻的共同体的形式"③。正是在分工的条件下，特殊利益与共同利益之间

---

① 张一兵:《回到马克思——经济学语境中的哲学话语》，江苏人民出版社 1999 年版，第 474 页。

② ［德］卡尔·马克思，弗里德里希·恩格斯:《马克思恩格斯选集》第 1 卷，人民出版社 2012 年版，第 147 页。

③ ［德］卡尔·马克思，弗里德里希·恩格斯:《马克思恩格斯选集》第 1 卷，人民出版社 2012 年版，第 164 页。

的矛盾现实化了，而这种现实的矛盾和对抗使得"通过国家这种虚幻的'普遍'利益来进行实际的干涉和约束成为必要"[①]。

由此可见，马克思这里已明确表明不能简单地将市民社会、国家分别规定为特殊性和普遍性，市民社会中的主体虽然是利己的个体，追求的是特殊利益，但是分工和交换生成的人与人的交往关系下也现实地存在着共同利益，可见，市民社会内部便同时存在着特殊性和普遍性这两种规定。前文已述，斯密和黑格尔同样发现了市民社会内部的双重规定，斯密认为追逐私利的市民社会存在着"看不见的手"来实现社会利益，黑格尔则直接将特殊的人、具体的人和普遍性的形式规定为市民社会的两个基本原则。马克思正是通过经济学的研究重新理解了斯密和黑格尔市民社会思想中这双重规定性的重要价值。进一步地，马克思通过对社会分工下的私有财产、需要、交换的描述揭示了市民社会双重规定性产生的经验过程，更加凸显了劳动在市民社会生产中的重要作用，又通过对社会分工内在矛盾的说明揭示了国家的产生和性质，从而将市民社会与国家沟通了起来。同时，通过将特殊利益—普遍利益转化为特殊利益—共同利益—普遍利益，马克思更加清楚地说明了国家作为"虚幻的共同体"，其实质是市民社会内部矛盾的表达，但国家毕竟自视为"普遍利益"的代表，因此必然要拥有一定的自主性并积极地反作用于市民社会中，努力调和市民社会中的冲突矛盾。可见，国家和市民社会拥有相同的自然根源，两者是对立中的统一，正是在此意义上，马克思才在《评一个普鲁士人的〈普鲁士国王和社会改革〉一文》中指出"从政治的观点来看，国家和社会结构并不是两个不同的东西，国家就是社会结构"[②]。

2. 国家与市民社会关系分析的工具之二：阶级分析

黑格尔与马克思市民社会与国家理论的重要区别之一就是前者是缺乏阶级分析的。黑格尔在《法哲学原理》中认为市民社会是一个等级社会，并将市民社会划分为三个等级，即实体性的等级或称农业等级、产业等级以及

[①] ［德］卡尔·马克思，弗里德里希·恩格斯：《马克思恩格斯选集》第 1 卷，人民出版社 2012 年版，第 164 页。

[②] ［德］卡尔·马克思，弗里德里希·恩格斯：《马克思恩格斯全集》第 3 卷，人民出版社 2002 年版，第 385 页。

普遍等级或称官僚等级。黑格尔的等级概念常常被错误地理解为阶级，而实际上，黑格尔对市民社会中等级的理解并不等同阶级分析。一方面，工人阶级并没有被黑格尔纳入三个等级要素的划分中。黑格尔对产业等级的界定是"从它的劳动中，从反思和理智中，以及本质上是从别人的需要和劳动的中介中，获得它的生活资料"①，并将产业等级具体划分为手工业等级和商业等级，认为这一等级的特质是倾向自由。可见，黑格尔产业等级的主体主要是资产阶级。另一方面，黑格尔在对需要的体系的论述中，又表明了现代社会中需要和生产的方式产生了劳动分工，这又进一步产生了被束缚在劳动上的阶级。但黑格尔只有在论述工人时才使用 Klasse（阶级）这个词，除此之外黑格尔在论述社会阶层时都使用 Ständ（等级）这个词。②考虑到黑格尔的等级要素主要指社会阶层，因此黑格尔的市民社会并不包含工人阶级。由于等级的划分对应于不同的特殊性的需要体系，因此工人阶级被视为在等级之外就意味着在需要的体系之外，不属于等级成员就意味着什么也不是，因为在黑格尔看来："人必须成为某种人物，这句话的意思就是说，他应隶属于某一特定阶级，因为这里所说的某种人物，就是某种实体性的东西。不属于任何等级的人是一个单纯的私人，他不处于现实的普遍性中。"③而市民社会又是黑格尔伦理概念中的一个环节，因此不属于市民社会的工人阶级也被排除在了伦理生活之外。可见黑格尔对工人阶级是持轻视态度的，不属于市民社会的工人阶级是没有个体权利的。英国学者柯尔也认为黑格尔的等级与马克思的阶级完全不同，指出黑格尔对等级的规定划分是依据其集体的作用和职业对象，而非贫富或相互关系，每一个等级的界限以其"对于社会全体——或如黑格尔称之国家——所做的集合事业为依据"④，所以在黑格尔所提倡的社会等级上，不容许等级斗争，因为黑格尔的等级并不是互相冲突的，反之，每一等级对于国家皆有适当的功能上的联系。

---

① ［德］黑格尔：《法哲学原理》，范扬、张企泰译，商务印书馆 1961 年版，第 214 页。

② 参见 Mark Neocleous. From Civil Society to the Social ［J］. *The British Journal of Sociology*，1995，46（03），p398.

③ ［德］黑格尔：《法哲学原理》，范扬、张企泰译，商务印书馆 1961 年版，第 216 页。

④ ［英］G·柯尔：《政治原理与经济原理之关系》，孟云峤译，生活·读书·新知三联书店 2012 年版，第 44 页。

深受黑格尔影响的马克思一开始也将工人阶级摒除在市民社会和国家之外。这一方面是受西方政治思想传统影响，毕竟黑格尔和马克思不是唯一持此态度的人 [①]。另一方面是受历史环境的影响，当时工人阶级与市民社会和国家是相对立的。因此在《〈黑格尔法哲学批判〉导言》中马克思将工人称为"一个并非市民社会阶级的市民社会阶级" [②]。但是如果把工人阶级排除在市民社会之外，就无法说明市民社会内部现实存在的种种冲突矛盾，也无法揭示劳动、分工对于市民社会的重要作用。因此，马克思将工人纳入市民社会之中，并将工人阶级和资产阶级作为市民社会最主要的两大阶级，这充分展现了马克思对市民社会的经济学认识基础。在《德法年鉴》时期，马克思通过对英法等现代国家存在的最重要议题，即政治解放并没有带来人类解放的认识，以及对德国的社会情况和未来发展的认识，提出了必须由无产阶级来承担人类解放任务的回答，从而首次发现了阶级分析在市民社会和国家问题中的重要性。之后，马克思在研究异化劳动中将工人阶级与资产阶级的对立视为人同人异化的具体表现，并将工人阶级的解放与私有财产的扬弃、异化的消亡联系到了一起。

在将工人阶级纳入市民社会考察之后，马克思进一步运用阶级来分析市民社会和国家的关系。一是从国家的阶级性出发进行论述。在《神圣家族》中，马克思指出资产阶级革命后建立的国家的基础是"使在政治上仍被特权束缚的生活获得自由的发达的市民社会" [③]，并指出市民社会具有无政府状态特征，它是现代国家的基础，而现代国家又是这种无政府状态的保障，"它

————————

①　比如康德在论述作为公民的前提条件时，指出他必须是他自身的主人，并将受他人支配的工人排除了出去，参见 Kant, H.S.Reiss（editor），*Political Writings*，Cambridge：Cambridge University Press，1991，p.78；洛克认为工人阶级由于没有财产，因而不是市民社会的成员，且从属于后者，参见 C.B.MacPherson，*The Political Theory of Possessive Individualism*，New York：Oxford University Press，1962，p.227.

②　［德］卡尔·马克思，弗里德里希·恩格斯：《马克思恩格斯选集》第 1 卷，人民出版社 2012 年版，第 15 页。

③　［德］卡尔·马克思，弗里德里希·恩格斯：《马克思恩格斯文集》第 1 卷，人民出版社 2009 年版，第 316 页。

们彼此既十分对立，同样又完全互相制约"①。随后在对法国大革命后法国国家政权的分析中，马克思指出现代国家是以资产阶级社会的顺利发展为基础的，但是马克思又指出拿破仑虽然保护了资产阶级的利益，但是同时又把市民社会看作是其"不许有自己意志的下属"和国家的对立面进行限制②，尤其是在1830年七月革命后，资产阶级掌握了国家政权后就不再把国家看作为全人类服务的实体，"而是把它看作自己的独占权力的正式表现，看作对自己的特殊利益的政治上的承认"③。由此可见，马克思一方面表明了市民社会是国家的基础，国家必须为市民社会中占统治地位的力量服务，国家是统治阶级的工具；另一方面则表明了国家有一定独立性，并会受到国家当权者的影响。对于资产阶级进行国家统治的经济基础，马克思在《道德化的批评和批评化的道德》给予了说明，他指出资产阶级所要维护的财产上的不公平"绝不是来自资产阶级的阶级政治统治，相反，资产阶级的阶级政治统治倒是来自这些被资产阶级经济学家宣布为必然规律和永恒规律的现代生产关系"④，从而清楚地表明了应该从生产关系来理解阶级统治而非相反。

　　二是从市民社会中的阶级冲突出发进行论述。私有制条件下市民社会存在着阶级冲突，这种冲突必然会反映到国家中，马克思在《哲学的贫困》中也提到"阶级同阶级的斗争就是政治斗争"⑤，这种斗争集中体现为不同阶级对于国家政权的争夺。而在《德意志意识形态》中，进一步地，将分工、阶级、国家联结到了一起，指出国家是在由分工决定的阶级的基础上产生的，国家虽然是阶级统治的工具，但是必须以"普遍利益"的形式对市民社会中的阶级冲突进行调节才能实现政权稳定，从而再一次从阶级的角度说明了国

---

　　① ［德］卡尔·马克思，弗里德里希·恩格斯：《马克思恩格斯文集》第1卷，人民出版社2009年版，第317页。

　　② ［德］卡尔·马克思，弗里德里希·恩格斯：《马克思恩格斯文集》第1卷，人民出版社2009年版，第325页。

　　③ ［德］卡尔·马克思，弗里德里希·恩格斯：《马克思恩格斯文集》第1卷，人民出版社2009年版，第326页。

　　④ ［德］卡尔·马克思，弗里德里希·恩格斯：《马克思恩格斯全集》第4卷，人民出版社1958年版，第331页。

　　⑤ ［德］卡尔·马克思，弗里德里希·恩格斯：《马克思恩格斯文集》第1卷，人民出版社2009年版，第654页。

家存在的必要性。

这里，阶级分析的引入使得在国家必须介入市民社会的原因方面，马克思与黑格尔的认识产生了根本的不同。黑格尔认为，市民社会中的需要的体系不能成为脱离公共权威的真空领域，需要的体系所必然产生的穷奢极侈和贫病交迫、道德败坏并存的现象需要政治规范和公共管理。黑格尔只是部分地接受了斯密"看不见的手"的观点，认为尽管生产者和消费者之间的利益冲突在整体中自然而然地得到调节，但"为了平衡起见，需要进行一种凌驾于双方之上的、有意识的调整工作"[1]，因此需要执行法律、提供公共服务的警察的存在。而马克思则认为国家权威存在的必要性来源于市民社会正处于被阶级对立撕裂的边缘。马克思根据经济地位和经济势力的分配划分阶级，将斯密思想中含有的而又被黑格尔所掩盖的市民社会中的阶级冲突问题重新揭露出来，并将阶级作为社会发展的动力，体现了马克思独有的市民社会和国家思想。

总之，马克思通过分工和阶级这两个工具将市民社会和国家的对立统一关系建立在了物质生活的基础之上，发现了市民社会和国家的现实生成机制。与此同时，马克思也发现了市民社会中存在的两个相互冲突的特征，一方面市民社会是一个各种形式的交往关系实现了普遍发展的社会，另一方面市民社会又是一个充满着阶级对立冲突的社会。斯密在一定程度上也认识到了市民社会的这个内在矛盾，但由于没有继续深入到生产关系的内部结构之中对此予以分析，因此才得出最终结论，认为市民社会是一个利益和谐的社会。正如马克思在《1844年经济学哲学手稿》中指出的那样："无产和有产的对立，只要还没有把它理解为劳动和资本的对立，它还是一种无关紧要的对立，一种没有从它的能动关系上、它的内在关系上来理解的对立，还没有作为矛盾来理解的对立。"[2]但此时，马克思对资本与劳动对立的认识也还不清晰，因此无法从根本上说明，为何已经从自身分离出代表普遍利益的国家来调节内部矛盾的市民社会却仍然存在着阶级冲突，并无法实现人的现实的

① ［德］黑格尔：《法哲学原理》，范扬，张企泰译，商务印书馆1961年版，第239页。

② ［德］卡尔·马克思，弗里德里希·恩格斯：《马克思恩格斯全集》第3卷，人民出版社2002年版，第294页。

自由平等的问题。

（二）在资产阶级社会解剖中具化为资本主义生产方式分析的方法

马克思认为，要想彻底说明市民社会中存在的悖论，必须进入到具体的历史性分析语境中，资本主义社会便是马克思立足的历史情境。马克思认为，资本主义社会是市民社会最典型的形式，他在《德意志意识形态》中便指出"真正的市民社会只是随同资产阶级发展起来的"[①]。一方面，资本主义社会的发展将全世界都联系到了一起，从而真正地使市民社会史成为世界史，市民社会也和国家更紧密地结合在一起，前者成为后者的不折不扣的实体性统治者，后者则成为最完备的国家机器。另一方面，资本主义社会的发展也使市民社会中的异化现象和种种冲突对立以多种多样的方式呈现出来并进一步扩大化了。人体解剖是猴体解剖的钥匙，因此，只有对资本主义社会和国家这个"人体"进行解剖，才能获得对市民社会和国家关系运行机制的最为本质的认识。

1. 资本主义社会与国家关系的历史内涵

资本主义社会的发展史就是一部市民社会的发展史，同时也是市民社会与国家分离与统一的历史。资本主义社会是市民社会与国家在现实中完成了分离的历史时期。上文已述，早在中世纪后期便出现了现代市民社会的雏形，《共产党宣言》中也指出初期城市的市民是由中世纪的农奴中的一部分演变而成[②]。中世纪城市市民为了经济自由和城市自治进行斗争、设立市政民主机构并制定"城市法"，多元生活观念的形成以及城市在封建世俗权力和宗教神权之间的平衡作用使得权力至上的封建观念被打破，市民社会逐渐成为国家不可忽视的一股独立力量。但是，此时的市民社会和国家并没有实现现实的分离，而马克思所描述的城市市民阶层产生之前的中世纪和古代市民社会就是政治社会、市民社会的有机原则就是国家原则也仍只是在

---

① ［德］卡尔·马克思，弗里德里希·恩格斯：《马克思恩格斯选集》第1卷，人民出版社2012年版，第211页。

② ［德］卡尔·马克思，弗里德里希·恩格斯：《马克思恩格斯选集》第1卷，人民出版社2012年版，第401页。

逻辑层面讨论市民社会和国家的分离。在马克思看来，这一时期市民社会被淹没于国家之中，国家是支配一切经济、政治事务的力量，国家和市民社会是同一的。

而资产阶级的产生加速了市民社会的发展及其与国家的分离。《共产党宣言》中论述了两者之间的关系：市民等级中产生了最初的资产阶级，随着贸易、交换手段的增加，封建社会内部的市民社会因素迅速发展，由于无法满足新增加的需求，原先的封建的或行会的工业经营方式被工场手工业、进而是现代大工业代替了，在此过程中产生的一大批资产阶级也将中世纪遗留下的一切阶级排挤在后。生产方式和交换方式的变革不仅产生了现代资产阶级本身，也产生了现代国家政权。资产阶级在封建主统治下是被压迫的阶级，在自治城市中是自治团体甚至是独立城市共和国中的自由市民，在工场手工业时期是君主借以抗衡贵族的力量，最后在大工业时期则成为现代国家的统治力量。[①] 可见，资产阶级发展的历史就是市民社会破除一切束缚它的力量、与政治国家分离的过程。

资本主义社会与国家的现实分离使封建社会中的政治性的等级转换为市民社会中的经济性的阶级，并日益分裂为资产阶级和无产阶级这两大阵营。资产阶级开拓市场的需要使一切处于自给自足和闭关自守状态的民族变得不仅物质上而精神上相互往来并相互依赖。资产阶级使经济力量摆脱了政治力量的束缚，因此其创造的生产力"比过去一切世代创造的全部生产力还要多，还要大"[②]。因此，在马克思看来，资产阶级推动的市民社会与国家的现实分离实现了人类从愚昧向文明的转化。但在市民社会与国家相互分离的同时，特殊利益与普遍利益之间的对立与矛盾充分暴露出来，一方面，资产阶级社会使每一个人都成为利己主义的人，人与人的一切关系都变成利害关系和"现金交易"，而资产阶级凭借资本的积累成为这些关系的绝对主宰者。另一方面，资产阶级国家则通过代议制等使人在政治上成为平等的公民，但

---

① ［德］卡尔·马克思，弗里德里希·恩格斯：《马克思恩格斯选集》第1卷，人民出版社2012年版，第401—402页。

② ［德］卡尔·马克思，弗里德里希·恩格斯：《马克思恩格斯选集》第1卷，人民出版社2012年版，第405页。

这种政治上的"平等"是建立在经济上的极度不平等的基础之上的，且是以后者的存在为前提条件的。

但是，资产阶级社会与国家的分裂只是一种形式上的分离，这种分离不是黑格尔所谓的同一精神的消失，而是现实社会运动的结果。马克思指出："抽象的反思的对立性只是现代世界才有。中世纪是现实的二元论，现代是抽象的二元论。"① 在中世纪，虽然一切私人领域都是政治性的，市民社会的有机原则就是国家的原则，即国家与社会在结构上是同构一体的，但是神权与王权在现实生活中的二元对立却使人完全脱离了自主和自我而存在。而市民阶层的形成和资产阶级的崛起使国家成为市民社会的抽象现实，社会历史进入到国家与市民社会对立性与统一性并存的阶段，政治国家与市民社会构成"现代解放"同一过程的两个内在相关的方面。正是在此意义上，马克思才指出资产阶级政治上的进展伴随着资产阶级发展的每一个阶段，尤其是，在资产阶级获得完全统治地位的国家，国家政权更成为"管理整个资产阶级的共同事务的委员会"②。

可见，在此意义上讨论资产阶级社会与国家的对立统一仍是从市民社会的一般含义，即国家政治生活之外的一切私人领域来分析资产阶级社会与国家的关系。实际上，这一意义上的市民社会与国家就算是在马克思写作《资本论》之后也并未放弃，马克思在1871年写的《法兰西内战》中批判在金融贵族和大资产阶级统治下法国政府的专制集权时，就称这时的国家是"市民社会身上的这个冒充为其完美反映的寄生赘瘤"③。可见，认为马克思后期对市民社会概念弃之不用，或用资产阶级社会完全作为市民社会同义语的说法都是不正确的。

2. 资本与劳动对立下的资本主义社会本质

虽然在《资本论》之前的经济学研究中，马克思已经开始从分工、所

---

① ［德］卡尔·马克思，弗里德里希·恩格斯：《马克思恩格斯全集》第3卷，人民出版社2002年版，第284页。

② ［德］卡尔·马克思，弗里德里希·恩格斯：《马克思恩格斯选集》第1卷，人民出版社2012年版，第402页。

③ ［德］卡尔·马克思，弗里德里希·恩格斯：《马克思恩格斯选集》第3卷，人民出版社2012年版，第136页。

有制等概念上谈论市民社会，但是仍然无法说明商品经济高度发达的资产阶级社会的运行规律，也无法说明资产阶级社会的内部结构和本质。然而，随着政治经济学研究的不断深入，马克思在《德意志形态》中起主导作用的分工、所有制话语逐步转化为生产力、经济关系和生产方式等话语，尤其是马克思在《资本论》中沿着资本的逻辑发现了资本主义的生产方式，才最终揭露了被资产阶级社会这个概念所遮蔽了的生产中的剥削关系。

马克思虽然在之前对异化劳动的探讨中说到了劳动、资本等概念，但是仍然没有完全摆脱思辨哲学的方法，比如仍然用人的本质的异化、人的本质的复归这样的思辨方法来分析资本、劳动、利润等经济概念和描述共产主义社会。而在《资本论》中，马克思则用经济学的话语分析了资本与劳动之间的关系，说明了资本的本质，从而超越了以往的古典经济学家对资产阶级社会的理解。熊彼特也曾说："马克思是试图为资本主义过程建立清晰模型的第一个人。"[1]

古典经济学家认为，资本是能带来利润的物，是为资本家所拥有的超历史的东西，然而马克思却批判这种"资本被理解为物，而没有被理解为关系"的错误看法，认为这是"只看到了资本的物质，而忽视了使资本成为资本的形式规定"，因而仅将资本作为生产工具的做法。[2] 如果真的像古典经济学所说，资本就是生产工具，那么它就必然是存在于一切社会中的东西，资本和雇佣劳动关系也就成为永恒性的了，这正是资产阶级经济学意识形态所要证明的。在《雇佣与资本》中，马克思指出，资本是一种社会关系，而且资本就是资产阶级社会的生产关系，生产资料只有在一定的社会关系下才能够成为资本，资本的实质在于"活劳动是替积累起来的劳动充当保存并增加其交换价值的手段"[3]，即生产资料是通过交换直接的、活的劳动力才成为资本。马克思在《1861—1863年经济学手稿》中进一步指出，资本形成的前

---

① ［美］约瑟夫·熊彼特：《经济分析史》第2卷，杨敬年译，商务印书馆2001年版，第23页。

② ［德］卡尔·马克思，弗里德里希·恩格斯：《马克思恩格斯全集》第30卷，人民出版社1995年版，第213—214页。

③ ［德］卡尔·马克思，弗里德里希·恩格斯：《马克思恩格斯选集》第1卷，人民出版社2012年版，第342页。

提是在市场上有出卖劳动力的工人，因此资本关系是生产关系和生产力发展到一定程度的产物，是特定历史时期的关系。① 由此，马克思揭开了古典经济学家意识形态"拜物教"的神秘面纱，资本关系表现上看是资本与劳动的平等交换，实际上是资本对雇佣劳动的支配和奴役，资本只有同资本的否定、即同被奴役的劳动相联系，才是资本。劳动与资本的关系在本质上是对立的。马克思认为正是生产资料与劳动的分离构成了资本支配劳动的根源，即工人虽然拥有自由的劳动，但是生产资料却为资本家占有，劳动者为了生存而不得不出卖自己的劳动力。

因此，资本行使权力的真正始点是劳动。资本通过生产劳动实现对工人剩余劳动和剩余价值的攫取从而实现自身的增殖。马克思对劳动和劳动力的区分和剩余价值的发现，揭示了斯密将资本和劳动力的交换过程和资本生产过程相混同的错误，正是由于斯密没有认识到被与资本交换的"等量的劳动"中有两个劳动，没有区分资本家给予雇佣工人的工资和雇佣工人在生产过程中被对象化，因此才会将简单的等价交换作为资产阶级社会的运行规律，从而认为资产阶级社会中的阶级冲突在"看不见的手"的调整下变得无关紧要。而在马克思看来，在资本主义生产关系下，资本是资产阶级社会的实体统治者，是资产阶级社会的"绝对精神"，资本运行的过程就是资本对劳动、资本对非资产阶级社会支配与控制的过程，同时也是资本内在矛盾不断积聚的过程。资本的增殖本性决定了资本要实现价值增值就必须尽可能地降低工资，而降低工资必然导致工人的贫困，使剩余价值的生产失去前提条件、社会消费能力下降。因此，资本的内在矛盾即扩张悖论不仅使阶级矛盾无法解决，而且还设定了自己的有限边界和瓦解自身的生产力量和阶级力量。

进一步地，除生产力和生产关系之外，资本的逻辑及其内在矛盾还贯穿到了资产阶级社会结构的各个层次中。在市场结构方面，资本的扩张使资本之间、国家之间、不同阶层之间不断产生冲突，冲突从经济领域蔓延至政治领域，甚至引起战争。在社会伦理关系方面，资本将社会成员都卷入到了自

---

① ［德］卡尔·马克思，弗里德里希·恩格斯：《马克思恩格斯全集》第32卷，人民出版社1998年版，第42页。

己运行的机器之中，人们都必须服从资本的规则，这使得人与人之间的关系货币化了，从而构成了天然伦理关系与货币关系的冲突。在人的行为方式方面，资本带来的现代大工业使个体对社会生产系统日益依赖，对此吉登斯描述为个人对社会"专家系统"的依赖 ①，这使整个物质世界被理性化，导致了工具理性的产生。同时，资本所强调的以自由契约、自由竞争为基础的自由观与每个人成为资本的奴仆相矛盾，以"货币面前人人平等"为基础的平等观与两极分化相矛盾。总之，资本逻辑已经成为资产阶级社会和国家的内在结构和本质属性，成为资产阶级社会物质和精神层面的主导原则。

这样，在资本、劳动力、剩余价值等概念下，市民社会在资产阶级社会的一系列内涵已经转由资本主义生产方式来界定，"'市民社会'进一步具体化为更加狭义的'资产阶级社会'，这是建基于生产方式分析之上的一个理论范畴，即资本主义生产方式条件下呈现出拜物教特征的物质生活关系的总和"②，马克思对市民社会的批判及市民社会和国家关系的理解最终落脚在资本主义生产方式之上。同时，资产阶级社会存在的"市民社会悖论"也得到了完整的理解。一方面，为了保障社会各部类之间的比例平衡、整个社会资本的顺利运行，资产阶级国家成为"理想的总资本家"对单个资本进行调整，这种对资产阶级国家的认识无疑比"资产阶级共同事务的管理委员会"的论述更加具体。另一方面，市民社会与国家关系中内在的特殊性与普遍性的冲突在资产阶级社会中具化为私人资本与社会化大生产之间的对立。在资本的逻辑下，这种对立不可避免且无法借由资本的运行根本地解决，因此需要进一步改造市民社会和国家，消灭劳动剥削，以"自由人的联合体"实现人类解放。

（三）市民社会思想的丰富：国家向社会回归

在马克思看来，既然国家并不是从来就有的，而是社会发展到一定历史

---

① 参见 Anthony Giddens, *The Consequences of Modernity*, Stanford: Stanford University Press, 1991, pp.27–29.

② 张一兵，周嘉昕：《市民社会：资本主义发展的自我认识》，载南京大学学报（哲学、人文科学、社会科学）2009 年第 2 期，第 14 页。

阶段的产物，是从市民社会中分离出去，又在市民社会之上并同市民社会日益脱离的力量，那么国家便不是永恒存在的，国家终将消亡，并实现向社会的回归。马克思早在1844年的《评普鲁士人的〈普鲁士国王和社会改革〉一文》中就提出："要消灭私人生活，国家必须消灭自身，因为国家只是与私人生活相对立的存在。"① 在《德意志意识形态》指出无产者"应当推翻国家，使自己的个性得以实现"②。在《哲学的贫困》中指出被压迫阶级的解放意味着新社会的建立，这个新社会是用"一个消除阶级和阶级对抗的联合体来代替旧的市民社会；从此再不会有原来意义的政权了。因为政权正是市民社会内部阶级对抗的正式表现"③。而到了《共产党宣言》时期，马克思明确提出了代替资产阶级旧社会的应是"这样一个联合体，在那里，每个人的自由发展是一切人的自由发展的条件"④。由此可见，马克思在认识到了市民社会对于国家的基础性和决定性作用后就已经产生了国家消亡的思想，而国家与市民社会由分离到在社会机体中实现统一的具体思想，则是随着马克思市民社会思想的完善，以及在革命实践中的探索逐步发展起来的。

在退回书斋后，马克思虽然一直将政治经济学作为自己工作的重心，但是同时他也一直关注着世界革命和工人运动。19世纪50至70年代初，由大资产阶级反动派统治的法国路易·波拿巴时期资本主义快速发展，阶级矛盾日益严重，1871年3月巴黎无产阶级发动武装起义，宣布成立世界上第一个无产阶级政权，即巴黎公社。但在资产阶级的严酷镇压下，巴黎公社仅存72天就宣告失败了。巴黎公社成立后，马克思就开始研究关于巴黎公社的资料，并写成了《法兰西内战》，对巴黎公社的革命实践进行了总结。马克思指出了巴黎公社实践的革命原则，即"工人阶级不能简单地掌握现成的国家

① ［德］卡尔·马克思，弗里德里希·恩格斯：《马克思恩格斯全集》第3卷，人民出版社2002年版，第387页。

② ［德］卡尔·马克思，弗里德里希·恩格斯：《马克思恩格斯选集》第1卷，人民出版社2012年版，第201页。

③ ［德］卡尔·马克思，弗里德里希·恩格斯：《马克思恩格斯选集》第1卷，人民出版社2012年版，第274—275页。

④ ［德］卡尔·马克思，弗里德里希·恩格斯：《马克思恩格斯选集》第1卷，人民出版社2012年版，第422页。

机器，并运用它来达到自己的目的"①，工人阶级要掌握政权就必须"改造传统的国家工作机器，把它作为阶级统治的工具加以摧毁"②。马克思重点批判了当时法兰西第二帝国的中央集权统治，指出这些像蟒蛇似的庞大的寄生政府用官僚、警察、常备军、僧侣、法官等机关将社会机体从四面八方缠绕了起来，这些国家机器虽然在法国资本主义发展的初期起到了摆脱封建制度束缚的积极作用，但是在劳动与资本斗争愈加激烈下却逐渐成了维护现存秩序即维护资产阶级对劳动阶级压迫与剥削的力量，法国 1830 年爆发的七月革命、1848 年爆发的二月革命以及路易·波拿巴建立的法兰西第二帝国也不过是资产阶级内部的权力转移。③ 因此，工人阶级所建立的巴黎公社作为帝国的直接对立物，目的是要将"靠社会供养而又阻碍社会自由发展的国家这个寄生赘瘤迄今所夺去的一切力量，归还给社会机体"④。

可以说，马克思的"社会机体"概念是针对"市民社会"的一个比较性的概念，而不是一个分析性的概念。马克思认为，市民社会是一个交往异化的社会，在这个社会中人类实现的自由是有限的自由，是束缚于物的交换、受役于自身创造物的自由，其中存在的特殊性与普遍性的冲突导致了市民社会与国家的对立和分离。因此，在批评市民社会的基础上，马克思提出用"自由人的联合体"来取代市民社会，这个"自由人的联合体"便是马克思眼中真正意义上的社会机体，在这个社会机体中，人在实践的过程中实现了与社会的统一，实现了自己的类本质，实现了全面而自由的发展，这个社会也可称为人类社会。

就巴黎公社的实践而言，虽然巴黎公社还未成为真正的"自由人的联合体"，但是它以人民群众的名义建立，并且公开地为人民群众的利益进行斗

---

① ［德］卡尔·马克思，弗里德里希·恩格斯：《马克思恩格斯选集》第 3 卷，人民出版社 2012 年版，第 163 页。

② ［德］卡尔·马克思，弗里德里希·恩格斯：《马克思恩格斯选集》第 3 卷，人民出版社 2012 年版，第 163 页。

③ ［德］卡尔·马克思，弗里德里希·恩格斯：《马克思恩格斯选集》第 3 卷，人民出版社 2012 年版，第 164—165 页。

④ ［德］卡尔·马克思，弗里德里希·恩格斯：《马克思恩格斯选集》第 3 卷，人民出版社 2012 年版，第 101 页。

争，并试图重新收回国家政权，用重新组建的人民群众自己的政府机器去代替统治阶级的政府机器，因此巴黎公社是一种人民群众获得社会解放的政治形式。在政治上，巴黎公社建立了人民的武装，废除了旧政权的警察和常备军，同时废除了官僚的一切特权，代之以人民公仆；在经济上，巴黎公社采取了一系列措施以逐步实现工人对国家经济生活的管理；在精神文化上，巴黎公社宣布政教分离，剥夺了教会所占有的财产，宣布学校不受教会和国家干涉，因而摧毁了宗教对人民的精神压迫。总之，马克思认为，巴黎公社是"社会把国家政权重新收回，把它从统治社会、压制社会的力量变成社会本身的充满生气的力量"①的一次伟大实践。

国家消亡的过程便是国家向社会回归的过程，在此过程中随着社会的发展，国家的政治统治职能不断衰退并最终消失，社会管理和社会服务职能则不断扩大，直至与社会本身融为一体。在马克思看来，国家向社会回归、国家消亡的最终实现必须建立在生产力的高度发达和生产资料公有制的基础之上。在此基础上，少数人压迫多数人的社会关系得到解除，一切阶级差别被消灭，国家政权对社会的干预便成为多余的事情。可见，马克思对未来社会的设想从未脱离生产关系的变革。至此，市民社会与国家之间"同一——分离—统一"的历史进程才宣告完成，人类也最终实现了解放。

三、马克思市民社会思想科学内涵的三个层次

上文已表明，市民社会概念经过了漫长的历史演变，在前资本主义时期往往指称城邦国家或文明社会，黑格尔首次在学理上将市民社会与国家分离，既反映了商品经济发展的历史进程也顺应了资产阶级的需求。进入到20世纪，葛兰西、哈贝马斯、柯亨、阿拉托等学者又对市民社会概念作出了新的理解，提出了"文化的市民社会"，形成了市民社会—国家二分之外的经济领域—市民社会—国家三分模式。前文已经讨论过这种三分模式对当代市

---

① ［德］卡尔·马克思，弗里德里希·恩格斯：《马克思恩格斯选集》第3卷，人民出版社2012年版，第140页。

民社会及其与国家关系研究所产生的重大影响，以及这种模式令马克思市民社会思想面临的诸多难题。这里，难以将马克思的理论与三分模式详加比较并简单地说明孰优孰劣，三分模式是对马克思理论的继承还是背离也不是本书讨论的重点。本书试图挖掘的是马克思与西方马克思主义者在市民社会与国家关系的理解方面是否有可沟通之处，并考察两者互可借鉴之处。我们发现，在马克思本人那里，市民社会并没有一个统一而明确的定义，这也是许多人将马克思的市民社会概念视为其早期不成熟的主要原因。因此，本书将以明晰马克思的市民社会概念，及其基础上的市民社会与国家关系的逻辑展开过程为基本线索，用马克思的思想与当代市民社会与国家关系思想对话。

（一）总体概括：交往形式构成的市民社会

《德意志意识形态》作为马克思历史唯物主义形成的标志性著作，对市民社会概念作出的表述是"受到迄今为止一切历史阶段的生产力制约同时又反过来制约生产力的交往形式，就是市民社会"[①]。同时在其他地方，马克思也常常将市民社会与"交往""交往关系""交往形式"等词汇联系起来。可见，人与人之间的交往构成了马克思市民社会概念总的核心内容。

1.马克思市民社会概念的交往特质

马克思的市民社会作为各种交往关系、交往形式形成的平台，具有以下几个特点：

第一，市民社会包括了人类社会中人与人之间的一切物质的和精神的交往关系。在马克思看来，交往是人的存在方式，因为个人"不是处在某种虚幻的离群索居和固定不变状态中的人，而是处在现实的、可以通过经验观察到的、在一定条件下进行的发展过程中的人"[②]。也就是说，现实生活过程中的人一开始就不是单个的人，而是社会关系中的人，是处于动态的互相交往中的人。从内容上来看，交往主要包括物质交往和精神交往。物质交往是一

---

① ［德］卡尔·马克思，弗里德里希·恩格斯：《马克思恩格斯选集》第1卷，人民出版社2012年版，第167页。

② ［德］卡尔·马克思，弗里德里希·恩格斯：《马克思恩格斯文集》第1卷，人民出版社2009年版，第525页。

定历史条件下人与人之间进行物质交流的社会活动，物质交往的内容是物质产品。精神交往是一定历史条件下人与人之间进行精神交流的社会活动，精神交往的内容是思想、意识、观念、情感和情绪等精神性的范畴。将市民社会限定在物质交往范围内是片面的。

第二，这一时期是人类交往关系二重化的历史时期。首先，这一时期是人类交往关系获得普遍发展的时期。对人类交往关系的发展历史，马克思在《1857—1858 年经济学手稿》中作出了划分：即以人的依赖关系为基础的交往形态，以物的依赖性为基础的私人交换，以及以个人全面发展和社会生产能力从属于社会财富为基础的自由交往。①市民社会属于交往关系发展的第二个历史时期。在前市民社会时期，人的生产能力和人与人之间的交往被局限在一个狭小的范围内和孤立的地点上。而市民社会建立起了普遍的社会物质交换、全面的关系，狭隘的地域性的个人转变为世界的历史性的个人。市民社会中的分工和交换体系使个体摆脱了对共同体的直接依附，使超经济的奴役和统治不再发生，使人的能力和自由获得了充分的发展。其次，这一时期也是人类交往关系异化发展的时期。从表面上看，市民社会建立了普遍的交往体系，将每个个体、民族和国家都纳入进来，但是在市民社会中，人的社会关系只有通过物的交换关系才能体现，人的能力、价值和发展也只有通过交换价值才能证实和实现，因此从本质上说，这一时期人的发展其实是对物依赖性的发展，是异化了的发展。这一时期中人类交往关系二重化即体现为交往异化的历史性，正如望月清司所说："外化＝异化使人残缺不全，但是没有外化＝异化人却无法成为类的存在……分工对人进行了社会的分割，但是不参加分工，人就无法结合成社会。"②

第三，国家是交往关系进一步扩大化的结果，也是通过交往过程集中发展起来的政治组织形式。国家本身是作为交往的产物而出现的，同时又作为交往媒介对不同阶级人们之间和不同地域人们之间的交往进行规范。当然

①［德］卡尔·马克思，弗里德里希·恩格斯：《马克思恩格斯全集》第 30 卷，人民出版社 1995 年版，第 107—108 页。

②［日］望月清司：《马克思历史理论的研究》，韩立新译，北京师范大学出版社 2009 年版，第 114—115 页。

在国家产生之前人类交往过程中就产生了种种社会组织，比如家庭、氏族社会，而随着人类交往逐步制度化，便形成了各种形式的政治、法律制度以及与之相适应的政治组织与机构，以此作为一种限定因素、既定力量和外部环境来规范人们的交往活动。市民社会与国家分离的同时，人类交往形式也愈加丰富多样、交往范围愈加扩大，各民族之间的分工被彻底消灭，人类历史也从各民族的历史愈加发展成为世界历史。马克思对此指出，市民社会"超出了国家和民族的范围，尽管另一方面它对外仍必须作为民族起作用，对内仍必须组成为国家"[①]。但无论在国家内部还是外部的市民社会交往活动中，不可避免地存在着冲突与对立，因此国家作为公共权力机构便要解决交往中的冲突，制定内外交往的规范原则，寻求协调与合作。国家的这种职能实际上是为了满足市民社会交往关系扩大的需要，国家因而成为人类在市民社会中进行交往的总媒介。

2. "文化的市民社会"对现代市民社会交往形式进一步扩展的理解

自葛兰西开始，现代市民社会概念出现了文化转向，葛兰西认为国家＝政治社会＋市民社会，市民社会作为教会、学校、新闻机构等私人组织的总和，已经不再是资本主义早期所呈现的作为国家对立面的形象，而成为当代资本主义国家借由进行文化统治的工具。可见，葛兰西主要突出了市民社会的文化和意识形态内容。对此，意大利哲学家诺尔贝尔托·博比奥认为，葛兰西的市民社会指的是整个思想文化关系，亦即整个知识和精神生活。[②]哈贝马斯则进一步基于文化角度将公共领域即社会文化生活领域作为市民社会的主要内容，认为市民社会是理智的辩论和批判的场所。

其实，虽然葛兰西和哈贝马斯诠释市民社会文化功能的出发点不尽相同，甚至是完全相反，但是他们对市民社会文化内容的关注无疑把握到了市民社会中交往关系、交往形式快速发展的特点，尤其是人类社会交往在除经济之外的政治文化领域内的进一步发展。哈贝马斯描述了 17 世纪晚期的英

---

① ［德］卡尔·马克思，弗里德里希·恩格斯：《马克思恩格斯选集》第 1 卷，人民出版社 2012 年版，第 211 页。

② 参见［意］萨尔沃·马斯泰罗内：《一个未完成的政治思索：葛兰西的〈狱中札记〉》，黄华光、徐力源译，社会科学文献出版社 2000 年版，第 49 页。

国和 18 世纪的法国出现的以文艺批评为主要内容、以资产者为主要主体的公共领域，之后这种公共领域的讨论内容又扩展至政治性问题，形成了针对公共权力的批判性意识。这种在商业需要之外以公共性问题为对象的交往形式是建立在市民社会出现后，私人领域与公共权力形成对立的基础之上的。如果仅仅像早期自由主义者而又被黑格尔所认可的那样，将商品交换关系及其所形成的"需要的体系"作为市民社会的全部内容，那么哈贝马斯所讨论的文化的或政治的公共领域应该在市民社会之外。但是如果将市民社会作为一个拥有复杂的交往形式的领域，那么公共领域又应成为市民社会的一部分，正如哈贝马斯指出的那样，"资产阶级公共领域模式的前提是：公共领域和私人领域的严格分离，其中，公共领域由汇聚成公众的私人所构成，……而本身就是私人领域的一部分"①，而且就算是在福利国家出现后，国家与社会相互渗透下，公共领域仍属于私人领域。琼·柯亨和安德鲁·阿拉托在《市民社会与政治理论》中将市民社会设定为以家庭为主要内容的私人领域、以自愿性社团为主要内容的团体领域、社会运动及大众沟通形式所组成的领域，这无疑也体现了市民社会概念所内含的丰富复杂的交往形式。实际上，不仅在商品交换活动中，必然会出现国家权力之外的、对调整商品交换和社会劳动的一般规则进行讨论的交往关系和交往形式，而且随着商品经济的充分发展，除经济交往以外的社会交往需求不断扩大，制定这些社会交往规范的交往形式也必然应运而生。虽然葛兰西和哈贝马斯等在讨论市民社会的政治文化功能时针对的是资产阶级国家的市民社会，但是他们所认识到的伴随市民社会进一步发展所出现的复杂的非经济交往形式却符合一切市民社会发展的一般逻辑。

同时，市民社会中人类交往关系的异化现象也被西方马克思主义所关注并进一步发展。哈贝马斯主要批判了当代资本主义社会中人与人之间的交往关系被系统地扭曲的现象。首先，他指出，在资本主义社会的晚期，劳动不断被合理化，劳动越来越符合科学技术的要求，因而人成为劳动的工具，成为技术的奴隶，成为物。在此基础上，人类的交往行为也就越来越不合理

---

① ［德］哈贝马斯：《公共领域的结构转型》，曹卫东等译，学林出版社 1999 年版，第 201 页。

了。其次，哈贝马斯借助弗洛伊德的精神分析法，指出人们诸多的日常交往行为受到现代文明的压制和操纵，使得本应是人类交往媒介与条件的语言被社会或其他权力的压抑系统排除，语言成为私人特有的东西而无法按照公共语言的规则加以使用，从而使人与人之间的正常交往变为违背主体意志的扭曲性交往。在哈贝马斯看来，资本主义市民社会中交往异化表现为交往主体的手段化、片面化，以及疏远化。随着市民社会的发展，交往关系和交往形式越丰富，交往的异化现象也越严重。一方面，科学技术所形成的工具理性使人的情感和特殊性在机械化的劳动中被消解了，交往活动中的主体沦为手段，交往关系也成为片面的主体间的交往，真正的交往关系自然难以建立。另一方面，生产力快速发展的同时伴随着政治经济权力的制度化过程，在各种经济政治权力的压制下，社会的一致性排斥着肯定性的思考和批判性的观念，人们交往之间的一致性和认同是权力压迫下的虚假的认同，交往因而成为无效的交往。虽然不同于马克思主要从劳动出发来说明交往异化，哈贝马斯主要是从语言行为出发来说明交往异化的，出发点的不同使得两者对克服市民社会交往异化途径的理解完全不同，但是哈贝马斯的思想无疑扩展了我们对市民社会中精神交往中存在的种种异化现象的认识。

可见，如果把握了马克思的市民社会是交往关系二重化了的国家之外的各种交往形式的集合体这个总体框架，就不会将马克思的市民社会概念等同于经济基础概念，也不会简单地将马克思的市民社会内涵局限于物质生产关系的窠臼。与此同时，这也有利于我们在马克思与现代市民社会思想之间搭建沟通的桥梁，有利于增强马克思思想对当前市民社会发展的解释力。从马克思的理论来看，当前市民社会话语中将非政府组织作为主要内容，是市民社会各种交往形式，尤其是经济领域之外的交往形式的进一步发展，这种发展使人的社会性本质得到了充分体现，而国家作为总媒介必须促进多种交往形式的发展，规范交往行为，营造和维护和谐的交往环境。

（二）本质描述：物质生活关系产生的市民社会与国家

如果只看到市民社会概念中的交往形式内涵，那么便无法从本质上区分历史唯物主义与其他理论体系下的市民社会思想。在马克思看来，交往始终是与实践紧密联系在一起的，尤其与物质生产实践的联系最为紧密。人类的交往形式是由生产决定的，同时生产又是以人与人之间的交往为前提的，因此交往和生产是社会实践活动中互为前提、不可分割的两个基本方面。马克思在《政治经济学批判》序言中指出："法的关系正像国家的形式一样……根源于物质的生活关系，这种物质的生活关系的总和，黑格尔按照18世纪的英国人和法国人的先例，概括为'市民社会'。"① 在这里，马克思从所有社会关系中提取出物质生活关系，表明物质生活关系是理解其他社会关系、理解市民社会与国家关系的基础。

马克思从经济的角度把握市民社会，无疑是抓住了市民社会及其与国家关系的本质。正是在生产和工业的发展下，私人领域之中逐渐形成了一个独立于政治国家之外的商品交换体系，由此市民社会与国家才实现了分离。正是市场交往关系的形成，基于契约自由的种种市民社会精神特质才得以形成，契约原则不仅成为经济活动中的一般原则，也成为其他社会交往中的一般原则，人与人之间的交往关系和交往形式才迈向现代化。在商品经济发展的早期，市民社会与国家的关系表现为商品经济发展对自由独立的要求与封建专制之间的矛盾。因此，早期的资产阶级思想家强调市民社会与国家之间的对立关系和市民社会的独立地位，是要竭力摆脱政治权力对经济活动的干预来为市场经济的发展鸣锣开道。可以说，对私人财产权利神圣性的鼓吹，对市场中"看不见的手"作用的膜拜，对国家守夜人角色的笃信，在本质上都可以看作商品经济在市民社会发展初期力图挣脱政治国家束缚的理论表现。因此，市民社会的发展以及市民社会与国家分离的历史进程是以经济活动的发展及经济关系的变革为起始点的。然而，在市民社会与国家中间划分出一条清晰的界限仅仅是资产阶级思想家们抽象的理想。实际上，即使在资本主义自由竞争时期，国家也对经济领域存在着大量的干预，而且很多干预对商品经济的发展起着积极的促进作用。近些年来，就是对于美国这个国家传统相对较弱的研究当中，也有越来越多的学者针对资本主义发展早期的自

---

① ［德］卡尔·马克思，弗里德里希·恩格斯：《马克思恩格斯选集》第2卷，人民出版社2012年版，第2页。

由放任传统提出了挑战。①

上文对黑格尔思想的论述中表明，黑格尔同样强调经济交往关系在市民社会中的重要地位以及国家与市民社会之间的相互关系。在黑格尔那里，市民社会中需要的体系是物质生活关系运行的领域，在这个领域中，特殊性的个人通过种种中介被联系在了一起，具有了普遍性的形式，因此个体之间的经济交往关系实际上就是众多个体对主观特殊性的追求之间的关系。正是从特殊的人出发，黑格尔将市民社会界定为特殊性的、差别性的领域，并用警察和同业公会引导个人从特殊性向普遍性转变，从而实现市民社会向伦理国家的过渡。可见，与洛克、斯密等相同，黑格尔仍是从近代资产阶级要求的独立人格出发来论述市民社会的特征以及市民社会中特殊性和普遍性的冲突的，而且将市民社会的种种特点归结为主观特殊性和自由意志的发展体现了黑格尔唯心主义的本质。而马克思则是从实践和交往出发，即从"现实的人"出发，将物质生活关系作为市民社会的基础性领域，从经济交往关系的规律中理解市民社会中产生的特殊性和普遍性的冲突。正是在对市民社会做了唯物主义理解的基础上，马克思才科学的说明了经济关系与其他社会关系及调整这些社会关系的各种观念、制度之间的关系。通过对市民社会物质生活关系进行经济学解剖后，马克思对市民社会和国家关系的理清便不是由简单地颠倒黑格尔的市民社会与国家关系得出的结论，而是看到了两者都是经济关系，尤其是生产关系的规范性表现。因此，马克思将市民社会归结为物质生活关系的总和，并不是将市民社会等同于经济关系，而是为了从本质上说明市民社会。澳大利亚学者伊安·亨特也指出，马克思并不像一些批评者所宣称的那样缩小了市民社会的内涵，以致它只涵盖黑格尔的"需要的体系"，而是暗示了对市民社会的"二分"，即分为社会生产关系和附属于财产权利与义务中的表现形式，并指明经济关系作为实践和物质基础的地位。②

随着商品经济的发展，市民社会所包含的社会交往内容和交往形式逐

---

① 参见杜华：《国家构建理论与美国政治史研究的新趋势》，载《史学理论研究》2015年第1期，第141—142页。

② 参见［澳］伊安·亨特：《分析的和辩证的马克思主义》，徐长福、刘宇译，重庆出版社2010年版，第175页。

步扩大，社会文化交往也成为市民社会中的一个重要领域，以往只依靠私法保障有产者的私有财产权来维护市民社会独立性的做法已然过时，普遍民主成为私人生活不受政治国家不当干预的政治权利诉求。民主的普遍性带来了公民权的普及，同时市民社会的成员也从原初的有产者扩大为普通大众。在社会文化交往涌现与普遍民主形成的双重现实下，市民社会维护自身的力量从私有产权扩张至社会、政治权利的获取。哈贝马斯在《公共领域的结构转型》中就描述了这一过程，指出："当平等公民权普及之后，大众的私人自律（private Autonomie）再也不能像那些私人一样，将社会基础建立在私人财产所有权之上。……当作为福利国家当事人的市民享有作为民主国家的公民赋予自身的地位保证时，这一衍生的私人自律就有可能成为原初私人自律的对等力量，后者建立在私人财产所有权的基础之上。"[1]尤其随着垄断国家资本主义的逐步发展，出现了明显的国家社会化和社会国家化倾向，社会文化领域在抵御政治权力侵蚀市民社会中的作用日益凸显。可以说，哈贝马斯、柯亨和阿拉托等人正是看到了市民社会这一私人基础的转变以及社会文化领域的重要性，才将公共领域的构建作为市民社会的重要内容。这样，志愿性组织，非经济类社会团体等社会文化交往的主要形式便与自由、民主等概念紧密地联系在一起。在这里，葛兰西市民社会的文化内涵虽然被继承下来，但是其意识形态功能却遭受了批判。柯亨和阿拉托就指出葛兰西将市民社会和国家作为上层建筑的两个部分是将市民社会作为服务于再生既定经济秩序的国家本身的延伸，是对既定支配结构的过度整合。[2]因此，柯亨和阿拉托将哈贝马斯的系统与生活世界的分类作为重建市民社会三元模型的概念框架，将市民社会作为成员通过自发的结社活动形成公共舆论，促进基本权利的实现以抵制权力与货币的支配，维护自身自主性的领域。

理论是对现实的映射，古希腊罗马及中世纪的思想家将市民社会规定为政治共同体反映的是当时社会对政治国家的完全依附，马克思承继黑格尔并进一步将物质生活关系作为市民社会的本质内涵，是商品经济发展早期市民

---

① ［德］哈贝马斯：《公共领域的结构转型》，曹卫东等译，学林出版社1999年版，第13页。

② 参见简·科恩，安德鲁·阿雷托：《社会理论与市民社会》，时和兴译，载邓正来，［英］杰弗里·亚历山大编《国家与市民社会》，中央编译出版社2002年版，第179—180页。

社会要求与国家分离的反映，葛兰西、哈贝马斯等人开辟的文化市民社会则体现了市场经济发展晚期尤其是国家垄断资本主义下，市民社会的结构转变和社会文化领域中各种问题的突显。从对历史发展的把握来看，文化的市民社会把握住了新的社会结构的特质，拓宽了市民社会概念的理论发展空间，然而如果拒斥了经济内容来谈对市民社会的理解，无疑等于拒斥了市民社会的出生地与根本特性。在此情况下，不仅如何实现市民社会的真正改造或超越无从谈起，就是市民社会本身的历史现实性也缺乏坚实的根基。正如学者李佃来所指出的，经济—市民社会—国家的三分结构所暗示的是，保障市民社会独立性的力量已经转移至文化交往领域中的文化创生与抵制能力，那么作为文化交往的基础又何在呢，缺乏自然基础的市民社会重建只能是一场无根之梦。[1]而且，将经济关系撤除出市民社会之外不利于理解市民社会与国家之间对立又统一的关系，无法认识到两者同作为经济关系规范性表现的相互作用机理，易于落入自由主义的对抗模型中。

（三）微观定位：资本主义与市民社会

在马克思看来，市民社会的典型形式是资本主义社会，因此，马克思在论述中往往用资本主义社会代替市民社会。而且在认识到市民社会决定国家，对国家和法的批判应该深入到对市民社会内部的批判当中以后，马克思的分析视野就转向了现实的市民社会历史情景中，即资本主义社会中，并最终通过政治经济学批判将对市民社会的批判落脚于资本主义生产方式之上。

市民社会作为源于西方而如今又被广泛运用于现代社会和国家分析的概念，在不同学科和不同理论方法上有多种含义，哈贝马斯也指出要在有关书籍中寻找关于市民社会的清晰定义无疑是徒劳的[2]。上述也表明，市民社会在马克思那里也并没有一个统一而明确的定义，马克思在不同的理论需要下在"交往形式""物质的生活总和"和"资本主义社会"等意义上使用市民社会

---

[1]　参见李佃来：《不可能性——哈贝马斯市民社会理论的命运》，载陶德麟编《马克思主义哲学研究》，湖北人民出版社 2008 年版，第 262—263 页。

[2]　参见［德］哈贝马斯：《公共领域的结构转型》，曹卫东等译，学林出版社 1999 年版，第 29 页。

概念，说明市民社会概念内含的多元性。总体而言，我们可以从概念的功能角度来理解市民社会的两种不同用法，即将市民社会作为分析性概念和描述性概念。

市民社会作为一个分析性的概念，与"国家"概念相对应，表示一个与政治国家相区分的独立领域。国家作为一种特殊的社会组织由于对公权力的垄断而成为"公共利益"的代表，市民社会则是个体进行经济、文化等社会交往的私人领域，从这个意义上讲，家庭也属于市民社会的领域。因此，市民社会和国家构成了公私两个不同的领域，它们各自有着不同的功能和运行机制。但是，市民社会与国家的区分只能在概念分析上完成，却不能在实体上完成，即市民社会和国家的相互独立只是理论上的抽象，两者不论在空间上还是在历史时间上都不存在分离，市民社会中的私人交往活动和政治国家的政治行为都不能脱离对方而独自进行。

市民社会作为一个描述性的概念，则与前市民社会相对应，在马克思那里，则同时与前市民社会和人类共同体相对应，表示一种特殊的生活状态及其构成的社会形态。前市民社会是以自然联系为基础，以身份制、等级制、伦理性为特点的社会形态。马克思在《政治经济学批判（1857—1858 年手稿）》中就对前市民社会的各种形式做了论述，将前市民社会分为亚细亚社会（俄国、中国等东方世界）、古典古代社会（古希腊、古罗马）和日耳曼社会（西欧世界）三种形式。在马克思看来，这三种原始的共同体社会的共同特点就是自由劳动同劳动资料和劳动材料仍结合在一起，没有同实现自由劳动的客观条件相分离。但与其他两种共同体相比，日耳曼社会拥有更多的个人主义因素，其共同体更多地表现为个人共同利益的联合，而非联合体，而且个人所有先在于共同体所有，这为分工和交换提供了前提条件，也为雇佣劳动的出现奠定了基础，因而成为共同体主动解体与市民社会产生的孕育之地。市民社会则是个人摆脱了对共同体的依赖，在分工和交换下所结成的以契约关系为基础的社会形态。在市民社会中，个体自由的体现、人与人的社会关系依附在物的交换上，这种"物的依赖"关系虽然并未排除个体的依赖关系，但是却使个体之间的社会关系拥有了更为普遍的形式。而到了马克思通过对市民社会进行批判而指认的人类共同体社会，随着个体的社会关系真正成为他们自己共同的关系，真正服从于他们自己共同的控制，个体才成为全面发展的个人。可见，在马克思看来，市民社会既不是历史的起点，也不是历史的终结，它是历史过程中的一个特殊的阶段。因此，日本学者望月清司将马克思的世界史认识概括为"本源的共同体→市民社会→未来的共同社会"这一历史进程。

作为描述性概念的市民社会始终是一个感性的、经验性的生活世界，它与具体的历史情境相联系。马克思对世界历史进程划分的三个社会阶段都是用来表示有具体历史规定的人的结合形态，马克思对前市民社会三种共同体形式的论述也表明了同一阶段在不同的历史情境下表现出了不同的特征。因此，虽然马克思最终将对市民社会的批判具化为对资本主义生产方式的批判，但不等于资本主义社会就是市民社会的唯一社会形式。具体来说，资本主义社会是市民社会中社会关系的异化状态得到极端发展的阶段。斯密等古典经济学家眼中的平等交换关系并不完全脱离现实，但它仅仅存在于市民社会发展初期的简单商品交换中。随着生产资本成为市民社会和国家的统治者，资本与劳动成为相互对立的两面，同权的市民交往便转变为资产阶级对无产阶级的阶级压迫和剥削。

货币拜物教是市民社会在资本主义社会中获得极端异化的表现，货币拜物教是市民社会发展过程中形成的一种特殊现象，怀特海称之为"误置的具体性的谬误"（fallacy of misplaced concreteness），即将货币符号可以以复合利益的方式永远增长的抽象规定性作为具体现实性，并以此来规范历史现实。在市民社会的简单商品生产阶段，货币仅仅是一个促进交换的媒介，其目的在于获得增加的使用价值。但市民社会使注意力转向交换价值，由此潜藏了货币拜物教的可能性，当简单商品生产让位于资本的循环，这种可能性便成为现实。起始并结束于商品具体使用价值的过程让位于起始并终止于货币的价值增殖过程，商品或使用价值反而成为一个用来扩张交换价值的中间环节。当货币成为世界的世俗之神，货币便成为衡量人的价值与能力的标准，使经济活动中的社会关系被遮蔽了，货币这个从人异化出来的东西统治了人。当然，这种转变同样蕴含着辩证法，在资本的增殖过程中，普遍的物质交换和全面的社会关系形成了。

将资本主义社会与市民社会区别开来有助于我们更好地理解如何在西方之外理解市民社会的发展。市民社会作为交往关系尤其是物质交往关系获得极大发展的阶段显然并不是只能存在于西方，而且就是在西方社会的发展过程中也存在着不同的历史形态，有学者就将市民社会在西方社会的发展分为了小商业社会、资产阶级社会和资本主义社会三个阶段①。中国当前实行市场经济并积极鼓励其健康发展，市民社会自然同样适用于中国并正处于蓬勃发展阶段，但却拥有着与西方不同的发展过程和特点。这一点大部分学者是认同的，但对于当前学界存在的"社会主义市民社会"说法，笔者则认为不太妥当。马克思对待市民社会总的来说是一种扬弃的态度，是要用共产主义下人的全面自由发展来克服市民社会下人对物的依赖，而且当前对于社会主义与共产主义关系的认识也并未达成一致。中国虽处于社会主义初级阶段，但仍是以实现共产主义为理想，"社会主义市民社会"的用法未免容易使人混淆市民社会与未来社会，因此笔者认为用"中国的市民社会"或"中国特色市民社会"更加恰当。

　　总之，将市民社会概念抽象出来有利于理解其一般性的内涵和特点，但不仅脱离特定历史情境的市民社会不存在，而且对市民社会的完整认识也必须借助对具体历史规定的分析才能完成。马克思将对市民社会和国家的分析具化为对资本主义社会和国家的分析，使市民社会的本质获得历史唯物主义的理解，正是在此基础之上，马克思恩格斯才得出资本主义国家是资产阶级的"管理委员会"、是"总资本家"的结论。而至于中国市民社会的发展及市民社会和国家的关系在对立统一中以何种具体的特质予以呈现，则需要结合中国自身的历史情境才能准确理解。

四、马克思市民社会思想的经典意义

　　综合马克思市民社会思想的历史发展可见，马克思市民社会思想的历史

---

　　① 参见王代月：《抽象具体关系视野中的马克思市民社会理论》，载《现代哲学》2011年第6期，第34页。

定位决定了其历史价值。马克思市民社会思想的形成过程，既是马克思对过去市民社会思想进行辩证思考的过程，同时也是马克思构筑自己新的历史观和方法论的过程。首先，马克思市民社会思想的科学性与革命性使其至今仍然能够对话与批判现实。其次，马克思的思想也并不是万能的良方，用历史唯物主义的方法，借用其他思想资源和历史实践不断地扩展其意义与范围应是题中应有之义。

（一）对市民社会的认识是马克思历史唯物主义理论形成的内在线索

回顾马克思市民社会思想形成的历史进程可以发现，对市民社会及其与国家关系的研究伴随了马克思整个思想研究生涯。从早期对黑格尔法哲学的研究，到对政治经济学的研究，再到对资本主义社会的分析和批评以及对未来社会的构想，市民社会与国家关系是一条始终贯穿着的线索。所以，市民社会及其与国家的关系也必然同马克思历史唯物主义的形成紧密相连。在日本，以平田清明和望月清司为主要代表的"市民社会派马克思主义"便强调市民社会思想在马克思历史理论形成中的重要作用，中国的学者也通常认为市民社会思想为马克思历史唯物主义的确立奠定了基础。

在传统理论体系中，人们用来考察历史发展的视角一般总是生产力与生产关系、经济基础与上层建筑的矛盾运动。其实，这只是马克思对人类社会发展规律最本质的概括。社会是一个复杂的有机体，"生产力—生产关系""经济基础—上层建筑"的分析框架并不能解释一切现象，它们往往也只有在最根本的层次上才具有有效性。实际上，市民社会与国家的矛盾运动也是马克思用以认识人类历史的一个重要视角。具体来说，"市民社会—国家"框架从社会结构出发，重点考察人类社会形成以来，尤其是现代社会以来所形成的两个不同领域、不同层面各自的特点及相互关系，展现了市民社会与国家"同——分离—统一"的历史进程，揭示了两者对立统一的本质关系。

从核心内容上看，市民社会与国家关系内含的是人类社会中公私之间、特殊性与普遍性之间的矛盾运动。从西方的历史发展来看，古希腊、罗马的城邦国家拥有发达的公共权力，政治生活是唯一有效的公共生活，政治制度对不同社会阶层赋予抽象的平等权利，然而却掩盖了私人生活中普遍的不平等。中世纪封建领主对附庸的支配权力直接建立在其对于土地的私人所有基础上，私人权力替代了政治国家的全部内容。古代社会与中世纪共通的一点是，公共领域和私人领域都是政治性的，社会分层与政治制度相对称，因而公利和私利、普遍性与特殊性之间的矛盾在政治生活的全面覆盖下被隐藏了，消解在伦理国家、神学国家的建构之中。现代社会下，私人领域从公共领域、非政治生活从政治生活中脱离出来，公利与私利之间的矛盾日益突显。在契约论者的视野中，私利与公利之间的冲突蕴含在自然状态中的个人和为保护个人权利而结成的政治生活之间的关系之中，市民社会还未具有实体性的形象。市民社会由古典经济学家和黑格尔进一步实体化，并成为追逐私人利益的场所，"看不见的手"和"理性国家观"是两者对于人类社会如何在发展中弥合个人和公共之间裂缝的答案。马克思给予了市民社会和国家更清晰的边界，并在自己所理解的市民社会和国家概念上对黑格尔市民社会和国家的关系进行了颠倒，进而指出市民社会不仅是公私矛盾产生的领域，也是现代人类历史活动的舞台，包括国家制度在内的各种政治结构和政治观念正是围绕市民社会的发展而搭建起来的。正是在对市民社会这个现代历史舞台不断揭示之下，马克思才发现了资本主义社会关系的本质以及更具历史普遍性的矛盾运动规律——生产力与生产关系、经济基础与上层建筑之间的矛盾运动规律，并提出用共产主义社会扬弃市民社会和国家，消除公私矛盾。可见，马克思对社会秩序的构建过程也是马克思历史理论的形成过程。

本书认为，将市民社会—国家关系视为马克思历史唯物主义理论的内在线索有两个意义：其一，这有利于更好地将历史唯物主义与一般的唯物主义区分开来。如果只强调"生产力—生产关系""经济基础—上层建筑"框架，那么历史唯物主义便成为对物质关系或经济事实在社会历史中的决定作用的指认。而马克思在"市民社会—国家"框架中所发现的市民社会的本体和核心地位，则为马克思用实践的观点来把握历史本质的方法提供了鲜活的历史载体，正是在此意义上，马克思才说法国人和英国人所写的市民社会史、商业史和工业史在一定程度上为历史编纂学提供了唯物主义的基础①。可以说，当马克思开始研究市民社会和国家关系时，人类历史便进入马克思的理论视野中。从这个角度看，将"市民社会—国家"框架等同于"经济基础—上层建筑"框架的理论，实际上是抛弃了"市民社会—国家"框架，使"经济基础—上层建筑"框架成为一个与历史相隔离的抽象思想实验中得出的结论，那么也就无怪乎一些人将马克思的历史唯物主义化约为"经济决定论"了。其二，这有利于融合马克思哲学与整个近现代哲学传统。传统理解认为，马克思的历史唯物主义实现了哲学史上的革命，于是学界中极为普遍的一种现象便是将马克思哲学与整个近现代哲学传统割裂开来，似乎不强调前者与后者的不同便是对马克思的贬低，这显然不利于真正理解马克思思想的历史本质。而"市民社会—国家"框架中蕴含的公私矛盾问题则是整个近现代哲学所讨论的核心问题之一。从"市民社会—国家"框架出发不仅可以看到马克思与亚里士多德、斯密、黑格尔等思想家的继承关系，还可以看到马克思与哈贝马斯等人所共同关注的现实问题。这种与过去及未来的可沟通性不仅没有降低马克思思想的历史地位，反而使其具有更加旺盛的生命力和强烈的现实价值。

（二）马克思市民社会思想是对自由主义市民社会思想的彻底批判

马克思对自由主义市民社会思想的批判主要是通过用"社会性的人"取代后者的"原子式的人"来完成的。古典自由主义市民社会立足于自然法，将"自然状态"和"自然人"作为其市民社会思想的出发点，将独立、自由、平等的个人作出社会和国家的基础。在古典自由主义者的自然法思想中，个人被抽象为一个个孤立的原子，存在于没有任何联结的自然状态，社会、政治、国家等等都是满足人们共同生活的需要和保障人的自然权利的历史构建。虽然自然人在古典自由主义者那里并非都是一种历史状态，而更多的是一种逻辑需要，但是作为古典自由主义者形而上学的支点，自然人是其市民社会思想的出发点和逻辑起点。在他们看来，自然状态的人是社会和国

---

① 参见［德］卡尔·马克思，弗里德里希·恩格斯：《马克思恩格斯文集》第 1 卷，人民出版社 2009 年版，第 531 页。

家的根，国家权力的性质和范围皆在此基础上推演开来。从这个角度来看，洛克等契约论者所提出的"社会先于国家"其实是"个人先于公共"或"个人外在于公共"。这种原子式的个人主义对西方政治思想产生了根深蒂固的影响，尤其是 20 世纪 70 年代以来随着凯恩斯主义的衰落，新古典自由主义作为古典自由主义的继承者登上历史舞台，极力强调个人权利和自由的绝对优先地位和不受外在干预。

黑格尔批判了自由主义者的原子论观点。在他看来，原子式的考察伦理，即从单个的人出发来考察伦理是"没有精神的，因为它只能做到集合并列，但是精神不是单一的东西，而是单一物和普遍物的统一"①。马克思继承并发展了黑格尔对原子论的批评，并明确将社会中进行生产的个人作为其市民社会思想的出发点。在马克思看来，孤立的个人是斯密《国富论》中一切理论的起点，斯密所描述的鲁宾逊式的个人起初只是单独地进行生产活动来满足个人需要，这之后才遇上了其他人，与他人交换劳动产品并参与到经济、社会联系当中。一方面，马克思对这种原子论进行了经验主义的批评。他认为，这种前社会的、纯粹个人状态，即"自然状态"的假设毫无历史根基，因为"我们越往前追溯历史，个人，从而也是进行生产的个人，就越表现为不独立，从属于一个较大的整体：最初还是十分自然地在家庭和扩大成为氏族的家庭中，后来是在由氏族间的冲突和融合而产生的各种形式的公社中"②。另一方面，马克思又在本体论上批评了原子论。在马克思看来，生产不应该仅仅被视为满足个人需要的工具性活动，它也是并总是一种社会活动，因为我们在生产物质产品的过程中同时也在生产并再生产我们的社会关系。人的本质是社会性的动物。

马克思对人的社会性的强调在社群主义者那里得到了回应。社群主义的主要代表麦金泰尔就指责自由主义的原子论从根本上割裂了个人与社会之间的关系，他认为分析个人的前提是必须首先考察其所在的社群和社群关系③。

①　[德]黑格尔：《法哲学原理》，范扬，张企泰译，商务印书馆 1961 年版，第 178 页。

②　[德]卡尔·马克思，弗里德里希·恩格斯：《马克思恩格斯文集》第 8 卷，人民出版社 2009 年版，第 5 页。

③　参见[英]阿拉斯代尔·麦金泰尔：《德性之后》，龚群等译，中国社会科学出版社 1995 年版，第 310 页。

查尔斯·泰勒也对自由主义作出了本体论的批评，认为作为自由主义本质特征和理论基础的原子主义观点从本质上说对个体的认识仍停留在直觉认识之上，它不能认识到拥有权利的个体只有通过与特定文明社会的关系才能获得人格的认同。①

与黑格尔及社群主义者相比，马克思的独特性首先在于他对于市民社会及处于其中个体的认识是历史性的。在马克思看来，与市民社会相比，前市民社会中的个体对共同体依赖更强，社会角色基本取决于其所处的社会等级。只是随着市民社会和商品经济的发展，个体才从固定的、既定的社会角色中解脱出来并成为独立的自由追求特殊利益的个体。市场和货币虽然在市民社会出现以前便已存在，但前市民社会经济活动的主要目的是产品的使用，市民社会尤其是资本主义生产方式的发展才使交换成为主要目的。因此，交换关系成为一切生产关系及至社会关系的基础被亚当·斯密视为是先于历史的东西，在马克思看来却是历史的产物。正是由于认识的非历史性，古典经济学家才将人们在交换关系中形成的相互依赖关系看作是，以私人利益为目的的交往活动最终却实现了普遍利益的机制，而马克思却看到了这种交换关系正说明了"私人利益本身已经是社会所决定的利益，而且只有在社会所设定的条件下并使用社会所提供的手段，才能达到"②。马克思进一步指出，自由主义者的原子论观点同样也是历史的产物，它是18世纪社会现状的意识形态反映，是封建社会形式解体和新兴生产力的产物，但是自由主义者的错误在于，它将独立性的人性这种历史产物视为具有普遍性的，先在和外在于一切社会关系的东西。

马克思对人社会性认识的另一个独特之处便在于交往异化的理解。社群主义无法理解市民社会中原子化的个人与实体化的社会关系共存，他们仅强调后者。黑格尔则对两者的关系有着深刻的理解，马克思看到了这点并走得更远。在市民社会中，一方面人们看似为了私人利益而活动，实际上却相互依赖。另一方面个体相互依赖的形式却似乎有着自身的客观法则，并视个

① 参见汪俊昌：《泰勒对自由主义的批判》，载《浙江学刊》2003年第6期，第65页。

② ［德］卡尔·马克思，弗里德里希·恩格斯：《马克思恩格斯文集》第8卷，人民出版社2009年版，第50页。

人为不同于自身的力量。但事实上，这两个方面是统一的，是同一事物的两个方面。商品经济是人类的创造，但却被视为一种独立的生命形式，有着不以个体或社会的意志为转移的客观法则运行其中。由此我们失去了对我们自己的社会关系、自己的创造物和力量的控制。马克思将这种现象描述为"异化"。马克思看到了市民社会条件下异化的社会关系对人的个性和自由的限制，指出只有在未来的真正的共同体社会，在我们重新掌握了我们的经济和社会关系，并以让自己的一切活动成为普遍之物的方式来组织社会时，个人的全面自由发展才能实现。

在对"原子式的个人"批判的基础上，马克思与自由主义者的市民社会思想呈现出了两个根本不同的特征。一是在市民社会和国家本质关系上，自由主义者从个人主义出发，强调市民社会与国家的对立。这种认识或者将国家视为"必要的恶"，强调将国家的规模和干预控制在最小的范围内；或者强调市民社会的对抗性和面对国家时的一致性。马克思则立足于现实的历史，在完整的社会形态中把握市民社会和国家及其相互关系，将市民社会和国家视为一定历史阶段下同一生活关系总和的不同体现，市民社会是实际的利益内容领域，国家是"虚幻的共同体"，两者是对立统一的关系。市民社会是国家的自然基础，国家一方面要不断满足来自市民社会的各种各样的需求，另一方面又要为了保证自身存在的合理性和合法性而去维护市民社会的健康发展。值得注意的是，马克思的"市民社会决定国家"不同于自由主义者的"社会先于国家"，前者是从本质抽象的层面上说明了市民社会对国家的决定及先在地位。但在现象具体层面，两者各自以多种多样的具体要素存在，而非以一个抽象的总体概念存在，这些要素之间有着复杂的联系。而且，市民社会对国家的决定作用是一个总的历史趋势，它具有"解释学"上的优先性，它并不排除历史过程中两者的相互作用，这种相互作用不仅往往在"发生学"上具有优先性，而且还充满着随机性和偶然性。越是靠近社会历史的本质抽象层面，就越体现出市民社会，尤其是物质的生活关系总和对国家的决定作用；而越是靠近社会历史的现象具体层面，两者就越处于相互作用之中，各要素之间在不同的时间和空间中呈现不同的相互关系，而且个别要素在一定范围内呈现着较大的能动性。

二是不同的解放叙事逻辑。自由主义者立足于市民社会，将解放理解为：市民社会在与政治国家的对抗中获得独立地位，在市民社会中培养具有独立人格的个体及其权利意识，培育由个体出于自由意志而组成的以维护个体权利为目的的社会组织。个体通过市民社会中形成的社会力量实现对政治公权力的制约，最终通过革命或改革建立民主政体。而马克思立足于人类社会，指出了自由主义者政治解放的局限性，指出了在市民社会，尤其是资本主义制度下，政治领域虚幻的自由、民主、平等无法掩盖市民社会领域中实质的不自由和不平等。因此，马克思通过对市民社会的政治经济学批判，描绘了自己的解放逻辑进程，即将市民社会的政治解放作为人类解放的一个环节，最终在自由人的联合体中完成人的存在的社会化，实现真正意义上的、实质的自由、民主、平等。

（三）马克思市民社会思想的意义与意义域

当前重新理解马克思市民社会思想有两种需要克服的倾向，一种是仅仅从市民社会思想史梳理的意义上认识马克思理论，将马克思理论作为对早期资本主义发展的理论认识，因而忽视了其在思想史中的效应及当代视域。另一种是忽视马克思理论的历史性，将马克思的个别词句作为一般性的规律，或者超越时代性地运用马克思设想未来社会的思想分析现实社会。

关于前一种认识的错误性，上文已有部分论述。马克思市民社会思想虽然直接面对的批判对象是古典自由主义者和黑格尔，但是其批判效应却波及了现代思想史。19世纪50年代以后，随着早期自由竞争的资本主义向垄断资本主义转变，古典自由主义也受到了社会主义等激进政治思潮的影响，逐渐向新自由主义转变。实际上，在《共产党宣言》发表的同一年，穆勒就在《政治经济学原理》中对古典政治经济学进行了部分修正，开始强调国家制定福利政策的重要性。之后在19世纪70年托马斯·格林提出新自由主义，提出个人与社会的相互依存以及国家是保护和维护个人自由的条件，为二战后各主要资本主义国家建设福利国家，加强国家干预提供了理论基础。而随着福利国家政策在70年代的破产，新自由主义也日渐衰落，强调回到古典自由主义的新古典自由主义又成为当代西方政治的显学。新古典自由主义经过了对新自由主义的批判，自认为吸纳了马克思对古典自由主义的批判，将马克思主义视为"过去时"，并视社会主义实践为现代化进程上的歧路。其实，不论是古典自由主义、新自由主义还是古典自由主义，其对市民社会及其与国家关系的理解都建立在私有制的基础上，只是形式产生了变化，但都未超越马克思对市民社会所作出的根本的政治经济学批判。自由主义者对市民社会与关系认识的调整都是建立在维护市民社会及资本所主导的资本主义社会基础上，这与马克思所奠定的人类社会的原则高度有着根本的不同。因此，马克思市民社会思想在当前仍有着重要价值，尤其是资本主义全球化下自由主义思潮扩张至广大非西方世界、甚至是社会主义国家，马克思对自由主义市民社会思想的批判理应保持在场性。

关于后一种认识的错误性，其实论及的是马克思市民社会思想的意义域问题。任何科学的概念都有其意义域，超出其范围便可能走向谬误。同时，马克思的市民社会思想作为历史唯物主义的一部分，也应包含着历史发展本身对理论的不断修正。因此，理解马克思理论的意义域不仅是唯物史观立场的要求，而且有助于与其他理论资源互通有无。

具体来说，马克思市民社会思想侧重革命性的变革，因此对市民社会与国家之间的具体互动缺乏详细考察。不可否认的是，马克思在认识到是市民社会决定国家，而不是国家决定市民社会后，理论的重点便转向了市民社会内部，对市民社会的异化本质作出了政治经济学批判，得到了必须扬弃市民社会走向人类社会的结论。而且在马克思看来，市民社会与国家所呈现出的矛盾关系也根源于市民社会内部。因此，有学者指出市民社会与国家关系并非马克思关注的焦点问题。① 但是，马克思从来没有否定过市民社会所具有的积极内容。当前不论是西方还是中国都处在市民社会发展的阶段，只是发展的特点与进程有所不同，因此，市民社会和国家的互动关系仍是社会科学领域中的重要问题。但是需要注意的是，必须在坚持马克思市民社会思想的基本观点和方法的基础上正确地借用其他的理论资源。比如当前许多研究的目的在于通过市民社会与国家关系的定位来实现自由

① 参见王代月：《马克思对自由主义市民社会理论的批判研究》，载《社会主义研究》2009年第2期，第15页。

和民主，这就违背了马克思对市民社会的根本判断，落入了自由主义市民社会思想研究的窠臼。

马克思是从生产关系领域来说明市民社会与国家关系的根源的，也是通过诉诸生产关系的根本性变革来实现未来社会国家向社会的逐渐回归。因此，对当前市民社会和国家关系的研究也应从生产关系领域出发。受历史发展阶段的限制，生产关系的根本性变革在大多数国家仍未实现，但是市民社会获得快速发展的国家无不伴随着生产关系领域中的诸多改革，在这个过程中，市民社会和国家之间积极互动，且两者之间的关系与生产关系领域中的改革相互影响。从这个角度出发来讨论市民社会及其与国家关系的发展应是马克思市民社会思想的题中应有之义。值得注意的是，当前学界内有一种认识是将"文化的市民社会"的发展作为马克思国家向社会回归思想的体现。笔者认为"文化的市民社会"虽然在一定程度上实现了人在多种社会关系中的平等自由交往，并将许多政治权力收回社会，但是仍没有跨越市民社会的发展阶段，是市民社会阶段范围内的进步，而马克思的国家向社会回归思想应属于对未来社会的认识，两者从本质上并不属于一个阶段。对"文化的市民社会"的认识应客观化，夸大其作用并将马克思的部分结论不合时宜地强加其上，不仅没有显示马克思思想的当代性和科学性，反而不利于人们正确地认识马克思的思想。

总体而言，马克思的市民社会思想从本质上讲是一种批判性的理论，而非建设性的理论。这种非建设性不仅指对于市民社会阶段下如何充分发挥市民社会的积极作用、避免消极作用缺乏足够的讨论，而且对市民社会被扬弃后的共同体社会也缺乏足够的思考，当然对于后者的思考在生产力没有得到充分发展的阶段下都必然是不完善甚至不正确的。这就需要在当前的历史发展阶段下，立足各国的具体国情，在马克思思想的原则高度及方法论指导下，充分吸收其他可供借鉴的思想资源，对市民社会及其国家关系的发展做出唯物主义的考察。

本章小结： 马克思市民社会思想的科学内涵

根据上文马克思对市民社会三个层次的理解，我们可以从马克思的理论视野出发对市民社会概念做出如下定义，即市民社会是以私人所有制条件下广泛的社会分工为前提、以物质生产生活关系为本质内容、以交往关系二重化为根本特点的，区别于政治国家的社会关系总和。这一定义既体现了马克思市民社会思想的独特性，又体现了其与其他市民社会思想的可沟通性，同时也有利于我们深入到中西市民社会发展的现实当中进行研究。

马克思市民社会思想是西方市民社会思想史这棵大树上生长出的枝干，因此马克思市民社会思想必然与其他市民社会思想存在着有机的联系。古希腊以来对个体与群体之间的认识、亚当·斯密的经济学思想、弗格森对人的公共性的强调等等在马克思那里都有着思想上的回应。尤其针对马克思与黑格尔之间的关系，以往学界通行的认识是马克思的市民社会思想是对黑格尔的颠覆，这种认识是片面的。虽然马克思是在批判黑格尔法哲学的基础上开始了其市民社会的研究，但是前文内容表明，马克思对黑格尔的继承与批判一样多。首先，马克思是在黑格尔开创的市民社会与国家二分的政治哲学视角下进行研究的，马克思也明确表明这种视角是黑格尔极为深刻的地方。正是在此视角基础上，马克思进一步将市民社会规定为世俗的人们进行生产生活的领域，将国家规定为形式的、虚幻的共同体领域。其次，马克思继承了黑格尔对市民社会同时具有特殊性和普遍性的认识，从而认识到了市民社会内部特殊性与普遍性的矛盾是市民社会与国家矛盾的根源，也由此找到了批判市民社会和超越市民社会的内在力量。

马克思的贡献在于：一是历史性地说明了物质生产生活在市民社会中的重要地位。在市民社会与国家分离之前，市民社会等同于政治社会，德性的政治生活被视为人的本质活动，个体的政治地位决定其在各个领域的权利和义务。市民社会实体出现以后，市民社会的物质生产生活内容得到确认。但在唯心主义那里物质生产生活的地位仍然是很低的。亚当·斯密虽然认识到了市民社会经济内容的重要性，但是对经济内容的确认是为交换关系服务的，进一步讲是为确立个人主义的历史初始性地位服务的。而马克思则从历史唯物主义出发，深入到生产关系的具体生产当中，从而认识到了正是物质生产生活使市民社会成为了国家的自然基础，物质生产生活不仅在市民社会中具有基础性地位，在人类历史中也具有基础性地位。此外，市民社会作为一个发展中的历史阶段，虽然有着不同的表现形态，但是其作为物质生活的承担者是不变的，这是一切市民社会的共性。

二是对市民社会的阶级分析。阶级分析是马克思分析市民社会的主要方法之一。正是通过对市民社会的阶级分析，马克思才得以发现市民社会内部存在的矛盾冲突，才得以发现劳动、分工在市民社会中的重要作用。阶级分析并不是马克思的首创，亚当·斯密在《对国家财富性质和原因的探究》中的经济分析中就有对阶级的认识。马克思本人在致国际工人运动革命家约瑟夫·魏德迈的一封信中也指出："……至于讲到我，无论是发现现代社会中有阶级存在或发现各阶级间的斗争，都不是我的功劳。在我以前很久，资产阶级经济学家也已经对各个阶级做过经济上的分析。"[①] 而就对市民社会的认识上，马克思所作增添的内容是：（1）以私人所有条件下广泛的社会分工为前提的市民社会，是阶级必然存在的历史阶段。（2）市民社会中工人阶级和资产阶级之间的阶级对立，一方面是市民社会发展的动力，另一方面也使市民社会始终处于被撕裂的边缘，后者需要国家权威的存在。（3）工人阶级是市民社会自我扬弃的内部力量。

目前，阶级分析在市民社会思想中日益边缘化。主要原因在于，当代市民社会三分法将经济领域从市民社会分离出去后，经济领域越来越简化为市场机制，市民社会则在多元主义的描述下成为同质的独立个人联合起来的社会、政治运动，两者的分离使阶级这个反映经济关系中权力关系产生的范畴被忽视了。阶级产生于生产之中，但却作用于包括生产关系在内的众多社会关系领域，在市民社会思想中重视阶级关系分析，不仅有助于各学科领域之间的互动，而且也体现了社会关系的有机性，理应受到重视。

三是明确了市民社会的发展性与局限性。马克思明确指出，市民社会是

① ［德］卡尔·马克思，弗里德里希·恩格斯：《马克思恩格斯选集》第 4 卷，人民出版社 2012 年版，第 425—426 页。

政治解放的历史阶段，从而使市民社会从国家的束缚中解放出来，也使国家从宗教的束缚中解放出来。市民社会是社会分工广泛化的阶段，是社会关系普遍化发展的阶段，因此它既促使了生产力的快速发展，又使人的社会性本质得以外化。这些都是市民社会与前市民社会对比的发展性。同时，市民社会的发展性还意味着市民社会本身是发展的，有着不同的具体形态和丰富内涵。但是，市民社会并不是人类历史的终结，政治解放还不是人类解放。市民社会强调私人所有，它所实现的社会关系的普遍化是以物为中介的，因此仍是人与人关系的异化。这是市民社会的历史局限性，市民社会必须扬弃自身，走向共同体社会，才能实现人类的真正解放，实现人的全面自由的发展。这种未来性的视野与对市民社会的根本性批判是马克思之外的学者所欠缺的。

需要注意的是，马克思所做出的贡献不仅是针对以往的市民社会思想，而且同样适用于马克思之后的市民社会思想。在葛兰西之后，市民社会研究发生了文化转向，使市民社会获得了更加丰富的理论内涵，但马克思市民社会思想所具有的这些特点在当代社会仍然适用，却在思想领域有被忽视的倾向性，使得我们往往无法客观认识当代市民社会发展。同时，从马克思对市民社会作出的历史唯物主义分析和阶级分析方法出发，也能使我们更好地理解市民社会实体和市民社会思想的演变。在一切阶级社会中，在生产中占统治地位的阶级，在社会中也占统治地位，在政治生活中也占统治地位。在古典时期，虽然奴隶是生产活动的主体，但是却处于奴隶主的统治之下，奴隶主贵族是整个社会（或说城邦）的统治阶级。因此奴隶主贵族天生获得了公民身份，拥有公民权利，而主要进行生产活动的奴隶却被排除在城邦公民之外。在这种情况下，古典市民社会思想的实体指向城邦公民是符合当时的生产关系和阶级状况的。资产阶级发展以来，商品关系和市场经济的地位日益突出，资产阶级进而发起革命要求成为经济生活的主导者并获得相应的政治地位。因此，资产阶级要求的私人财产保护、契约自由，以及商品经济活动等成为思想家们论述市民社会的出发点和基本内容。随着经济的快速发展，资产阶级国家有了建设福利社会、提高社会全方位需求的经济基础。同时，工人阶级物质精神上一定程度的保障和发展也成为资本主义市民社会可持续发展的内在要求。因此扩展至资产阶级之外的广泛的人民群众被纳入到了当代西方市民社会思想的研究主体范围之内，经济生活之外的社会文化活动也进入他们的视野当中。可见，不同的市民社会理论对应的是不同的社会发展状况。

　　总之，马克思市民社会思想的这些贡献使其不仅对我们研究中西方市民社会发展有着重要的现实意义，而且对我们反思当代市民社会思想也有着重要的理论价值。

第三章 中国学界对马克思市民社会思想的再认识

国内对马克思市民社会思想的认识以改革开放为分界点，经历了两个阶段。这个认识过程首先体现为对于马克思市民社会思想的首要命题——"市民社会决定国家"的认识变化上。改革开放前，对该命题的认识主要是基于对马克思思想史的认识之上，肯定了该命题对于马克思向历史唯物主义转向的重要意义。改革开放后，由于时代转换与思想的进一步开放，对市民社会概念以及"市民社会决定国家"命题的认识有了更加全面的理解，认为其不仅是马克思思想转变中的一个早期概念和命题，而且也有着其独特的理论内涵。在此基础之上，学界开始重新发现、建构马克思的市民社会思想，并积极挖掘其对于中国现实实践的理论价值和指导意义。

一、改革开放前对马克思市民社会思想的一般认识

改革开放前并没有对马克思市民社会思想的专门认识，对市民社会的认识主要是基于其在马克思思想史中的铺垫性作用，和马克思对资本主义社会的认识上。《马克思恩格斯选集》中对市民社会这个概念注释是："在马克思的早期著作中，这一术语的使用有两重含义。广义地说，是指社会发展各历史时期的经济制度……狭义地说，是指资产阶级社会的物质关系。"[1] 可以说，

---

[1] ［德］卡尔·马克思，弗里德里希·恩格斯：《马克思恩格斯选集》第 1 卷，人民出版社 2012 年版，第 868 页。

这一理解不仅代表了长期以来国内学界对马克思市民社会概念的普遍性认识，而且也基本展现了早期所理解的马克思市民社会思想的全部内容。

（一）市民社会等同于资产阶级社会

在马克思的著作中，不论是市民社会，还是资产阶级社会对应的德文原文都是 bürgerliche Gesellschaft[①]，因此一般认为马克思对于市民社会具体历史形态的描述性认识是以资本主义社会为对象的，尤其在其早期著作中，市民社会可以视为资本主义社会的同义词。确实，从马克思本人的许多相关论述中，我们不难看出，马克思在讨论市民社会时，都指向的是资产阶级社会。

马克思的市民社会首先是一个与政治国家相对立的概念，是一个非政治领域，马克思对市民社会的考察也是建立在由黑格尔确立的，市民社会与政治国家分离这个传统基础上的。与黑格尔一样，在马克思看来，市民社会与政治国家的分离和对立是以资产阶级政治革命为历史背景的。他认为，资产阶级在其所领导的政治革命中推翻了封建专制，从而使得市民社会从封建专制给它铐上的政治枷锁中解脱出来，一切等级、公会、行帮和特权都被摧毁，市民与其政治身份相脱离，政治国家作为普遍事务的代言人与市民社会相独立，因此正是资产阶级革命毁灭了市民社会的一切政治因素，使市民社会成为一个独立于国家的概念。[②] 马克思在其著作中将市民社会指向资产阶级社会的论述众多。比如，在《黑格尔法哲学批判》导言中，马克思谈到人类解放和政治解放的关系时指出，政治解放就是市民社会中的少数群体获得统治地位，从而实现局部的解放，就是特定的阶级从自己的阶级利益出发，而使个体自由获得了普遍性的发展。[③] 可见，在这里的市民社会指的是资产阶级社会。在《1844 年经济学哲学手稿》中，马克思指出："在国民经济学家看来，社会是市民社会，在这里任何个人都是各种需要的整体，并且就人

---

①　参见俞可平：《马克思的市民社会理论及其历史地位》，载《中国社会科学》1993 年第 4 期，第 59 页。

②　［德］卡尔·马克思，弗里德里希·恩格斯：《马克思恩格斯全集》第 3 卷，人民出版社 2002 年版，第 187 页。

③　［德］卡尔·马克思，弗里德里希·恩格斯：《马克思恩格斯选集》第 1 卷，人民出版社 2012 年版，第 12—13 页。

人互为手段而言，个人只为别人而存在，别人也只为他而存在。正像政治家议论人权时那样，国民经济学家也把一切都归结为人，即归结为个人，从个人那里他抽去一切规定性，把个人他确定为资本家或工人——分工是关于异化范围内的劳动社会性的国民经济学用语。"①正是在此意义上，马克思将国民经济学视为市民社会的科学。同样，《关于费尔巴哈的提纲》认为旧唯物主义的立脚点是市民社会，这也是在资产阶级社会意义上使用市民社会概念的，指出旧唯物主义哲学在阶级上是属于资产阶级的哲学，是反对封建主义、为资本主义服务的哲学。

在这种认识下，市民社会与国家的关系似乎便等同于资产阶级社会与资本主义国家的关系，市民社会也只能存在于资本主义国家中。"市民社会决定政治国家"也被当作一个马克思用来揭露资本主义社会中特殊利益支配普遍利益、私有财产支配国家权利的命题。②对马克思市民社会思想的这种认识不仅主导着改革开放前的认识，而且还一直延续至改革开放初期。这种认识直接导致的后果就是，长期以来认为马克思理论中并不存在专门的市民社会思想，社会主义国家也不存在市民社会。既然如此，马克思市民社会思想在中国便没有了研究的现实意义。

除了理论认识上的局限外，中国社会的历史实践也为国内学界长期以来将马克思市民社会等同于资产阶级社会提供了现实的注脚。中国历史上长期处于自给自足的自然经济状态，缺乏市民社会生长的土壤。新中国的成立虽然使以往束缚在封建传统中的社会焕发出了生机，但是社会主义建设经验和理论的困乏使得苏联模式成为新中国早期学习和模仿的对象。在此情况下，中国实行了尽力消灭私有制的计划经济体制。在计划经济体制下，国家对社会全面覆盖，不存在商品自由交换的市场，也不存在独立于国家的社会力量。在这种现实环境下，更难将市民社会与中国社会主义制度联结起来。于是，市民社会不仅作为一个在马克思思想发展史中已过时的概念，而且在中国社会主义建设历史时期也毫无现实性的概念而被束之高阁了。

---

① ［德］马克思：《1844 年经济学哲学手稿》，人民出版社 2000 年版，第 134 页。

② 类似认识见徐俊忠：《"市民社会决定政治国家"辨析》，载《广东社会科学》1990 年第 3 期，第 18 页。

（二）"市民社会决定国家"等同于"经济基础决定上层建筑"

还有一种理解从市民社会的广义内涵出发，认为市民社会概念是马克思早期为批判黑格尔的国家理性主义而沿用黑格尔的一个概念，在晚期的著作中，马克思已经用"经济基础"等更为科学的概念取代了市民社会概念。相应的，"市民社会决定国家"这个命题也仅具有反思辨的性质，该命题可看作是"经济基础决定上层建筑"的雏形。这种认识其实包含着两个内在的理解，一是市民社会概念是马克思早期使用的一个不成熟的概念，是一个缺乏严格科学规定性的提法，并不具备一个科学范畴应当具有的理论形态。二是马克思的市民社会概念等同于经济基础概念，"市民社会决定国家"等同于"经济基础决定上层建筑"原理。

这种思想在改革开放前及改革开放初期的学术界内十分常见。杨琪指出："（马克思、列宁等）经典作家常常用不同的概念，如经济结构的总和，经济状况，市民社会，社会经济形态，社会结构等等作为经济基础的同义语。"[①] 学者黄克剑则通过对《黑格尔法哲学批判》和《德意志意识形态》的研究分析指出，马克思此时对生产、交往与市民社会之间的关系，以及市民社会与上层建筑之间关系的说明实际上已经表达出了经济基础与上层建筑的关系。[②] 吴海燕也认为，市民社会概念是后来提出的经济基础概念的近似表达，马克思虽然在《德意志意识形态》这部唯物史观已经初步形成的著作中仍然使用了市民社会概念，但主要是由于沿袭传统术语的原因，《德意志意识形态》中对市民社会概念的相关论述，即"市民社会这一名称始终标志着直接从生产和交往中发展起来的社会组织，这种社会组成一切时代都构成国家的基础以及任何其他的观念的上层建筑的基础"[③]，也被作者认为是"经济

① 杨琪：《略论"综合经济基础"》，载《学术月刊》1979 年第 12 期，第 17 页。

② 参见黄克剑：《从马克思恩格斯的早期著作看唯物史观的雏形》，载《江汉论坛》1980 年第 1 期，第 68 页。

③ ［德］卡尔·马克思，弗里德里希·恩格斯：《马克思恩格斯选集》第 1 卷，人民出版社 2012 年，第 211 页。

基础决定上层建筑"命题与"市民社会决定国家"命题等同的体现。[①] 陈荣富则直接指出,《德意志意识形态》的相关表述将"市民社会决定国家"转变为"经济基础决定上层建筑",表明马克思将市民社会转化为经济基础这一更为科学的规定,表明"'市民社会'就是经济基础,即社会生产关系的总和"[②]。

这种理解不仅广泛存在于早期国内学术界,同样也得到了同一时期国外学术界的认可。意大利葛兰西研究专家诺伯特·巴比奥在谈到葛兰西市民社会概念的突破性意义时,认为葛兰西的"文化的市民社会"并不是对马克思的背弃,相反的,应理解为葛兰西首先是认同了市民社会与经济基础的统一性,进而转变了理论的范式,将市民社会归入到了上层建筑的范围之中,从而实现了对整个马克思主义传统的重大革新,而"市民社会同结构领域或'基础'的等同……首先是由马克思提出的","马克思将市民社会与经济关系的全部领域即结构的领域等同起来"。[③]E.B. 帕苏格尼斯在用马克思关于"财产关系"是"生产关系"的法律用语的思想来批判法律来源于国家这种思想时,说到"这种生产关系及它们的法律用语形式,马克思按照黑格尔的先例称之为市民社会"[④]。

从以上认识可以看出,早期国内外学界对于市民社会与经济基础这两个概念往往是混用的。这种混用不仅没有清楚勾勒出马克思市民社会概念的内涵和形象(更不用说将马克思市民社会思想作为一个独立的思想体系来看待),反而在实际上用马克思的"经济基础"概念遮蔽了市民社会概念。同将市民社会等同于资本主义社会一样,将市民社会等同于经济基础的一个不成熟用法或同义概念也在相当程度上阻碍了对马克思市民社会思想及其在中

---

① 参见吴海燕:《"市民社会决定国家"开拓了通向历史唯物主义之路》,载《江西社会科学》1989 年第 2 期,第 76 页。

② 参见陈荣富:《"生产关系"概念的制定与历史唯物主义的创立》,载《江西社会科学》1983 年第 2 期,第 61—62 页。

③ [意]诺伯特·巴比奥:《葛兰西和市民社会的概念》,何增科译,载《国际共运史研究》1993 年第 2 期,第 59—60 页。

④ [立陶宛]E.B. 帕苏格尼斯:《法与马克思主义》,伦敦 1978 年版,第 91 页,转引自姚颖编,《中央编译局文库 马克思主义研究资料》第 17 卷,中央编译出版社 2014 年版,第 82—83 页。

国实践中意义的研究。如果市民社会概念仅是马克思思想成熟时期弃之不用的一个概念，那么将其运用于实践便是缺乏科学性的。这一认识尤其体现在20世纪90年代初期关于建立"社会主义市民社会"的相关争论中。鉴于改革开放后市场经济的实践和社会主义市场经济制度的确立，一些学者提出了"社会主义市民社会"的概念①，认为这个概念在中国已具备现实性与必要性。另一些学者则以马克思市民社会概念的不科学性为由质疑"社会主义市民社会"的提法。比如学者杨霞就认为，市民社会作为青年马克思不成熟时期的一个缺乏严格规定性的提法，有其特定的历史内涵，反对将其当成具有理论形态的范畴而运用到当代中国社会主义发展的现实实践中，否则只能招致思想的混乱和对现实的不正确认识。②

（三）改革开放前的认识重在理解历史唯物主义的产生

总体来说，改革开放前乃至改革开放初期的相当长的一段时间里，学术界对马克思市民社会思想的认识是极其有限的，主要是从马克思思想史的角度出发，论证了市民社会概念及其相关命题对于马克思历史唯物主义思想产生的重要地位和作用。

一般认为，"市民社会决定国家"命题的提出是马克思历史唯物主义思想确立过程中的一个重要转折点。马克思早期在市民社会与国家关系的问题上，是认可黑格尔的唯心主义国家观。后者认为，理性国家是绝对精神的客观定在，是最合乎伦理的存在，因此国家是决定社会发展的最终力量，国家和法律的变革是解决社会内部矛盾的最终途径。但是，第六届莱茵省议会中关于林木盗窃法的辩论等现实社会生活中的事件与黑格尔的国家理性主义产生了矛盾，使马克思重新开始思考物质利益问题。而费尔巴哈在《关于哲学改造的临时纲要》中将唯心主义所认为的思维对存在的决定作用颠倒为存在

---

① 诸多学者在自己发表的文章中使用了这一概念，如俞可平：《社会主义市民社会：一个新的研究课题》，载《天津社会科学》1993年第4期，第45—48页；朱宝信：《培育有中国特色的市民社会争议》，载《文史哲》1994年第6期，第63—66页；郭定平：《我国市民社会的发展与政治转型》，载《社会科学》1994年第12期，第52页。

② 参见杨霞：《怎样理解马克思关于"市民社会"的用法》，载《马克思主义研究》1995年第6期，第59—60页。

对于思维的第一性地位，并对黑格尔唯心主义哲学予以了批判，这种前后颠倒的方法给了马克思以巨大启发。在此之上，马克思在《黑格尔法哲学批判》中表述了市民社会决定国家、私有财产支配政治国家的思想，标志着马克思同黑格尔唯心主义的决裂。正是在确定了市民社会先在于国家之后，马克思发现了解决市民社会内在矛盾的方法不应当从黑格尔的理性国家中寻找，而应在市民社会自身中寻找。而从对市民社会和国家的关系进行法哲学批判到深入市民社会内部进行政治经济学的批判性研究，则促使马克思发现了资本主义社会运行的本质规律。可以说，"市民社会决定国家"命题的提出表明马克思已经站在唯物主义的立场上看待历史发展过程中的一些基本问题，命题的提出也是马克思历史唯物主义创立的一个首要而关键的契机。

对于研究市民社会及其与国家关系对马克思思想转变的重要意义，马克思本人也有过相关论述，他在《政治经济学批判》序言中回顾了他转向物质关系研究的契机，并这样描述道："1842—1843 年间，我作为《莱茵报》的编辑，第一次遇到要对所谓物质利益发表意见的难事……为了解决使我苦恼的疑问，我写的第一部著作是对黑格尔法哲学的批判性的分析……我的研究得出这样一个结果：法的关系正像国家的形式一样，既不能从它们本身来理解，也不能从所谓人类精神的一般发展来理解，相反，它们根源于物质的生活关系，这种物质的生活关系的总和，黑格尔按照 18 世纪的英国人和法国人的先例，概括为'市民社会'，而对市民社会的解剖应该到政治经济学中去寻求。"① 此外，恩格斯在马克思去世后发表的《关于共产主义者同盟的历史》中，也回忆了他与革命战友马克思共同确立共产主义思想的历程。恩格斯论述到，他与马克思在早期研究中都发现了经济事实对现代世界发展、阶级对立以及现代政党政治的基础性地位，并且马克思早在《德法年鉴》中就从以上的研究中得出这样一个事实，并不是国家决定市民社会，而应该是市民社会决定国家，进而政治本身及其发展的历史也应从经济关系领域得到说明，正是从市民社会决定国家这个认识出发，马克思大体上搭建起了其历史唯物主义理论的理论大厦，之后，他同马克思便开始在各自不同的领域详细

① ［德］卡尔·马克思，弗里德里希·恩格斯：《马克思恩格斯选集》第 2 卷，人民出版社 2012 年版，第 1—2 页。

制定新形成的历史唯物主义世界观了。①

　　早期的马克思主义哲学史教材和研究性文章也同样认为"市民社会决定国家"命题开拓了通向历史唯物主义的道路。周穗明认为，马克思正是在对市民社会概念进行改造并不断赋予它以异化劳动、物质生产、财产关系、生产方式等崭新内容的过程中，才最终形成了我们所熟知的历史唯物主义的两个基本规律，即生产力与生产关系，以及经济基础与上层建筑之间的矛盾运动规律。② 黄楠森等高度评价了"市民社会决定国家"思想的提出在马克思主义哲学形成中的重要意义，认为命题的提出表明马克思已经开始转身向下寻找社会的基础，把对市民社会的研究提到一个急需马上研究的位置上来，是一次方向性的思想转变。③ 杜志清也指出，马克思从对市民社会的研究出发，从市民社会概念中划分出物质生产，进而把市民社会规定为生产关系的总和，并从市民社会与国家的关系出发，通过对社会形态运动规律和社会结构的具体认识，总结出经济基础和上层建筑的关系，表明对市民社会认识深化的过程同样也是历史唯物主义思想不断形成的过程。④ 张式谷则认为"市民社会决定国家"这一命题的形成伴随着马克思无产阶级世界历史使命和无产阶级社会革命思想的形成，是马克思从革命民主主义转向共产主义的主要标志，是他得以创立唯物史观的重要条件。⑤

　　总之，改革开放前以及改革开放初期主要是在马克思思想发展史的基础上认识和阐述马克思市民社会思想的。不可否认的是，这种认识对我们了解马克思思想逐渐成熟及历史唯物主义产生的过程有着重要的理论价值。但需要认识到的是，这种认识也使我们对马克思市民社会概念的理解是不全面

---

　　① 参见［德］卡尔·马克思，弗里德里希·恩格斯：《马克思恩格斯选集》第4卷，人民出版社2012年版，第202—203页。

　　② 参见周穗明：《试论马克思对"市民社会"概念的改造》，载全国马克思主义哲学史研究会编，《论马克思主义哲学的形成和发展》，河南人民出版社1983年版，第78—89页。

　　③ 参见黄楠森，施德福，宋一秀：《马克思主义哲学史》（上册），北京大学出版社1987年版，第60页。

　　④ 参见杜志清：《马克思恩格斯关于经济基础和上层建筑学说的阐发过程》，载《河北学刊》1986年第6期，第21—22页。

　　⑤ 参见张式谷：《论马克思思想发展历程中的两次重大转折》，载《社会主义研究》1985年第1期，第33页。

的，甚至是狭隘的。在这种认识下，谈论马克思市民社会思想无疑是奢侈的。相关理论研究的不足和缺乏，以及中国早期社会主义建设实践的不甚成熟，共同导致了这样一个状况，即在这一阶段马克思的市民社会概念及相关命题只有历史意义而不具备理论原理的地位。这一时期基本不谈马克思市民社会思想对中国现实发展的意义。

二、改革开放以来对马克思市民社会思想的重新认识

改革开放以后，尤其是社会主义市场经济体制确立以来，学术界对马克思市民社会思想开始了重新研究，对马克思市民社会思想的思想来源、形成过程、理论内涵、在市民社会思想史中的地位和作用以及对现实实践的指导意义进行了广泛的研究，使马克思市民社会思想重新获得了生命力。

（一）学术界对市民社会的研究热潮

以国家和市民社会的分离为基础的市民社会概念出现在 17 世纪以后，自此，市民社会便成为一个与国家相对并同时出现的历史概念，市民社会与国家的关系成为市民社会研究的主要内容。20 世纪 70 年代以来，市民社会理论在西方兴起。20 世纪 80 年代末、90 年代初的东欧剧变和苏联解体引发了西方和东欧学术界关于市民社会与国家关系的研究热潮，并迅速扩展至其他地区，使人们的视野由冷战时期关注国家间意识形态之间的对立与冲突转向了各自国家内部的矛盾。

1. 西方国家发展中的市民社会研究热潮

理论是对现实的关照。在西方现代社会，关于市民社会相关理论的研究始终是与现实紧密地结合在一起的，尤其随着资本主义国家的发展以及所面临的社会危机的转变，对市民社会的研究致力于解释西方社会的发展以及如何调整国家与社会的关系以解决社会问题。在市场经济初期，西方资本主义国家奉行的是以亚当·斯密为代表的古典经济自由主义，它是与市场经济的模型最为接近的理论形态。古典经济自由主义信奉市场能够自发形成和谐的

制度，认为经济主体对个人私利的追逐可以最终形成社会共同财富和福利的增长。在古典经济自由主义者的眼中，市民社会占据绝对的主体地位，国家则是从属于市民社会的，国家扮演的是"守夜人"的角色，旨在于保障经济主体的基本经济自由以及建设和维护公共基础设施，市民社会与国家是一种简单的对立关系。19世纪末开始，有组织的资本主义逐步代替了自由资本主义，与之相伴随的是国家社会职能的膨胀以及国家干预相关理论的产生，福利国家理论便是其中的主要代表，尤其第二次世界大战后，福利国家理论主导了西方世界对市民社会与国家关系的认识。福利国家体制的确立虽然使各国得以借助国家统一意志重振战后的经济和社会民主，但是其在面临70年代经济危机时的无所适从体现出了它自身的弊端和有限性。70年代以来广泛兴起的市民社会理论便是在此背景下产生的。

正如查尔斯·泰勒所说，70年代以来所复兴的市民社会概念"并不是那个使用了数个世纪、与'政治社会'具有相同含义的古老概念，而是体现在黑格尔哲学之中的一个比较性概念。此一意义上的市民社会与国家相对，并部分独立于国家。它包括了那些不能与国家相混淆或者不能为国家所淹没的社会生活领域"[①]。因此可以说，20世纪70年代以来所复兴的市民社会理论其实是一种"市民社会—国家"理论，探讨的是市民社会与国家之间的互动，并且以市民社会如何在国家之外获得自身的独立性为中心。与市民社会理论相互交叉并行的，还有形形色色的"去国家化"理论思潮，比如哈耶克的保守主义政治思想批判国家权力的无限膨胀完全是一条侵害公民自由的"通往奴役之路"，以弗里德为代表的货币学派倡导放任自由的市场经济模式等。这些新自由主义者继承亚当·斯密的传统，将自由、平等等价值理念的真正实现归结为市场的发展和市民社会中形成的多元权力对国家权力的制约。除此之外，以吉登斯为代表的"第三条道路"则试图超越左右之争，力求构建一种国家与市民社会相互平衡的关系。这些理论思潮都是20世纪70年代以来西方资本主义国家与市民社会关系受到广泛重视的体现。

与此同时，市民社会理论不仅应和了西方的"去国家化"运动思潮，而

---

① ［加拿大］查尔斯·泰勒：《市民社会的模式》，冯青虎译，载邓正来，［英］杰弗里·亚历山大编《国家与市民社会》，中央编译局出版社会2002年版，第3页。

且成为分析苏联及东欧地区解体和西方意识形态占主流的国家转型的重要理论资源。不论是分析苏联、东欧解体，还是 20 世纪 70 年代西班牙和葡萄牙民主制度转型及之后拉美、韩国等发展中国家专制政权的崩溃，以及第三波民主浪潮的发生，市民社会理论都是学者们使用的主要理论工具。可以看出，世界格局变化以及西方国家内部的社会变化使得市民社会与国家关系研究成为热潮，各理论都争相讨论两者在相互关系中的地位、角色以及两者互动关系的调整等，以解决全球化下民族国家政治发展与社会稳定中的种种问题。

2. 对中国市民社会与国家关系研究的热潮

早在改革开放前，学术界便对中国国家与社会的关系进行了广泛的研究，但计划经济下的中国社会被认为是一个政治、经济、社会高度融合的"总体性社会"，与西方所描述的市民社会大相径庭，所以这一时期学界对中国国家与社会的研究都是以市民社会之外的理论框架进行的。在这一时期，主导中国社会与国家关系的理论模型是极权主义理论（totalitarianism），强调国家对社会的绝对控制。改革开放后，中国社会结构的变化使市民社会概念进入到分析中国国家与社会关系的理论视野当中，并自 20 世纪 90 年代掀起了热潮。仅以关键词同时包含"市民社会"（或"公民社会"）和"国家"，并且全文中包含"中国"在中国知网（CNKI）上进行搜索便可看到相关文章从 1996 年仅有 1 篇，到 2012 年便增加至 34 篇。

最初国外学者同样借用分析苏联解体和发展中国家民主转型的市民社会理论来探讨中国国家与市民社会的关系。奥斯特加德是最早一批使用市民社会概念来研究中国社会的诸多西方学者之一，他用"市民社会反抗国家"来解释中国 20 世纪 80 年代末发生的政治运动。市民社会理论的核心在于脱离于政府支配并能影响政府政策制定或实施的民间组织的存在。因此市民社会理论主要研究的是中国市民社会中的民间组织与国家的关系，核心关注点是民间组织的兴起对于中国国家政治变革的推动意义。如学者邓穗欣等对中国环境保护组织对民主化进程有限却重要的促进作用进行了调查研究。①

---

① 参见 Shui-Yan Tang, Xueyong Zhan. Civic Environmental NGOs, Civil Society, and Democratisation in China ［J］.*The Journal of Development Studies*，2008，44（03），pp.425-448.

摩尔认为中国民间组织相对于国家缺乏独立性，使其促进民主化进程的作用令人怀疑，因此称中国的市民社会是"新兴的市民社会"（fledgling civil society）。[①] 也有许多学者对原有理论做了本土化的修改以更好的说明中国市民社会与国家的关系，提出了"半市民社会"（semi-civil society）（何包钢，1994），"国家引导的市民社会"（state-led civil society）（B.Michael Frolic，1997）等。

虽然这些学者的研究对中国现实给予了部分说明，但是其内含的许多理论设定，如市民社会与国家对立等却受到了质疑，使一些学者转向了市民社会理论之外的其他理论视角。如黄宗智认为市民社会理论所建构的理想模型并不适合于中国实际，应用"第三领域"概念来分析中国市民社会与国家的关系[②]。除"第三领域"外，学者还提出了许多其他理论模型替代市民社会理论，其中最为流行的是法团主义（corporatism）。最早被用于分析资本主义社会转型过程中出现的社会失范、劳资冲突等问题的法团主义，在 20 世纪 90 年代被用于社会主义国家的研究当中，其理论核心是国家通过制度化的利益协调机制，对社会进行吸纳整合，同时强化社会组织在市民社会与国家之间的协调功能和国家实现整体利益的能力。安戈和陈佩华是最早将法团主义理论运用于中国市民社会与国家关系研究中的学者。之后学者珍尼弗等使用地方法团主义框架（local corporatist state framework），分析中国地方政府采取"默许行为"（tacit sanctioning behavior）建立起地方政府与民间组织之间在彼此间相互默认基础上的互动协调关系。[③] 这些分析框架都可看作是法团主义下的亚分析框架。

近几年，西方学者对中国市民社会与国家关系的研究热度不减，除市民社会理论、法团主义之外，一些新的理论视角也逐渐被引入到对中国市民社

---

①　参见 Rebecca R, Moore.China's Fledgling Civil Society: A Force for Democratization？［J］. *World Policy Journal*，2001，18（01），pp.56-65.

②　参见 Philip C.C.Huang. "Public Sphere" / "Civil Society" in China？ The Third Realm State and Society ［J］. *Modern China*，1993，19（02），Symposium："Public Sphere"/" civil Society" in China？ Paradigmatic Issues in Chinese Studies，pp.216-240.

③　参见 Jeninifer Y.J.Hsu，Reza Hasmath. The Local Corporatist State and NGO Relations in China ［J］.*Journal of Contemporary China*，2014，87（23），pp.522-534.

会与国家关系的研究当中，比如新制度主义理论（neo-institutional theory）[①]、社会中的国家（state-in-society）理论[②] 等。这种种理论模型的产生与修改，不仅说明中国市民社会与国家关系的复杂性与独特性，也显现出了学者对该问题研究的极大热情。西方学者的研究也在国内学界产生了较大的影响。

就国内学者而言，对中国市民社会与国家关系研究的热潮既来源于人们对于新出现的市民社会的好奇，又来源于在社会急速转型和全球市民社会逐步形成下，人们对于国家未来走向的预判，以及对国家持续稳定发展动力的追寻。相关研究中，邓正来于1990年代初期在《中国社会科学季刊》上发表数篇探讨中国市民社会问题的文章，可以说是国内学界研究中国市民社会与国家关系问题的先声。之后，国内学者研究进路主要有三种：一部分学者深受西方学者理论框架的影响。如陆春萍通过对上海社区人民调整工作室的个案分析，说明中国以非政府组织为核心载体的市民社会的出现。[③] 顾昕等对专业性团体成长的制度环境、组建和运行过程深入分析，认为改革开放后国家与专业团体的关系从国家主义转变为法团主义。[④] 秦洪源等使用法团主义框架分析地方政府对社会组织的培育过程，认为这一过程促进了政府与社会组织的合作。[⑤] 一部分学者认为西方理论框架根源于西方的社会实践，即使作出一些修改也难以完全适应中国的土壤，因此他们力图摆脱西方理论的影响，构建适合中国的新的理论概念，如康晓光、韩恒提出的"分类控制"

---

① 使用了这一理论框架的文章有：Reza Hasmath，Jennifer Y.J.Hsu. Isomorphic Pressures，Epistemic Communities and State-NGO Collaboration in China [J].*The China Quarterly*，2014（220），pp.936-954；Timothy Hildebrandt, The Political Economy of Social Organization Registration in China, *The China Quarterly*，2011（208），pp.970-989.

② 参见 Andreas Fulda，Yanyan Li，Qinghua Song. New Strategies of Civil Society in China：A Case Study of the Network Governance Approach [J] . *Journal of Contemporary China*，2012，76（21），pp.675-693.

③ 参见陆春萍：《转型期人民调解机制社会化运作》，中国社会科学出版社2010年版，第217—236页。

④ 参见顾昕，王旭：《从国家主义到法团主义》，载《社会学研究》2005年第2期，第155—172页。

⑤ 参见秦洪源，付建军：《法团主义视角下地方政府培育社会组织的逻辑、过程和影响》，载《社会主义研究》2013年第6期，第65—69页。

体系①，江华等提出的"利益契合"理论②，邓正来提出的"生存性智慧"模式③等等。还有一部分学者则从马克思主义理论出发，重新发现马克思市民社会思想对中国市民社会问题的解释力。这部分学者逐渐打破传统认识，将中国当前所建设的社会主义初级阶段与市民社会概念联系起来。一方面，学者们开始将马克思市民社会思想作为一个独立的理论体系进行研究，对其形成过程、逻辑思路、理论旨趣、重要命题内涵以及与其他学术传统的联系进行全面的解读。另一方面，则将理论解读与中国现实实践联系起来，进一步发掘马克思市民社会理论对于当代中国实践及中国现代化道路发展的指导性意义。

总体来说，学术界对中国市民社会与国家关系的研究热潮起于20世纪90年代，各种新旧理论被引入到此问题的研究当中并提供着各自的解释力，马克思市民社会思想也在此契机下受到人们重视，得以焕发出崭新的生命力。

（二）重新认识缘于中国市场经济的发展

从以上论述可知，国内学界关注到中国的市民社会问题，并由此重新展开对马克思市民社会思想的研究，是受到了西方社会及理论变化的影响，但最关键的还是缘于改革开放以来中国现实背景的转换。近几十年来中国社会实践的最大转换就是从新中国刚成立时的计划经济转换至改革开放后的市场经济，中国市场经济的发展使中国市民社会问题第一次进入到学者们的视野当中。

其实，关于市场经济与市民社会的关系一直是人们关注的焦点。一个共识是，市场经济与市民社会相互间是一种密不可分的关系。在人类的历史进程中，市民社会的发展始终与市场经济的发展相互伴随。一方面，严格意义

---

① 参见康晓光，韩恒：《分类控制：当前中国大陆国家与社会关系研究》，载《社会学研究》2005年第6期，第73—88页。

② 参见江华，张建民，周莹：《利益契合：转型期中国国家与社会关系的一个分析框架》，载《社会学研究》2011年第3期，第136—150页。

③ 参见邓正来：《"生存性智慧"与中国发展研究论纲》，载《中国农业大学学报》（社会科学版）2010年第4期，第5—18页。

上的市民社会是伴随着市场经济的确立而产生的，无论是市民社会的出现，还是其进一步的发展，都无法脱离市场经济进行。另一方面，市民社会也为市场经济的发展提供土壤。在西方，近代市民社会产生的过程就是由于市场经济的推动，依赖市场经济生活的人们反抗束缚经济自由的国家权力和获得城市自治的过程。西欧封建社会在集市贸易上产生了数量众多的城市，在此基础上，有别于封建国家臣民的市民出现了。最初城市市民社会的成分比较复杂，后来逐渐形成了包含商人、工人、城市贫民等所谓"第三等级"。城市和市民阶层的存在和发展是受到承认的，他们向封建主缴纳税款与保护费，12世纪罗马法的复兴又使市民阶层获得了身份、财产权力和贸易权力。因此，市民社会与封建主是一种金钱交易的关系。最初这种关系只存在于个人与封建主之间，后来又延伸至城市与封建主之间，整个城市都可以通过"赎买"的方式获得自治的权力。自治下城市拥有民兵、法庭等公共权力机构和公共管理机构，城市的实力大大增强。同时自治的城市成为人们进行经济交往、追求个人权利的相对自由的领域。这种自由空间带来了大量的人口转移，使其逐渐聚集了足以与封建主相抗衡的城市市民力量，力求摆脱封建国家的干涉。黑格尔和马克思都充分认识到了市场经济与市民社会之间的这种统一关系。黑格尔指出："市民社会是在现代世界中形成的，现代世界第一次使理念的一切规定各得其所。"[①] 具体来说，黑格尔认为，只有在市场经济下，具体的人作为特殊的人才成为目的，即以自身为目的个人才成为现实性的存在，同时个人通过需要的体系结成相互联系、相互依赖的社会。因此，在市场交换体系未出现时，真正意义上的市民社会无法获得实存。马克思无疑在这点上是认同黑格尔的，他指出市民社会始终是直接从生产和交往中发展起来的。在马克思那里，市民社会是商品经济高度发展的产物，因此他才说市民社会是在18世纪大踏步走向成熟的。

具体来说，市场经济在以下几个方面造成了市民社会：首先，市场经济推动了以自然经济为基础的同质性社会的解体，为以特殊性为主要特征的市民社会创造了条件。在自然经济条件下，社会表现出了高度的一致性，社会

---

① ［德］黑格尔：《法哲学原理》，范扬、张企泰译，商务印书馆1961年版，第197页。

分化程度低。市场经济下，市场机制推动生产要素快速流动并促进资源优化配置，生产主体根据市场需求调节生产，优胜劣汰是市场经济的根本法则。市场经济的这一系列特点使其具有瓦解同质性社会的能力，不仅依赖市场经济的整个群体要求排除政治对经济的干预，力求最大的自由空间，就是市场经济内部也产生了千差万别的生产和需求，由此社会再也不是铁板一块了，社会分化随之产生。黑格尔充分认识到了市场经济下产生的诸多差别，在他那里，市场经济产生了"特殊化了的，从而更抽象的各种不同需要"[1]，同时，"为特异化了的需要服务的手段和满足这些需要的方法也细分而繁复起来了，它们本身变成了相对的目的和抽象的需要。这种殊多化继续前进，至于无穷；殊多化就是这些规定的区分和关于手段对目的的适宜性的评断，总的说来，就是精炼。"[2] 因此，正是在市场经济的基础上，市民社会才具有了多样性。

其次，市场经济为市民社会中的个体追求物质利益提供了空间。市民社会是一个特殊性的领域，其首要的特点就是以个体特殊性的需求为目的。而物质利益无疑是个体最主要的需求。在市场经济以前，个体的物质生产受到了国家严格的管理和控制，生产力的落后也阻碍了物质利益的实现。而在市场经济中，物质利益是首要原则，市场经济本身就是一个实现物质财富不断增长的领域，相应地，市场经济下形成的社会也必然是一个以充分尊重并且鼓励个体追求物质利益的社会。

再次，市场经济中内含的自由、平等意识和主体精神有助于市民社会品格的塑造。近代市民社会产生于与国家的逐渐分离，独立自主是其主要的精神品质之一。市场经济中，商品所有者只对商品有占有权，市场参与者之间实行物与物的等价交换，市场主体在等价交换这个根本原则下是平等的主体，马克思也因此说过："商品是天生的平等派。"[3] 同时，商品所有者对其拥有的商品具有完全独立的处置权利，使个体的权利意识、自治意识得以产生

①　[德]黑格尔：《法哲学原理》，范扬、张企泰译，商务印书馆1961年版，第205页。

②　[德]黑格尔：《法哲学原理》，范扬、张企泰译，商务印书馆1961年版，第206页。

③　[德]卡尔·马克思，弗里德里希·恩格斯：《马克思恩格斯全集》第44卷，人民出版社2001年版，第104页。

和发展。因此，市场经济中平等交换的实践有助于自由平等观念和个体权利意识的产生，从而不断强化着市民社会的自主品格。

虽然根据西方的历史经验作出中国市场经济的发展必然也会带来成熟的市民社会这种判断过于轻率，西方关于市场经济与市民社会之间关系的一些理论论述基本都是基于西方既有事实的描述，而不是必然性的论证。在最开始将市民社会概念引入到中国国家与社会关系的分析当中时，学术界也确实对中国是否会因抛弃计划经济体制而随即出现市民社会存在着争论。但是争论的焦点在于中国是否存在一个与西方完全相同的市民社会（正因如此黄宗智提议用"第三领域"代替"市民社会"概念来分析中国情况）。对于剥离了特殊历史经验的市民社会，即将其作为一个与政治生活相分离的私人生活领域，其随着中国市场经济的发展而出现并发展是无可争议的。正因如此，对于中国是否存在市民社会的争论并没有持续很长时间。

改革开放，尤其是社会主义市场经济体制的确立给中国市民社会的出现和发展带来了巨大契机。以私人企业主、个体工商户、中介组织从业人员等新社会阶层的涌现为主要标志的社会结构的变化，与市场经济体制改革同步进行的政治体制的民主化改革，物质利益欲望、个人主义观念等思想观念的解放，多元价值判断体系的形成，社会利益分化重组下社会分层的产生，以个人利益或公共利益为目标的大量民间组织的出现，公民参政议政意识的提高，这些变化使得市民社会在中国不仅是一种价值追求存在于理念当中，而且已然出现，并成为一个快速发展的领域。面对如此快速发展的一个市民社会，国家或主动或被动地回应着这些变化，调整着彼此间的关系。十一届三中全会可以看作是中国市民社会与国家关系问题形成的起点，其后的每一次重大方针政策可以说都是市民社会与国家关系之间的一次调整。因此，在一定程度上，中国市场经济改革的起点就是中国市民社会显现的起点，中国改革开放史就是一部市民社会与国家关系的变迁史。

在此背景下，作为中国指导思想的马克思主义中是否有可供利用的资源才成为理论界关注的焦点，国内学者试图对马克思市民社会思想的理论和实践意义进行重新挖掘，以此来为我们自身及外界能够更好地理解中国发展实践提供一个视角。

（三）对马克思市民社会思想适用范围的重新认识

上文已经说明，改革开放前对马克思市民社会思想的认识主要是基于其在马克思历史唯物主义思想产生过程中的地位和作用，将市民社会在狭义上等同于资本主义社会，在广义上等同于经济基础，从而将马克思市民社会思想或限定在资本主义社会内部，或将其作为"经济基础决定上层建筑"命题的早期表述而束之高阁。这些都阻碍了其在中国实践上的运用。因此，改革开放后对马克思市民社会思想的重新解读始于对其适用范围的重新认识。

1. 马克思的市民社会不是仅仅指称资本主义社会这个历史阶段。

对于以往将马克思市民社会概念适用的历史形态局限在资本主义社会，学术界主要从以下几个方面予以驳斥：首先，马克思曾经同时使用"市民社会"与"资本主义社会"两个概念，证明两者并不等同。有学者指出，虽然德语原著中"市民社会"与"资本主义社会"都是 bürgerliche Gesellschaft，很难区分出马克思是在何种意义上使用该词，但是在马克思或恩格斯发表或校订的英文、法文版的著作当中，马克思同时使用了"市民社会"和"资本主义社会"这两个概念，如《法兰西内战》的英文版中使用了 civil society 和 bourgeois society 来分别表述市民社会和资本主义社会，《资本论》第一卷英文版也同样同时使用了这两个词，相应地法文版则使用了市民社会和资本主义社会的法语 société civile 和 société bourgeoisie。[①] 这表明，市民社会和资本主义社会在马克思那里并不是完全一样的概念。

其次，马克思认为，资产阶级社会是市民社会最典型的历史形态，因此两者才在马克思的许多描述中表达了同样的含义。马克思指出："'市民社会'这一用语是在 18 世纪产生的，当时财产关系已经摆脱了古典古代的和中世纪的共同体。真正的市民社会只是随同资产阶级发展起来的。"[②] 马克思认为，市民社会的特征在资本主义社会中得到了充分的展现。资本主义社会

---

① 参见俞可平：《马克思的市民社会理论及其历史地位》，载《中国社会科学》1993 年第 4 期，第 69 页。

② ［德］卡尔·马克思，弗里德里希·恩格斯：《马克思恩格斯选集》第 1 卷，人民出版社 2012 年版，第 211 页。

使私有制成为整个国家的首要原则，要求私有制基础上的市场经济不受国家的干预，使经济生活的独立地位日益提高。因此在资本主义社会中，市民社会与政治国家才第一次在现实生活中实现了真正的分离。所以，对资本主义社会的描述同时也是对市民社会的深刻揭示。但是这并不意味着两者是同一关系。

再次，与资本主义社会相比，市民社会是一个涵盖历史范围更宽的概念。马克思在其不论早期还是晚期的著作中多次使用过"旧的市民社会""中世纪市民社会"等概念来论述前资本主义社会。但是否能够据此认定马克思的市民社会概念涵盖了资本主义社会以前的历史阶段，这仍然存在着争议。一种观点认为市民社会是一个与政治国家相对的概念，只要政治国家存在，就必然存在一个相对应的市民社会，区别只在于前资本主义社会的市民社会仍然和政治国家融合在一起，而资本主义社会才使两者分离使得市民社会成为现实的存在。[①] 此种观点受到了质疑。前文也描述到，近代市民社会最初出现的历史背景是欧洲中世纪晚期出现的城市以"赎买"的方式从封建领主那里获得自治权，成为自治城市。有学者认为，在这种自治城市中兴起的同业工会作为资本主义市民社会的雏形，是一种西欧特有的现象，这种市民社会形态虽然在西方的历史中存在过，但却不能代表普遍性的历史发展，在马克思那里，市民社会始终是商品经济高度发展下的产物。[②] 在笔者看来，这种意见有一定的正确性，商品经济的快速发展推动了市民社会与政治国家的分离，正是在此历史背景下近代市民社会概念成为一个与政治国家相对应的概念。在商品经济出现之前，市民社会并不是作为与政治国家相对应的概念存在的。因此，马克思的市民社会概念主要描述的是市民社会与国家发生现实分离的现代世界中。当然，这并不排斥从分析的意义上使用市民社会概念，并将其使用在对前现代社会的研究之中。此外，也有学者反对因此将市民社会简单等同于商品经济社会，认为应将市民社会的实体规定为生

---

① 参见俞可平：《马克思的市民社会理论及其历史地位》，载《中国社会科学》1993 年第 4 期，第 68—69 页。

② 参见陈晏清，王新生：《马克思的市民社会理论及其意义》，载《天津社会科学》2001 年第 4 期，第 10 页。

产领域中社会分工高度发展下的交往关系和社会联系，而资本主义社会只是异化了的市民社会，使市民社会获得了更多的历史内涵。①可以看出，尽管观点各异，但是共同点是市民社会不与社会基本制度存在必然联系，市民社会不仅包括资本主义社会这一种历史形态，也用样适用于以社会主义市场经济为经济形式的中国。

国外学者同样从自己的理论基点出发，将市民社会与社会主义联结在一起。西方马克思主义者葛兰西将市民社会视为上层建筑的领域，而且认为在西方发达国家中，市民社会已经成为国家抵御经济危机的最坚强的堡垒，并成为文化霸权及意识形态的社会力量。因此，葛兰西提出无产阶级革命的一个重要目标就是建立共产主义的市民社会。英国学者约翰·基恩正是在葛兰西市民社会概念的影响下，在批判民主社会主义和苏联社会主义模式的基础上，提出建立"社会主义市民社会"的主张，强调市民社会应被视为社会主义的一个核心概念，从而更好地发挥其公共领域的伦理构建功能。英国学者派特·狄凡同样将市民社会建制对国家和经济的双重控制作为社会主义的主要内容。②

总之，重新认识马克思市民社会等同于资本主义这个传统观念，以全面性的、发展性的眼光看待马克思市民社会思想的历史适用性，不仅有利于马克思市民社会思想本身的理解，有利于其与其他学术理论的交流，也有利于将其运用于中国市民社会的实践。

2."市民社会决定国家"不能与"经济基础决定上层建筑"等同。

要重新发现马克思市民社会思想在当今中国的价值，除了要重新探讨该理论在历史实践上的适用范围之外，还必须说明其在理论研究中的价值。可以说，早期的一些认识，比如将马克思市民社会概念与经济基础概念等同，以及将"市民社会决定国家"命题与"经济基础决定上层建筑"命题等同等，不仅将马克思市民社会思想归结为早期表述，从而导致其研究价值仅

---

① 参见王代月：《马克思市民社会理论的发现》，载《国外理论动态》2010年第4期，第73—74页。

② 参见 Pat Devine. Economy，State and Civil Society［J］．*Economy and Society*，1991，20（02），p.205.

存在于马克思思想史研究中，而且也将其与当代市民社会话语割裂开来，使其与当代市民社会与国家关系相关讨论进行沟通的可能性大大降低。自葛兰西、哈贝马斯以来，市民社会研究发生了文化转向。葛兰西将市民社会视为上层建筑的一个领域，强调市民社会的意识形态功能。哈贝马斯将市民社会划分为以经济生活为中心的私人领域和以社会文化生活为中心的公共领域两个部分，强调公共领域是当代市民社会建设的核心内容。在葛兰西和哈贝马斯的影响之下，市民社会逐渐成为与经济社会相区别的文化领域。这形塑了当代市民社会研究的话语体系，非政府组织等成为市民社会的主要研究对象。相应的，对市民社会与国家关系的探讨也主要转化为对以非政府组织为主要代表的社会文化公共领域与国家关系的探讨。因此，对马克思市民社会与经济基础概念的讨论，在很大程度上也反映了面对当代市民社会理论发展对马克思市民社会思想的强势挑战，学者们所表达出的深切担忧：马克思市民社会思想仅仅是相关理论发展史上的一个作为过去时而存在的阶段，还是仍然能够在当今市民社会与国家关系研究体系中起着重要的作用。

就以上问题，学术界给予了回应，认为无论是将马克思的市民社会概念等同于经济基础、还是将"市民社会决定国家"等同于"经济基础决定上层建筑"都是站不住脚的。首先，马克思强调市民社会的物质利益关系内涵是由于马克思当时所面临的特殊历史语境。马克思为了更有力的批判当时在左翼黑格尔派和部分社会主义者中盛行的历史唯心主义思想，强调物质对于意识、存在对于思维的先在性，以确立自己的思想基础，因此在论辩中注重了市民社会的经济内涵。马克思虽然为了更好地揭示市民社会的本质，而往往直接用物质生产关系来说明市民社会，但马克思并没有将市民社会归结于经济关系。相反，马克思曾明确指出，"市民社会这一名称始终标志着直接从生产和交往中发展起来的社会组织"①，"在生产、交换和消费发展的一定阶段上，就会有相应的社会制度形式、相应的家庭、等级或阶级组织，一句话，

---

① ［德］卡尔·马克思，弗里德里希·恩格斯：《马克思恩格斯选集》第 1 卷，人民出版社2012 年版，第 211 页。

就会有相应的市民社会"①。而且，马克思在《犹太人问题》中提出市民社会不仅包括物质内容，而且还包括教育、宗教等精神内容②，而且正是政治解放的完成标志着"宗教从国家向市民社会的转移"③。可见，马克思在强调市民社会经济本质的同时也指出了市民社会的广泛内涵。

其次，市民社会不同于经济基础，但与经济基础、上层建筑紧密相连。对于应该如何理解市民社会、经济基础、上层建筑三者之间的关系，许多学者表达了不同的看法。目前学界主要有两种观点：一种是二重性说，即认为马克思的市民社会既是经济基础，又是上层建筑。西方学者杰·亨特和国内学者郁建兴是这一观点的主要代表人物。亨特认为市民社会在马克思的成熟理论中具有二重性，即就表面而言，是经济基础的经验的方面，是商品经济中一切经济关系的总和，是商品交换关系和流通的总和，而就其在意识形态上的表现而言，则体现为权利主体集合体的社会概念。④郁建兴在这一基础上进一步指出，马克思将市民社会化约为物质生产关系，在一定程度上不仅不是将政治内容从市民社会中剔除出去，反而是为了说明应从资本主义社会的物质生产关系中去理解其政治内容，从而在说明马克思市民社会概念二重性的同时强调了经济关系在其中的基础性地位。⑤另一种是中介说，即认为马克思的市民社会概念处于经济基础和上层建筑中间，是两者发生联系的中介。比如林金忠认为经济基础与上层建筑之间并不能直接产生发生矛盾运动，还必须以市民社会为中介，而市民社会的根源则在于生产力与生产关系通过生产方式发生的矛盾运动中。⑥其实在笔者看来，二重性说和中介说的

---

① ［德］卡尔·马克思，弗里德里希·恩格斯：《马克思恩格斯选集》第4卷，人民出版社2012年版，第408页。

② 参见《马克思恩格斯文集》第1卷，人民出版社2009年版，第31页。［德］卡尔·马克思，弗里德里希·恩格斯：

③ ［德］卡尔·马克思，弗里德里希·恩格斯：《马克思恩格斯文集》第1卷，人民出版社2009年版，第32页。

④ 参见阎月梅：《西方学者杰·亨特谈马克思的市民社会概念发展的三个阶段》，载《国外理论动态》1996年第24期，第188页。

⑤ 参见郁建兴：《马克思的市民社会概念》，载《社会学研究》2002年第1期，第38页。

⑥ 参见林金忠：《马克思市民社会理论的得与失》，载《学术月刊》2011年第3期，第70—71页。

区别仅在于理解角度的不同，前者是从市民社会的概念内涵上进行理解，后者则从逻辑结构上加以分析，在一定程度上都说明了马克思市民社会概念同时具有经济与意识形态双重内容。由此可见，马克思市民社会思想可以与当代市民社会理论之间进行沟通对话。

再次，"市民社会决定国家"与"经济基础决定上层建筑"是人类历史的两种不同分析工具。一些学者指出，"市民社会决定国家"预先设立了市民社会和政治国家的对立，体现了资产阶级对从国家中划分出一个相对独立、不受政治领域干预的私人领域的要求，是资本主义社会发展二元化的表现，而"经济基础决定上层建筑"则是在一个有机垂直的社会形态结构中为揭示社会运动发展规律而作的划分，是一元历史观严整性的体现。① 这种理解虽然指出了两个命题的不同，但在一定程度上是对"市民社会决定国家"命题的否定，其否定的理由是认为"市民社会决定国家"意味着"特殊利益"决定"普遍利益"，私有财产支配国家权力，而这是作为一种不合理的历史现实被马克思所批判的。另一些学者则从积极意义方面看待"市民社会决定国家"这个命题，认为其与"经济基础决定上层建筑"是马克思不同思想层面的展开。他们认为，虽然在历史唯物主义确立以后，马克思就主要用生产力—经济基础—上层建筑的三分法来把握人类历史，但是市民社会—政治国家的二分逻辑也从来未在马克思思想中取消，一直是马克思分析社会现实的重要工具。更进一步来说，"经济基础决定上层建筑"是从社会基本矛盾规律视角对社会发展的动力进行揭示，"市民社会决定国家"则通过对社会基本结构进行分析来对社会进行深入考察，两者是在不同领域和社会结构的不同层面理解人类社会发展的历史规律。②

由此可知，马克思的市民社会概念是一个既包含物质内容也包含精神内容的概念，"市民社会决定国家"这个命题也不应简单的被视为马克思早期不成熟的观念，而应受到更大的重视。这种认识使马克思市民社会思想具有

---

① 参见徐俊忠：《"市民社会决定政治国家"辨析》，载《广东社会科学》1990年第3期，第18—19页。

② 参见李淑珍：《论马克思的市民社会理论与国家的思想及其历史与现实意义》，载《学术月刊》1996第9期，第14页。

了与当代相关理论话语沟通的可能性，也具备了分析当代中国市民社会实践的理论价值。而且，虽然西方社会已经完成了市民社会与自然状态分离的第一阶段和市民社会与政治国家分离的第二阶段，并正处于市民社会与经济社会分离的第三阶段，但就中国现实而言，中国社会本身通过改革开放才刚刚进入第二阶段，但却已然处于第三阶段正在进行的全球化背景中，因而不可避免地具有了第三阶段的某些特征。可以说，中国正处于第二阶段与第三阶段交错并行的现代性背景中。在此背景下，强调经济关系的马克思市民社会思想对当今中国当然仍有着重要的理论价值。

（四）对当代中国社会—政治建设的见解

理论的讨论最终是为现实服务，近几十年马克思市民社会思想在中国学术界引起的热烈讨论从根本上讲是对改革开放以来中国特色社会主义建设，尤其社会主义市场经济体制确立以来中国社会发展实践的理论回应。一方面，社会主义市场经济体制的确立，使社会与国家相对独立和分离的过程也在中国进行着，经济运行中私人资本所起到的作用也越来越大，社会中也出现了众多积极参与公共建设、社会运动和政治话题，并积极维护、增加个人利益的私人性质的社会组织。另一方面，中国的历史文化、政治基础、政治目标和现实国情又决定了中国的市民社会及其与国家的关系不同于西方。因此，许多学者试图运用马克思市民社会思想的思想资源来解读和指导中国的社会建设和政治改革。总的说来，目前学界对马克思市民社会在当代中国的理论意义的考察，主要包括以下几个方面。

第一，马克思市民社会思想中对现代历史进程中市民社会与国家分离的深刻认识，为我们正确认识我国的市场经济建设提供了理论支撑。在马克思看来，商业生活和工业生活的高度发展必然会带来市民社会与国家的分离，而且这种分离具有现代性的意义。这一点马克思在《黑格尔法哲学批判》中曾明确指出："政治国家的抽象是现代的产物。"① 可以看出，在马克思那里，市民社会与国家的分离虽然形成了公与私的矛盾，但是却是现代世界的必然

---

① ［德］卡尔·马克思，弗里德里希·恩格斯：《马克思恩格斯全集》第3卷，人民出版社2002年版，第42页。

产物，而且具有十分重要的积极意义。黑格尔也同样认识到市民社会与国家的分离是现代化的产物，指出："市民社会是在现代世界中形成的，现代世界第一次使理念的一切规定各得其所。"① 同时对从国家脱离出来的市民社会所带来的自由给予了肯定，指出正是在市民社会中"一切癖性、一切禀赋、一切有关出生和幸运的偶然性都自由地活跃着；又在这一基地上一切激情的巨浪，汹涌澎湃"②。总之，市民社会使人首次成为特殊性的个人、成为具体的人，市民社会第一次使这样的人获得了肯定和发展。

但我们必须看到的是，黑格尔将市民社会存在的必然性看作是其绝对理念发展的必然被抛弃的一个环节，其最根本的意义和价值在于为客观精神的最终实现—理性国家提供特殊性与普遍性内在统一的基础，因此黑格尔将警察与同业公会作为市民社会的最后环节，并称同业公会是除家庭以来"构成国家的基于市民社会的第二个伦理根源"③，正是在同业公会中，"最初在市民社会中分解为在自身中反思的需要和满足的特殊性，以及抽象法的普遍性这两个环节，以内在的方式统一起来了"④。正因如此，恩格斯才称黑格尔是蔑视市民社会的。而马克思抛弃了黑格尔历史理论当中始终作为主宰者的绝对理念，从黑格尔所蔑视的现实人类历史的"应有形态"出发去理解市民社会与国家分离的必然性和积极意义，认为两者的分离不是黑格尔所设想的一种阶段性的区别，而是作为构成现代社会特点的根源而存在。马克思认为，生产力和社会分工的发展推动了市民社会与国家的分离，而挣脱了政治束缚的市民社会又促进了生产的发展和分工的扩大，市民社会与国家的分离使经济生活第一次获得了与政治生活同等的地位，有了相对独立的发展空间，从而使社会生产力得到了极大的提高。这一点与国家体制无关，是现代社会对生产力发展的要求。正如学者邢荣所说："国家和社会的二元化是社会发展历史过程中一个不可逾越的阶段，它对任何迈向现代化的社会而言，都具有普

---

① ［德］黑格尔：《法哲学原理》，范扬、张企泰译，商务印书馆1961年版，第197页。
② ［德］黑格尔：《法哲学原理》，范扬、张企泰译，商务印书馆1961年版，第196—197页。
③ ［德］黑格尔：《法哲学原理》，范扬、张企泰译，商务印书馆1961年版，第251页。
④ ［德］黑格尔：《法哲学原理》，范扬、张企泰译，商务印书馆1961年版，第251页。

遍的意义。"① 而对于历经两千多年封建史及建国初期计划经济下社会淹没在国家权力之下的中国而言，市民社会与国家的分离过程尤为艰难及意义重大。因此建立健全市场经济体制，给经济领域的健康发展以最广大的空间，是马克思市民社会思想对当今中国最首要也是最重要的启示。

第二，在当前中国推进国家治理体系和治理能力现代化的关键时期，马克思市民社会思想有着重要的理论价值。经济全球化和现代化发展要求国家调整治理的方式方法，历史经验表明，国家治理方式的调整即是对市民社会与国家关系的重新认识和调整。西方国家治理方式大体上在自由主义和国家主义两者之间徘徊，但始终无法摆脱两种治理方式下对市民社会与国家之间零和博弈关系的根本性认识，致使经济、政治危机不断。在此背景下，强调两者合作的治理理论在全球兴起。中国在借鉴西方历史经验和自身历史背景的前提下，提出要加强和创新社会治理。马克思市民社会思想以其对国家与社会关系的历史唯物主义认识，为中国社会治理的创新提供了引领作用。

首先，马克思对物质生产的强调指明社会治理必须首先夯实经济基础。马克思认为，市民社会的本质内容是物质生产生活关系的总和，其中，商品的交换与工业的生产是最重要的领域。因此，维护市场经济的健康运行不仅是市民社会产生的条件，而且也是市民社会不继续发展、市民社会与国家关系向"良性互动"关系转变的要求。社会治理的创新首先需要充分调动有利于市场经济发展的各种积极因素，建立一个各市场主体得以自由竞争、合作的良好市场秩序。同时，在社会财富总量增加的基础上，完善分配制度和社会保障制度，缩小贫富差距。

其次，马克思社会本位的原则为社会治理提供方法论指导。马克思从历史唯物主义原则出发，批判了黑格尔"国家决定市民社会"的国家本位思想，科学地界定了国家和市民社会的关系，得出了"市民社会决定国家"的命题，奠定了社会本位的根本原则。这一原则要求树立国家为社会服务的观念，国家需要从主要实行其经济职能向执行社会职能转变，宏观调节模式需从完全依赖下达计划性指标命令向利用经济杠杆和法律规范来实现社会调

---

① 邢荣：《从马克思的市民社会观到当代社会观》，载《北京行政学院学报》2008 年第 6 期，第 61 页。

节。① 再次，市民社会的新发展使实现国家与社会之间破除二元化的对立关系，实现二者之间的互利合作成为可能。马克思的市民社会概念不仅包括物质生活关系，也包括其他交往关系下形成的各种社会组织。现代市民社会发展的一个主要特点便是形成了许许多多的非政府组织。这些社会组织作为现代社会治理的重要主体之一，推动了国家治理能力的提高。虽然黑格尔也认识到了市民社会与国家分离下所产生的特殊利益与普遍利益之间的矛盾，但是黑格尔却从国家这个"大厦之顶"中去寻找解决的途径，试图用伦理国家来统一特殊利益和普遍利益。对此，马克思称黑格尔的错误在于"满足于这种解决办法的表面现象，并把这种表面现象当作事情的本质"②。马克思认为，解决的办法应该在市民社会内部去寻找，只有实现彻底的人类解放，由市民社会转变为"自由人联合体"，实现国家向社会的复归，特殊利益与普遍利益才能真正实现统一，人才能获得自由而全面的发展。巴黎公社的实践给予了马克思以启示，使马克思认识到，巴黎公社是社会将政治权利从国家收回的具体实践，使政治形式从压迫变为了社会自身的力量，使人民获得了社会解放。③ 巴黎公社的失败说明了国家向社会复归道路的漫长。当前中国市民社会的发展表明了社会力量的日益增长，社会治理的主体也由国家一元主体向多元主体转变。国家不仅要对社会组织参与社会治理持开放心态，而且要主动培育有助于国家健康发展的社会组织并积极寻求与社会组织建立合作共赢的关系。有学者将此种社会治理的方式称为"以'适度还权'为主要特征的国家管理社会化"④。可以说，这不仅是对当前市民社会与国家关系发展的新认识，也是国家向社会复归的过程中社会力量要求国家部分职能逐渐向社会让渡的必然结果。

第三，从马克思市民社会思想中获取中国民主政治发展的理论资源。

① 参见荣剑：《马克思的国家和社会理论》，载《中国社会科学》2001 年第 3 期，第 34 页。

② ［德］卡尔·马克思，弗里德里希·恩格斯：《马克思恩格斯全集》第 3 卷，人民出版社 2002 年版，第 94 页。

③ ［德］卡尔·马克思，弗里德里希·恩格斯：《马克思恩格斯文集》第 3 卷，人民出版社 2009 年版，第 195 页。

④ 段研：《马克思视野下"国家——社会"关系理论与中国现代社会治理创新》，载《理论探讨》2015 年第 3 期，第 23 页。

其实，无论是市场经济体制改革还是社会治理方式的转变，都离不开民主政治的发展。首先，市民社会与国家的分离虽然首要是经济改革的任务，市场经济体制的确立使经济领域摆脱了不适当的政治束缚，但是两者的分离过程又离不开政治体制的影响。中国传统的政治体制已然无法适应新的经济制度，政治改革必然被提上日程。

马克思通过考察西方的历史，发现在资本主义社会，市民社会的每一次发展都伴随着政治上的相应变化。资本的快速发展要求资本主义国家必须不断地进行政治革命，否则就有崩溃的危险，在适应和满足市民社会需求的过程中，资本主义国家形成了各项民主政治制度，并以此来承认自己的出生地和基础是市民社会。甚至，市民社会的真正出现本身也是资本主义政治革命的结果，政治革命摧毁了一切等级、公会、行帮和特权，把政治国家确定为普遍事务，把市民社会归为私人领域。正因如此，马克思将市民社会从国家中独立出来称为"政治解放"，指出"只有法国大革命才完成了从政治等级到社会等级的转变过程，或者说，使市民社会的等级差别完全变成了社会差别，即在政治生活中没有意义的私人生活的差别。这样就完成了政治生活同市民社会分离的过程"①。

相应地，中国市民社会与政治国家的分离以及市场经济体制的确立也离不开政治上的变革，但不是"政治革命"，而是"政治改革"，而且市场经济的发展还要求国家持续进行政治改革，以保障社会经济自我运行的权利和全体劳动人民直接占有和使用生产资料的权利。在这种情况下，以转变政府职能、完善干部选拔制度为主要内容的行政改成为政治改革的主要内容。②

其次，社会治理主体多元化的发展也必然会推动政治改革。论者大都认为，市民社会成为社会治理重要主体，有利于对政治权力的制衡和监督，进而推动相关政治制度的改革。还有许多学者将市民社会参与社会治理与中国协商民主的建设有机联系起来，认为协商民主包含着参与政治和公民自治的

---

① ［德］卡尔·马克思，弗里德里希·恩格斯：《马克思恩格斯全集》第3卷，人民出版社2002年版，第100页。

② 参见荣剑：《从政治和经济的二元化看经济改革和政治改革的关系》，载《政治学研究》1987年第6期，第15页。

内核，强调通过多元主体间的平等对话来达成国家公共事务的共识，而以公共精神、市民认同、信任与合作为内在特质的现代市民社会无疑契合了协商民主的内在要求。[①] 也有学者指出市民社会与协商民主不仅在内容上有着契合性，而且还存在着较强的互动关系，主要表现为：市民社会是协商民主发展的重要社会平台，使各协商主体得以平等对话，并提供了多种方式和渠道使协商结果得以合法获得及有效落实；协商民主为公民社会的培育提供了民主范式，扩展、提高了市民社会参与社会治理的途径与能力，使市民社会的运行更加良性、有效。[②]

总之，改革开放以来，学界对马克思市民社会思想的重新认识表明马克思市民社会思想虽然是西方哲学思想体系的产物，对西方实践有着深刻说明，但同时对中国实践也发挥着指导性作用。这些研究都在不同的方面丰富了马克思市民社会思想的当代内涵，为继续挖掘其理论内涵及与其他相关理论进行对话交流提供了理论基础。

三、理论和实践的挑战要求正确认识马克思市民社会思想

研究中国市民社会学者从一开始就关注到了中国市民社会及其与国家关系的独特性，正因如此才在研究初期出现了中国是否存在市民社会这个争议。前文中所提到的种种对西方理论的修改，以及"利益契合""分类控制"等本土理论的产生都是针对中国的特殊性所作出的理论回应。同样地，马克思市民社会思想要应用于中国也必须面对中国实践的特殊性，并回应中国实践及其他相关理论认识对马克思市民社会思想提出的种种质疑，这种回应既包括对马克思理论误读的澄清，也包括用历史唯物主义的方法与时俱进地对马克思的理论进行一定的改造。

---

① 参见吴光芸：《社会资本，连接公民社会与协商民主的桥梁》，载《理论探讨》2009年第3期，第146—147页。

② 参见张爱军，高勇泽：《公民社会与协商民主》，载《社会主义研究》2010年第3期，第58—61页。

（一）"市民社会决定国家"命题与中国政治实践

一直以来，理论界对于中国市民社会发展的质疑主要来自两个现实矛盾：一是中国国家对市民社会的总体掌控与西方的现实差异；二是在中国市民社会微观经济领域中占重要地位的私有资本并没有获得像西方国家那样的政治地位。正是第一个现实矛盾令许多使用市民社会理论研究中国的学者遇到了诸多理论困境。戈登·怀特认为，市民社会是一个国家之外自主的社会组织领域，其具有限制国家权力的本能诉求。[①] 可以说，怀特的这种理解代表了长期以来学界在研究市民社会时的主流认识，即将社会相对于国家的独立性程度以及社会对国家的制约能力设定为考察市民社会的主要标准。正是在此分析范式下，海内外学者对中国改革开放以来国家与社会关系的变化展开了理论和经验的研究。在这些研究中，有的通过对某一类社会组织的研究考察社会与国家之间的关系，如内维特对商业协会的研究[②]、高倩倩[③] 和林德昌[④] 对环境保护类社会组织的研究等；有的以一个城市或农村为个案，如怀特对萧山的研究[⑤]；还有的从中国社会组织的总体变迁洞察社会与国家关系的历史变化。一方面，学者们发现经济领域的开放使中国社会有了一定的自主空间，改革开放前广泛使用的"全能性国家""总体性国家"等分析概念已无法适用于中国国家与社会关系的变化。另一方面，学者们也发现中国市民社会的发展仍然处于国家的总体控制之下，私人领域仍然由公共领域主导，从而并未改变强国家—弱社会的总体格局，这无疑与市民社会研究主流范式的衡量标准相差甚远。因此才产生了"国家引导的市民社会""半市民

① 参见 Gordon White. Prospects for Civil Society in China：A Case Study of Xiaoshan City［J］. *The Australian Journal of Chinese Affairs*，1993（29），p.64.

② 参见 Christopher Nevitt. Private Business Associations in China：Evidence of Civil Society and Local State Power［J］.*The China Journal*，1996（36），pp.25–43.

③ 参见 Elizabeth Knupp. Environmental NGOs in China：An Overview［J］.*China Environment Series*，1997（01），pp.6–15.

④ 参见 Teh–chang Lin. Environmental NGOs and the Anti–Dam Movements in China：Asocial Movement with Chinese Characteristics［J］.*Issues & Studies*，2007，43（04），pp.149–184.

⑤ 参见 Gordon White. Prospects for Civil Society in China：A Case Study of Xiaoshan City［J］. *The Australian Journal of Chinese Affairs*，1993（29），pp.63–87.

社会"等对市民社会理论的概念修改，以及用法团主义理论来描述国家对市民社会的吸纳，"社会中的国家"理论描述国家与市民社会的相互形塑等理论范式的转换。

概念的修改与理论的转换虽然有助于解释中国的现实实践，但是从另一个角度来看却引起了对中国市民社会更大的质疑。许多学者在使用法团主义等新的理论范式时也将研究对象从国家与市民社会的关系变为了国家与社会的关系。这种词语的变化一方面是为了避免传统市民社会理论范式的影响，一方面也暗含了对用市民社会话语来分析中国现实实践的犹疑。这种质疑的根源来自上述的第二个现实矛盾，即私有资本在中国经济领域的发展并没有使其获得如同西方那样的政治地位。西方私有资本为了巩固自己对市民社会的掌握，首先是通过资产阶级革命获得了对国家政权的控制，然后再通过选举、议会等民主政治程序实现了对国家的控制，使市民社会与国家成为主人和仆人之间的关系。西方社会与国家的这种关系也是马克思"市民社会决定国家"命题的具体表现形式之一，正如马克思在《共产党宣言》中说明的："现代的国家政权不过是管理整个资产阶级的共同事务的委员会罢了。"① 因此，虽然理论界已经将"市民社会决定国家"命题从"经济基础决定上层建筑"命题中剥离出来进行考察，并且认识到了该命题的重要性，但是对于如何使用该命题来理解中国市民社会与国家关系的特殊性是基本失语或混乱的。

对于如何在中国实践中理解"市民社会决定国家"命题，目前学界基本是从强调完善市场经济、加强经济建设的重要性以及"社会本位"原则与国家职能转变的耦合性角度进行相关讨论。这些理解赋予了该命题对于中国实践一定的解释力，但是却也基本上是沿着西方的历史经验来讨论该命题在中国的运用，对于中西实践在该命题上的不同体现则缺乏充分的讨论，其中一个重要体现便是中国国家对市民社会的控制与该命题之间的显著矛盾。这种矛盾导致了两种结果：一种结果是使"市民社会决定国家"命题本身受到了质疑。如果该命题在实践层面的表现形式仅应为西方式的市民社会对国家的

---

① ［德］卡尔·马克思，弗里德里希·恩格斯：《马克思恩格斯选集》第1卷，人民出版社2012年版，第402页。

掌控，那么该命题则主要体现了资产阶级对独立的、不受国家干扰的私人领域的要求，体现了私有财产对国家政权的控制，那么一些学者认为该命题是资本主义发展二元化的体现便不足为怪了。另一种结果是令中国国家与市民社会的关系受到了批判，进而使当前中国共产党的领导地位受到了质疑。因为中国当今的"物质的生活关系"是市场经济，以资本和劳动力私有为经济基础的市民社会正在不断壮大并成为经济生活的主体，在这种情况下，中国国家政权是否也应成为"管理委员会"的角色。这种疑问暗含的是中国道路和政治发展模式的深刻追问。

因此，现今学界对"市民社会决定国家"命题的认识及其对中国现实实践的解释力仍有待进一步完善，对于该命题是否完全适用于中国，或应在何意义和范围上适用于中国应给予更深入的讨论，这不仅是马克思市民社会思想认识的要求，也是认识与洞察中国政治现实与未来走向的要求。

（二）"市民社会—民主法治"模型与中国现实实践

对中国市民社会发展的第二个质疑来自既有理解中对市民社会何以作为国家民主法治根基的认识与中国实践之间的矛盾。可以说，市民社会与民主政治之间的关系自市民社会概念产生以来就是一个不可避免的论题，尤其哈贝马斯更是将公共领域与民主的联系作为其市民社会理论的根基。哈贝马斯在其早期著作《公共领域的结构转型》中的核心问题便是公共领域中的公众讨论何以能够成为国家政治行为的权威基础，在《合法化危机》等著作中，他通过对资产阶级公共领域历史发展的描述，引发人们对民主道路走向的思考。在此之后，基于市民社会的民主法治便成为一个近乎典范意义的规范模型。

从西方学者的视角来看，市民社会活跃与否是从威权统治向民主化转变成功与否的关键变量，而市民社会自我组织的能力和行动则是民主转型的基础。比如佛利等将市民社会定义为一个独立于国家并能够激发对专制政体反抗的行动领域，并迫使专制权威改变，进而自下而上地实现民主化。[1] 马

---

[1]　参见 Michael W.Foley and Bob Edwards. The Paradox of Civil Society [J].*Journal of Democracy*，1996，7（03），pp.38-52.

西娅·魏格尔和吉姆·巴特菲尔德构建了一个四阶段理论框架（分别是防御阶段、萌芽阶段、动员阶段和制度化阶段）来分析市民社会在民主化中的作用。① 董雁齐区分了非批判性领域（noncritical realm）和批判性领域（critical realm）两种市民社会类型，并分别对两者在推动国家政治民主化上的作用进行了阐释。② 从以上讨论可看出，在众多市民社会理论学者那里，市民社会不可避免地总是与民主转型相联系，甚至被赋予了无限的希望，市民社会被看作是国家民主化的支撑性结构，市民社会的生活提供了民主政治家所能设想的一切，如限制国家的过度权力、提供公共服务、培育公民精神、建立民主准则等等。而中国近三十年来市民社会的快速发展为学者找到了新的研究场地，他们关注中国市民社会的重点仍然是民主。一方面，市场经济改革后大量私人企业的产生，使中国私人空间得到极大扩展，提高了私人在国家中的地位，也为 80 年代末期学生、知识分子以及市民的民主运动提供了必要的空间，这一系列现象都为学者们使用"市民社会—民主法治"模型分析中国市民社会与国家关系提供了注脚。另一方面，市场化改革后中产阶级作为一个备受关注的社会群体在中国出现。而研究者认为，在非西方的国家中，中产阶级是社会中最受西方思想影响的阶层，也是对政治权利和自由化的渴求最为迫切的阶层，而且与其他社会阶层相比，中产阶级参与市民社会组织的可能性更大，因此一个坚实的中产阶级往往是国家民主化的一个有利的社会条件。③ 此外，苏联解体和东欧剧变也尤其使西方学者对中国私人领域的爆发充满了幻想，认为民主化趋势甚至一些西方经验式的因素会随之产生，使得"市民社会—民主法治"模型对分析中国问题的西方学者更加有吸引力。④ 20 世纪 90 年代以来，同样有许多中国学者也对市民社会对中国民

① 参见 Marcia A.Weigle and Jim Butterfield. Civil Society in Reforming Communist Regimes：The Logic of Emergence［J］.*Comparative Politics*，1992，25（01），pp.1–23.

② 参见 Yanqi Tong. State，Society，and Political Change in China and Hungry［J］.*Comparative Politics*，1994，26（03），pp.333–353.

③ 参见 Philip C.C.Huang. Public sphere/civil society in China？：The Third Realm Between State and Society［J］.*Modern China*，1993，19（02），p.235.

④ 参见 Philip C.C.Huang. Public sphere/civil society in China？：The Third Realm Between State and Society［J］.*Modern China*，1993，19（02），p.236.

主法治的基础性作用进行了大量的讨论。

但是，"市民社会—民主法治"模型中对市民社会特质的前提预设，即独立自主性和对抗性在面对中国现实实践时却遭遇到了障碍。不仅是市场经济活动中存在着大量国家直接或间接控制的经济主体，就是现代市民社会理论关注的主要领域——民间组织也与学者们的理论假设相差甚远。一方面，中国的民间组织不仅有大量是直接由官方主办的民间组织（简称为GONGO），如中华全国妇女联合会（简称全国妇联）、中华全国总工会（简称全国总工会）、中国共产主义青年团（简称共青团）等常常被直接称为是中国党政国家的外围组织，其人事任命和日常管理都离不开国家的直接干预。而且，就算是许多非官方的民间组织也难以具有对国家政治机构根本的对抗性。实际上，中国公共领域的兴起不仅没有削弱中国共产党在国家中的领导地位，而且在一定程度上还促进了中国共产党对社会的管理。奥格登就曾指出，中国许多民间组织实际上都具有双重角色，一重角色是组织成员的利益代表者，而就其按照政府政策对组织成员进行约束的角度看，它们的另一重角色则是国家控制社会的助手。[①] 中国民间组织独立性和对抗性的缺乏使中国的市民社会更多的是在"生产服务"而不是"主张利益"。此外，研究者发现，规模较小的民间组织往往是远离政治中心的，而规模较大并有社会影响力的民间组织则往往与政府存在着紧密的联系。[②] 这说明，中国的市民社会组织一般而言并不是具有民主改革或革命目标的反抗型组织。

面对上述理论与现实的矛盾，许多学者开始反思"市民社会—民主法治"模型的理论预设。一些学者对独立自主的市民社会必然引向民主法治的逻辑提出了逃战，安子杰通过对一向被认为独立自主性较强的草根民间组织进行实地调查发现，这些组织对民主性的政治口号持回避态度，他们的活动目标也通常指向不与国家机构产生对抗情绪的那些领域，这表明，相对独立

①　参见 Suzanne Orden. *Inklings of Democracy in China*，Massachusetts：Harvard University Press，2002，p.266.

②　参见 Carolyn L.Hsu and Yuzhou Jiang. An Institutional Approach to Chinese NGOs：State Alliance versus State Avoidance Resource Strategies［J］.*The China Quarterly*，2015（221），pp.103–104.

自主的市民社会与威权式国家可以共存且不必然指向民主。① 蒂滋则构建了一种新的国家—市民社会关系模式，即"协商式的权威主义"（consultative authoritarianism），用以描述市民社会自主性扩展与更多国家间接控制社会工具的发展之间的并存现象，从而对认为可操作的自治性的市民社会不能存在于权威主义政体下，以及市民社会的出现是民主化的标志的传统认识提出了批判。② 一些学者则从市民社会作为民主法治的必要条件而非充分条件的方面来论述市民社会对民主法治的意义，而且进一步对作为民主法治根基的市民社会的独立自主性与对抗性进行了审视，认为兼具本土性与普适性的良性互动合作的市民社会才应是中国民主法治的进路。③

　　这些批判与反思无疑有利于我们更好地认识中国的市民社会与政治民主发展的道路，同时也对马克思市民社会思想提出了相应地挑战，即马克思的思想在这些批判与反思中应该起到怎样的作用。在上述两种批判与反思中，前者在一定程度上直接否定了"市民社会—民主法治"模型，从而把民主政治剔除出中国市民社会发展研究的语境，虽然看似对中国实践的特殊性作出了一定的理解，但是其市民社会与"威权式"国家并存的论调也不可避免地导致了对中国民主化进程缺乏足够的重视，同时仍然暗含着与市民社会连接着的民主只能是西方式的民主这个内在逻辑，这种逻辑虽然抛弃了市民社会话语，但实际上仍是认可了市民社会话语下对中国民主法治的批判。后者则可以看作是对"市民社会—民主法治"模型进行了一定程度的修正，对中国民主法治应建立在怎样的市民社会及其与国家关系模式之上进行了探讨，有很重要的借鉴意义。在马克思的市民社会思想中，也有着丰富的民主法治思想，主要体现在对于资本主义民主法治本质的揭露上以及对未来真正民主制的追求上。如何将这些思想与普遍流行的以独立自主、对抗性的市民社会为前提预设的"市民社会—民主法治"模型进行区分并对中国市民社会建设及

　　① 参见 Anthony J.Spires. Contingent Symbiosis and Civil Society in an Authoritarian State：Understanding the Survival of China's Grassroots NGOs［J］.*American Journal of Sociology*，2011，117（01），p.1.

　　② 参见 Jessica C.Teets. Let Many Civil Societies Bloom：The Rise of Consultative Authoritarianism in China［J］.*The China Quarterly*，2013（213），pp.35-36.

　　③ 如马长山：《中国法治进程的根本面向与社会根基》，载《法律科学》（西北政法学院学报）2003年第6期，第8—9页。

民主法治发展作出符合历史与逻辑的回应，应是马克思市民社会思想研究的重要内容。

（三）"文化的市民社会"对马克思市民社会思想提出的挑战

目前学界公认的是，市民社会理论自产生以来经历了三个阶段，第一个阶段是市民社会作为文明社会而与野蛮社会相分离，第二个阶段是强调经济内容的市民社会与政治国家相分离，第三个阶段是将经济领域剥离出去的市民社会与经济社会相分离。第二个阶段被认为是现代市民社会理论的阶段，这个阶段是由黑格尔所开创的，并由马克思所继承的，在这一阶段，市民社会与国家成为两个相对应的概念，经济领域是市民社会的主要内容。而第三个阶段市民社会与经济社会的分离正处于进行时态，体现为以葛兰西、哈贝马斯等学者为代表的当代市民社会理论。

葛兰西的市民社会理论体现了他对当代西方资本主义历史发展的认识以及对社会主义革命道路的探索。他认为俄国十月革命的模式无法简单运用到其他国家的社会革命当中去，尤其在西方国家，由资产阶级所主导的市民社会已然成为国家政权的坚强堡垒有力地抵御着外界的攻击。葛兰西首先认为："所谓国家，就是统治阶级赖以维护其统治并赢得被统治者积极支持的那一整套实践和理论活动。"[①] 在此基础上，葛兰西确立了"国家 = 政治社会 + 市民社会"的理论认识，形成了独具特色的市民社会概念。葛兰西指出："我们可以确定上层建筑的两个主要层次，其一可称为'市民社会'，这一般被称为'私人性的'各种有机体之总和，其二则是'政治社会'或'国家'。"[②] 前者代表着资产阶级在社会中行使着文化的领导权，后者则是资产阶级利用政治暴力手段实现直接统治的领域。可以看出，在葛兰西看来，政治社会即军队、警察、监狱等国家权力机构实行暴力的专政统治，政党、学校、学术文化团体等民间组织机构则构成市民社会的主要内容，代表着社会舆论，起着传播统治阶级价值观念的作用。随着西方发达资本主义国家的发

---

① ［意］葛兰西：《狱中札记》，载国际共运史研究所编译，《葛兰西文选》，人民出版社1992年版，第425页。

② 王雨辰：《当代西方马克思主义哲学研究》，中国财政经济出版社2002年版，第178页。

展，原本以强制性的政治统治为主要领导方式的状况逐渐不再适应于现实的需要，以文化为主的市民社会的非强制性领导应运而生，并在现代社会中比前者更具优势。在"文化的市民社会"形成后，资产阶级统治并压迫工人的手段更加多元化了，工人阶级不仅受到资产阶级政治和经济上的剥削，而且还经过意识形态的感染，对资本主义价值观念产生了认同感，从而令资产阶级实现了更加强力的统治。因此，在西方发达资本主义国家，无产阶级革命的首要目标应是打破资本主义市民社会这个强大的国家堡垒。

虽然葛兰西在论述市民社会与政治社会的关系时经常表述不清，但他的市民社会理论却突出了市民社会的意识形态功能，开启了市民社会理论的文化转向。哈贝马斯在综合各理论的基础上，将市民社会概念作出了进一步的发展。他对当代西方市民社会的分析主要集中在其著作《公共领域的结构转换》《合法性危机》《交往行为理论》及《在事实与规范之间》中。哈贝马斯的市民社会理论经历了两个阶段的变化，第一个阶段主要体现在前两部著作中，通过对西方公共领域形成和发展的历史性分析，将市民社会分为市场领域和作为社会文化体系的公共领域，后者承担着与政治国家发生关系的功能，与政治国家进行讨论甚至对其进行批判，正是这种功能为资产阶级政治提供了合法性基础。第二个阶段哈贝马斯将由市场体系构成的经济领域从市民社会中剥离出去，将市民社会的核心内容归为非政府的、非经济的公共领域，使市民社会成为一个独立于政治国家与经济领域的纯粹社会文化体系，哈贝马斯称其为"生活世界"的机制。哈贝马斯的市民社会理论体现了其对当代资本主义"国家社会化"和"社会国家化"历史发展的认识，初步构建了"经济领域—市民社会—政治国家"的三分框架。

这种三分法对学术界产生了深刻的影响，此后许多学者都是在此框架下讨论市民社会。使用三分法下的市民社会来讨论转型中的中国社会发展也有着其经验基础。虽然早在 20 世纪初便有许多民间组织出现，但是直到 80 年代，中国的民间组织才出现了大规模的增长。据民政部门的统计，已登记的社会组织（包括社会团体、民办非企业单位、基金会）已由 1989 年的 4544

家增长至 2009 年的 431069 家，增加了约 94 倍之多①，这还不包括大量存在的由于不符合法律规定或因组织意愿而并未以社会组织名义登记的草根社会组织。作为当代市民社会概念的核心内容，中国民间组织与国家机构之间的关系成为学者研究市民社会与国家关系的切入点。

在相关理论研究中，学者们普遍认可马克思市民社会思想的理论意义与现实指导价值，但是也存在着两个问题：一是对于马克思市民社会及其与国家关系思想的地位往往仅从市民社会概念的思想史中进行讨论。大多数学者将马克思市民社会理论归入黑格尔所开辟的"政治国家—市民社会"的二分法阶段中，认为马克思继承了黑格尔市民社会概念的经济内涵，并通过政治经济学解剖实现了对市民社会的批判。虽然现今学界已经认识到了马克思的市民社会概念不仅包括经济内容，也包含着文化等精神内容，为沟通马克思市民社会思想与当代市民社会思想提供了理论上的可能性，但是在如何进一步将两者进行除思想史之外的理论沟通上却往往是浅尝辄止的。二是对于马克思市民社会思想可供指导的历史实践范围的认识有一定局限性。许多学者进行了这样的划分，即将黑格尔、马克思的市民社会思想归为对早期自由资本主义发展的理论认识，以葛兰西、哈贝马斯等为代表的当代市民社会思想则是对当代资本主义新发展以及全球化时代的理论认识。不可否认的是，这种划分深刻说明了不同市民社会理论产生的时代背景与理论认识的实践基础，但是与此同时却容易导致一种倾向，即削弱了马克思市民社会思想的当代价值与意义。这两个问题在理论与实践讨论上的共同体现是，对中国市民社会的发展以及市民社会与国家关系的研究主要以三分法的市民社会思想为理论基础，甚至一些文章中虽然强调马克思市民社会思想对中国现代化道路的意义，却在实际上或多或少地转向了用三分法市民社会理论的思路和原则来考察中国市民社会的发展，使得马克思市民社会思想作为理论基底难免名不副实。

---

① 参见《2009 年民政事业发展统计报告》，载 http://www.chinanpo.gov.cn/yjzlk/index.html.

本章小结： 马克思市民社会思想在当代中国的际遇

中国社会主义市场经济的确立和社会结构的转变使马克思市民社会思想从思想史走进了实践，获得了快速的发展，但是上述的种种矛盾与挑战也说明，当前在研究市民社会发展，尤其是中国市民社会道路中重视马克思市民社会思想极其重要。马克思市民社会思想在当代中国的发展，既包括理论对现实的观照，也包括现实对理论的丰富。

重视马克思市民社会思想在当代中国的发展，首先要肯定中国市民社会的存在。当前学界中仍有部分学者对中国究竟是否存在市民社会有所质疑，因为西方市民社会产生与发展中的诸多特点在中国并没有相应的体现。这种认识是有待商榷的。从市民社会历史发展的整体脉络来看，市民社会作为一个相对独立的客观对象，在西方是自中世纪末期市民阶层和城市的出现才得以清晰呈现的。在古典社会，市民社会思想中所指向的实体是政治性的公民社会。随着资产阶级的发展，市场经济的生产力和生产关系以及工业化的生产活动塑造了市民社会的实体内容。劳动力私有、资本以及私有财产是这一实体内容的关键要素。这一实体内容无疑在中国是存在的。虽然中国建立了以公有制为基础的经济制度，但是却始终强调并保障私有经济的发展，公有制占主导地位，但是从人员构成与经济主体构成来讲都是私有经济数量上占优。中国加入 WTO 更是表明了中国是遵循市场规则的，各市场主体在经济上是独立的。这是中国市民社会存在的基础，其与西方中世纪末近代资产阶级在经济上兴起的过程是有相同之处的。

可以说，中西市民社会在兴起的过程中都产生了社会生产关系的巨大变革，这种变革引起了其他方面的诸多变化。因此，社会生产关系的变革及其带来的后果是学者们最初关注的重点。当代资本主义发展晚期，社会生产关系日益固化，难以突破，而社会问题日益突显。因此，当代市民社会学者强调文化性、福利性、民主性，着眼于社会政策和宪政体系的完善，这体现了时代特点的不同所造成的学者研究重心的转变。市民社会本身是处于发展中的，形态也是各异的，但是，市民社会作为客观性的存在其根本要素并未发生实质性的变化。

重视马克思市民社会思想在中国的发展，也是肯定中国市民社会丰富人类社会发展道路，使后者更加多元化的重要价值。马克思的市民社会思想也是在"市民社会"一般与"市民社会"个别相结合的基础上所形成的。"市民社会"一般作为人类社会发展背后的规律被思想家所认识到，在马克思那里体现为他从总体和本质层面对市民社会的认识，"市民社会"个别作为具体的历史经验则体现为他从微观层面对市民社会的定位。"市民社会"一般的规律特点在个别历史环境下转化为具体的历史经验。这些历史经验都给马克思市民社会思想增添了历史性的内容。当前中国市民社会发展既有生产关系重大变革影响下的诸多内容，也受到了世界资本体系所带来的影响，还有着中国历史文化的独特性。因此，一方面，中国市民社会符合市民社会的一般性认识，即以私人所有条件下广泛的社会分工为前提、以物质生产生活关系为本质内容、以交往关系二重化为根本特点的、区别于政治国家的社会关系总和。另一方面，中国市民社会必然以其特殊性丰富了马克思市民社会思想的内涵。

　　理论和实践的诸多挑战要求我们在发展中认识马克思市民社会思想和丰富马克思市民社会思想，并且用发展了的马克思市民社会思想来科学认识客观世界。

第四章 对美国市民社会发展逻辑的审视

既然马克思市民社会思想的形成从来都不是非历史的，那么我们对于市民社会发展的认识就必须立足于具体的时代背景与实践背景之中，深入考察市民社会的发展进程及其与国家之间具体的互动。本书以美国为考察对象之一，用马克思市民社会思想审视其市民社会发展的逻辑，原因在于：一是美国作为西方资本主义国家的领头羊，无疑是市民社会最为发达的国家之一。因此将美国作为考察对象，既有助于了解当代资本主义市民社会与国家的发展，丰富马克思市民社会思想的当代价值，又有助于我们学习美国市民社会发展中的经验与教训，进而促进中国市民社会的健康发展。二是目前主导中西市民社会研究方向的理论是自由主义理论，而美国则是自由主义理论的阵地，因此对美国市民社会予以考察，有助于马克思主义与自由主义直接进行对话，以明晰马克思市民社会思想的科学性和特殊理论意义。

一、美国市民社会认识维度之辩

考察美国市民社会发展的逻辑首先要对美国市民社会本身进行科学的认识。这种认识包括美国市民社会的本质特征和客观内容。

（一）美国市民社会的本质：“伦理的”还是“经济的”

一些论者将文化政治关系作为市民社会主体内容的策略，是将物质生活关系视为市场体系的内容，并通过对市场体系中资源、权力的不平等现象与文化公共领域中平等理性交往的对比，来说明两者本质上的不同与区分的必要性。尤其许多论者拿美国举例，认为平等、慈善是这些社会组织的共性。这种认识背后的逻辑在于认为应从伦理上认识美国市民社会的本质，并就此认为美国市民社会的本质是真、善、美。果真如此，那么美国市民社会自然是一个理想的天堂，是人类追求的目标，但事实并非如此。

强调市民社会的平等性主要是多元主义者的理论设想。美国多元主义最初发端于麦迪逊所构筑的分权制衡和利益集团的宪政体制，主张市民社会中的所有利益者都有平等的机会组织起来并影响政治决策。阿瑟·本特利、杜鲁门等都是美国多元主义创立初期的杰出代表。第二次世界大战之后，多元主义盛极一时。这一时期的多元主义明显带有行为主义的色彩，主要代表人物有罗伯特·达尔、厄尔·莱瑟姆等。19 世纪末 20 世纪初美国公司资本主义快速发展，美国社会组织化程度日益提高，这为多元主义理想的发展提供了经验场所。在多元主义的鼓吹中，似乎基于不同利益诉求的个人组织起来的利益集团无等级高下之分，可以产生同等的影响。但现实并非如此。

利益集团的影响力与其资本拥有程度正相关，利益集团的力量并非均衡的，对政治决策的影响力也不是等同的，因此利益集团在政治、经济上的地位和机会具有不平衡性。美国学者奥恩斯坦和埃尔德就指出，有形的资本，主要指利益集团所能支配的金钱以及所拥有的人数，以及无形的资本，特别是组织构成上有政治经验与资源的领导团队，都是决定该利益集团政治影响力的重要因素。[①]学者凯·莱曼·施洛茨曼则给出了更为确切的实例。他基于 1980 年的数据调查发现，专业人员和管理人员占美国成年人口的 16%，而在华盛顿设有办公机构的代表其利益的利益集团竟占到了总数的 88%，其中代表管理人员的利益集团就占了 71%，与此相比，占总数 41% 的非农业

---

① 参见［美］诺曼·杰·奥恩斯坦，雪利·埃尔德：《利益集团、院外活动和政策制订》，潘同文译，世界知识出版社 1981 年版，第 79—89 页。

劳动者的利益集团只达到了总数的 4%。① 多元主义者想通过对"独立个人"的强调模糊甚至消解阶级概念，然而现实中却处处体现了阶级差别。

一些人认为，仅从利益集团的数量上不能说明个体利益政治体现的平等性，因为少数大型利益集团的利益代表性可能与大量小型利益集团的代表性相同。但拿美国的工人和商业人员举例，美国在政治上发挥作用的商业利益组织主要包括公司、商业协会、层峰组织（peak associations），相应的工人利益组织主要包括地方工会、劳联－产联。在工人运动高涨时期，工会参与率高，工会利益代表的普遍性程度较高。但是，一方面，近几十年美国工会的入会率一直较低。20 世纪 70 年代以来，美国工会会员人数和工人入会率都持续下降，工会会员占职工总数的比例已从 1954 年的 35% 下降到 1993 年的 15.8%。② 另一方面，工会的政治影响力不如商业利益组织。从各个层次来看，虽然劳联－产联这样的全国性工会拥有较强的政治影响力，但是大量存在的单个的地方工会的政治活动较少、政治影响力较弱。但与此相应的许多单个公司却能开展积极的政治活动。而且单个公司可能参加了多个商业组织，或其利益涉及其他公司，这样其利益代表程度就得到了倍增。比如就一个政治议题而言，同一公司内，工人可以由其所加入的工会或劳联－产联代表，而代表股东和管理人员的利益则可能同时是该公司、工业内的其他公司、一个或多个商业协会、一个或多个层峰组织。可见，商业组织旺盛的繁殖能力大大增强了其政治影响力。而且从整体而言，近几十年工会的政治影响力也呈现弱化趋势。美国一些社会福利项目虽然得到劳联－产联和其他工会的支持，但也未获通过。1947 年，工会试图阻止具有反劳工性质的《劳资关系法》通过的失败表明，工会曾经的政治影响力已不复存在。③

市场体系之外社会组织的纯洁性也是伦理化市民社会论者不遗余力强调或塑造的形象。他们认为，市场体系利欲熏心，充满着尔虞我诈，而市场体

---

① 参见 Kay Lehman Schlozman. What Accent the Heavenly Chorus？Political Equality and the American Pressure System［J］.*The Journal of Politics*，1984，46（04），p.1014.

② 参见李会欣：《二战后美国劳工运动的变迁》，载《当代世界社会主义问题》2001 年第 1 期，第 83 页。

③ 参见李会欣：《二战后美国劳工运动的变迁》，载《当代世界社会主义问题》2001 年第 1 期，第 84 页。

系之外的非政府组织则以公共利益的实现为目标，是互帮互助、奉献爱心的领域。似乎马克思批判市民社会的所有问题都只存在市场体系，非政府组织则是一片纯洁的领地，是人类文明的未来。

当然，不可否认，许多非政府组织确实遵循着人类文明发展方向，为促进公共利益和社会进步奋斗着。但将非政府组织视为一片圣土则言过其实。

一直以来，精英就在美国非政府组织中占据着重要地位。[①]慈善是美国精英文化中必不可少的一部分。虽然美国阶级分层概念并不清晰，但是慈善文化本身就表明了，美国精英善于制造一切能够显示其区别于普通大众的元素和价值观，并以这种区别性文化为时尚。美国精英往往视慈善为一种展示其阶层文化和社交生活的工具，并赋予其附加的价值和规则。在这个过程中，慈善本身变为了阶级地位的标志。正如学者 Francie Ostrower 所分析的，慈善本身来源于捐赠者的身份认同感，阶层便是这种身份认同感的重要内容，参与到慈善活动中标志着一个人的成功和影响力。[②]学者 DiMaggio 和 Useem 观察到，在历史上美国的精英阶层就一直抵制文化机构的服务范围向精英阶层之外的群体（甚至包括中上阶层）扩张。[③]在 Francie Osrower 看来，慈善始终是一个狭小的精英圈子的活动，任何扩张阶层的企图都必然会遭到反对，因为这威胁到了慈善最基本的功能，即作为阶级身份和特定场所的标示。[④]这说明，美国富人所热衷的慈善活动看似是为了社会平等，但恰恰其本身就是肯定了社会的不平等。慈善往往就是富人的游戏，富人群体的价值观念、兴趣爱好等特点决定了这个慈善舞台的态度和行为。资产阶级内在所包含的个人主义、私人利益、对政府权力的怀疑等等价值观念，构成了慈善等非政府组织的价值框架。不理解这个阶级性的价值框架的重要性，就无法理解为什么税收刺激对美国慈善影响重大。比如，在社会主义因素较高的瑞典，就没有为了刺激捐款的减税措施，而是采取政府收税，再通过雇佣非政

---

① 参见 Francie Ostrower, *Why the Wealthy Give*, Princeton：Princeton University，1995，p.6.

② 参见 Francie Ostrower, *Why the Wealthy Give*, Princeton：Princeton University，1995，pp.36.

③ 参见 Paul DiMaggio and Michael Useem. The Arts in Class Reproduction, in Michael W.Apple（ed.）［J］.*Cultural and Economic Reproduction in Education*，London：Routledge&Kegan Paul，1982，pp.281–283.

④ 参见 Francie Ostrower, *Why the Wealthy Give*, Princeton：Princeton University，1995，pp.47–48.

府组织等方式来改善公共福利。学者 Zoltan J.Acs 更是直接指出，慈善是美国资本主义系统的一部分，它产生于资本主义系统，同时又滋养着资本主义系统。① 可见，美国慈善组织和慈善活动并非完全纯粹的抽象正义，而是有世俗的经济因素贯注其中。

此外，我们常常认为非政府组织做的都是好事，都是为社会公共利益服务。但是美国能力最大的往往都是经济利益集团，这些利益集团在进行社会活动时都用一些美好的价值观念包装自己，但实质上对自身经济利益的关注远远大于对社会公众根本利益的考量。比如美国的禁枪问题就是经济利益绑架政治价值的生动体现。

以上问题的实质在于，自由主义者从意识出发认识市民社会，将市民社会置于伦理制高点，进而美化西方市民社会，批判其他社会发展形式。其实在市民社会概念形成的历史中，从伦理角度理解市民社会的不在少数，如文明社会。这表达了人们对美好社会的追求以及市民社会与封建专制社会相比的进步性。马克思同样承认市民社会在伦理方面的进步性，但从经济的角度揭露了市民社会的本质，即是一个人与人的关系依赖于物的社会，而资本主义市民社会则是一个异化的市民社会，是以拜物教为主要特征的社会。自由主义试图用"伦理"的市民社会来消除市民社会中的阶级性、不平等性等等是不符合事实的。

从马克思主义的角度出发，便能更好的认识美国市民社会。在美国的市民社会中，资本占据着绝对的主宰地位，资本的逻辑决定了美国市民社会绝不是田园牧歌式的，而是充满着激烈的对抗与暴力，只是在手段和形式上产生了变化。一切伦理的包装都是为了使资本的逻辑更快更稳更好的运行下去。

（二）美国市民社会的主体内容：物质生活关系还是文化政治交往

当代中西方诸多学者将文化政治交往，尤其是政治活动作为市民社会的主体内容，也主要从文化政治交往出发定义市民社会。比如，俞可平将市民社会定义为："国家或政府系统，以及市场或企业之外的所有民间组织或者

① 参见 Zoltan J.Acs, *How the Wealthy Give, and What It Means for Our Economic Well-Being*, Princeton：Princeton Universtiy Press，2013，p.150

民间关系的总和……主要要素是各种非政府和非企业的公民组织，包括公民维权组织、各种行业协会、民间公益组织、社区组织、利益团体等。"①学者迈克·爱德华编纂的《牛津市民社会手册》一书采用列举的方法，认为市民社会包含了非营利组织、发展型非政府组织、草根组织、社会运动、社会企业和全球市民社会。②

西方学者对美国市民社会的认识受到了托克维尔的深刻影响，有着强烈的本土基因。可以说，托克维尔的思想是美国市民社会经典的、官方的认识。托克维尔认为美国有着发达的中间组织，这些多种多样的、自愿性社团组成的市民社会，存在于个体和国家之间，在私人利益和国家决策之间起着纽带作用。③总之，结社生活是托克维尔市民社会的主体内容，尤其乡镇自治组织和政治结社更是托克维尔重点关注的内容。实际上，托克维尔的市民社会并没有将经济领域排除出去，他的市民社会是包含各个领域的多元性的组织型社会，但是托克维尔对市民社会政治功能的强调被之后的学者继承和发展后，便演化为当前的市民概念。

实际上，正是在 20 世纪 70 年代末以后，文化政治生活成为市民社会概念的主体内容，"civil society"逐渐被译为"公民社会"，强调它既是一个不许国家权力干涉的私域，又是一个参与国家政治事务的公域。但是，将文化政治生活作为市民社会的主体内容，将公民社会作为市民社会的同义概念存在着诸多问题。

从概念生成的角度来看，市民社会概念的出现是现代化进程中个体市民身份与公民身份双重化的过程。作为第一个明确界定了市民社会概念的学者，黑格尔将市民社会作为对法国大革命和工业革命的理论回应，认为市民社会是冲突的领域。法国大革命是世界历史上的一个重要事件，体现了现代社会的关键性议程，即"自由"的政治实现。工业革命则开辟了现代化的生产方式，同时也产生了贫富的两极分化，以及工人阶级这个由于只能依赖自

---

① 俞可平等：《中国公民社会的制度环境》，北京大学出版社 2006 年版，第 2 页。

② 参见 Michael Edwards（ed.），*The Oxford Handbook of Civil Society*，Oxford：Oxford University Press，2011，pp.29—94.

③ 参见 Howard J.Wiarda，*Civil Society：The American Model and Third World Development*，Boulder：Westview Press，2003，p.21.

己的劳动力而日益贫困的阶层。此外，黑格尔也认识到，与私人的个体同时形成的是一个国家与家庭之外的领域，这个领域充满了意志的冲突、对抗和紧张。因此，面对这些发展和冲突所造成的概念性问题，黑格尔作出了重要的理论转换，在家庭和国家之间规定了市民社会这个领域。可以说，黑格尔用市民社会这个词准确的把握住了这个社会的一个基本特点，即这个领域的社会关系是社会经济的，而非政治性的。这意味着，政治领域被剥离到了另一个领域中。在黑格尔所论述的市民社会领域中，虽然也包括了法院、警察等国家权力机构，但其也是作为保障个人与团体的利益而存在的，主要体现了黑格尔思想中国家对市民社会的渗透。黑格尔市民社会概念中的同业公会，也主要是产业等级基于具体的经济关系形成的共同体。

在对于市民社会本质内容的基本认识上，马克思继承了黑格尔，并在基础上作出了市民社会是国家的自然基础这一论断。虽然在黑格尔及马克思的思想中，市民社会和国家都只能在概念上分离而不能在现实中清晰地界分，个体内部也并不存在一个转换阀，可以在市民社会身份和公民身份之间进行非此即彼的切换。但是，概念的界定和区分是必要的，将市民社会定义为非政治领域也并不等同于其不包含任何政治内容，比如个体在商品经济体系中所展开的商品自由交换行为，便是建立在个体具有财产权利这个基础之上的。将市民社会所代表的社会经济领域与国家所代表的政治生活领域进行逻辑上的区分，体现的是现代国家形成中市民联结形成社会力量，以及随着否定绝对国家的革命运动的进行，市民逐渐获得公民角色的两个不同的历史过程。实际上，不论是古典自由主义者，如洛克，还是黑格尔和马克思，尽管他们对市民社会的地位有不同的看法，但是他们基本都认同，国家与社会分立下，市民社会是人们作为市民从事社会活动的领域，国家是人们作为公民从事政治活动的领域。当他们论说市民社会的政治功能时，也是特定条件下反对绝对国家，反对个体臣民身份的产物。虽然随着市民角色和交往领域的多样性发展使得市民社会参与塑造政治国家的行动成为可能，但是将政治活动作为市民社会的主体内容，并将公民社会作为市民社会的同义语，无疑是对市民社会概念生成的历史内涵的忽视与割裂。

（三）文化交往的重要不能取代市民社会的本质基础

在由葛兰西开创的，哈贝马斯、阿拉托等西方马克思主义学者持续推进的市民社会文化转向中，经济内容逐渐被剔除在市民社会之外，文化政治交往活动成为市民社会的主体内容。在其早期著作《公共领域的结构转型》中，哈贝马斯就将整个社会结构分为了包含市场领域和公共领域在内的私人领域，以及政治国家的公共权力领域。哈贝马斯指出，这个"包括教会、文化团体和学会，还包括了独立的传媒、运动和娱乐协会、辩论俱乐部、市民论坛和市民协会，此外还包括职业团体、政治党派、工会和其他组织等"[1]的公共领域，是市民社会的主体，它"实际承担了市民社会从重商主义乃至专制主义控制之下获得政治解放的语境当中的一切功能"[2]。在后期对市民社会的讨论中，哈贝马斯则引入了"生活世界"概念，他在《在事实与规范之间》中指出，当今市民社会的结构核心应该"是一些非政府的、非经济的联系和自愿联合，它们使公共领域的交往结构扎根于生活世界的社会成分之中。组成市民社会的是那些或多或少自发地出现的社团、组织和运动，它们对私人生活领域中形成共鸣的那些问题加以感受、选择、浓缩，并经过放大以后引入公共领域。旨在讨论并解决公众普遍关切之问题的那些商谈，需要在有组织公共领域的框架中加以建制化，而实现这种建制化的那些联合体，就构成了市民社会的核心"[3]。这里，哈贝马斯所设定的社会体系已经转变为两部分内容，即政治国家与经济领域所构成的系统，以及作为系统对立面的以社会文化批判为主要内容的生活世界，即市民社会。柯亨和阿拉托则进而从哈贝马斯系统和生活世界二分的社会结构得出了一个三分的框架，即政治社会—经济社会—市民社会，并在此基础上对市民社会概念作出了界定："介于经济与国家之间的一个社会相互作用的领域，主要是由私人的领域（特别是家庭）、团体的领域（尤其是自愿性的社团）、社会运动以及公共

---

① ［德］哈贝马斯：《公共领域的结构转型》，曹卫东等译，学林出版社1999年版，第29页。

② ［德］哈贝马斯：《公共领域的结构转型》，曹卫东等译，学林出版社1999年版，第59—60页。

③ ［德］哈贝马斯：《在事实与规范之间》，童世骏译，生活·读书·新知三联书店2003年版，第453—454页。

沟通形式所组成。"①

哈贝马斯、柯亨和阿拉托对市民社会的理解无疑体现了当前文化交往的发展及其重要性，这符合历史发展的趋势。据统计，美国到 2010 年 8 月为止，在税务局登记的非营利组织已达 150 多万个②，相当于每 1 万美国人就有50.6 家非营利组织，这为满足人们日益增长的多种多样的交往需要提供了基地。不得不承认，虽然马克思市民社会概念交往关系的丰富内涵使其能够容纳经济关系之外的多种交往形式，但是经济交往之外的社会交往形式在马克思那里是有所缺失的。

一方面，马克思在批判黑格尔中转向了政治经济学的批判，其关注点也自然放在了经济问题上。在一定程度上，我们不得不对马克思迅速的政治经济学转向表示一定的忧虑，它虽然使马克思立刻抓住了问题的根本，但也使市民社会的丰富内涵，以及"市民社会—国家"框架被隐藏在了经济基础概念及"经济基础—上层建筑"框架之下，使前者没有得到充分地展开，因而使得"经济基础—上层建筑"框架极易被填入一切简单、粗陋的经济主义内容。

另一方面，马克思本人的研究也是当时历史条件和时代特点的反映。马克思所处的早期资本主义阶段正是资本掌握政治领导权后快速发展其各种形式的历史阶段。以美国为例，美国资本主义发展早期是典型的企业家资本主义，即经济主体主要是由有创造力的个人创立、拥有和管理较小规模的企业，这些企业在市场上与众多其他小企业展开自由竞争，承担着较高的市场风险。19 世纪中后期在铁路建设的热潮和科技进步的推动下，资本的组织形式发生了快速的转变，能够调动更多资本、降低产品成本从而在价格竞争中生存下来的科层制公司出现了。资本组织形式的变化对美国的政治、文化产生了重要影响，表现之一便是商业公司在 1886 年的"圣克拉拉县诉南太平洋铁路公司"（County of Santa Clara v.Southern Pac.R.Co.）案中法律人格地

① J.L.Cohen and A.Arato, *Civil Society and Political Theory*, Cambridge：The MIT Press, 1992, p.IX.

② 参见徐正，邓国胜：《美国非营利组织的规模与结构》，载《学会》2011 年第 3 期，第4 页。

位的确立。可以说，19世纪是挣脱束缚的资本探索各种组织形式和极速扩张的时期，公司是资本组织形式的变化，小企业建立了众多的贸易协会以作为一种防御手段，全国性工会的发展也成为工人应对这种经济变化的方式。可见，经济交往关系是这一时期最为显著的变化，也对整个社会关系产生了最为重要的影响。因此，将经济交往及其相关的交往关系和交往形式作为市民社会的主要内容进行考察，可以说是准确把握住了时代的脉搏。

当代社会中，人们有了更多闲暇的时间去发展各种社会交往，也对美好生活有了更高的要求。但是，文化交往的重要性不能取代物质生活关系在市民社会中的基础地位。将经济领域从市民社会中分离出去实际上等同于将自己的根基剥离了出去，无论是马克思所认识的市民社会作为政治国家的自然基础，还是当前西方学者所论说的市民社会作为民主政治的基地，都难以想象自身已然失去根基的市民社会如何成为他者的根基。葛兰西提出要争夺文化领导权，指出当代资本主义市民社会已被资产阶级的意识形态所侵占，成为权力的合作者，强调了其作为统治阶级政治、文化领导机关的社会职能，其实这就隐藏了一个前提，既经济关系对文化关系的渗透作用。学者 Zoltan J.ACS 研究也表明，美国的文化交往在一定程度就是资本家在工业化大生产之外，以另外一种方式塑造美国社会和价值观念的途径。[①] 总之，市民社会是社会经济的生产者和消费者，这应是市民社会的主要内容和内涵。

二、美国宪政民主本质之辩

当代市民社会思想往往与宪政民主相关，美国宪政民主则被视为西方宪政民主的典范而成为竞相学习或模仿的对象。在此情况下，中国市民社会被批判的一个原因便在于没有导向美国的民主宪政。然而，空谈宪政民主无益，必须对美国宪政民主的本质进行分析，才能避免将市民社会作为一种政治思潮意识形态化。

---

① 参见 Zoltan J.Acs，*How the Wealthy Give，and What It Means for Our Economic Well-Being*，Princeton：Princeton Universtiy Press，2013，p.150.

（一）西方市民社会理论的目标指向：西方宪政民主

当前占据市民社会理论研究主流地位的西方市民社会理论，其最终目标指向都是建立西方的宪政民主制度。国内外学者都认同，市民社会话题首先在西方国家被炒热，并与东欧苏联的演变解体有关。学者邓正来指出："所有西方的思潮流派都视东欧诸国及苏联的'社会转型'为西方价值、理念和制度的胜利。"① 在诸多学者的眼中，西方的成功便在于其基于西方经验和价值的市民社会而构建出了西方宪政民主，东欧剧变就是西方宪政民主的胜利，即是西方宪政民主可以跨越空间、跨越文化而具有了普世的效力。

有关论者持以下几个基本观点：一、西方民主体制体现了自由、民主、平等、人权等内在价值，这与市民社会的价值追求相同。二、宪政是民主制度的核心，是约束国家权力、规定公民权利的政治制度，与市民社会有部分的功能重叠。

这些论者通过各种价值抽象、概念创造的方式将市民社会与宪政联系起来，一讨论市民社会就言必称宪政，进而通过批评其他民族国家的市民社会来批评它们宪政体制的不完善。这种论调在当前有着极大的影响力，在中国学界也有很多支持者，他们或称市民社会是宪政的"基石"，或称宪政梦是中国梦的一部分②。一些论者虽然强调西方宪政的形成有其独特的历史背景，中国不能笼统学之，但往往也是抱着一种无比可惜的失落心态，谁让我们文化骨子里缺乏"宪政基因"呢？

宪政本身没有问题，有问题的是当前宪政民主作为一种强势的政治思潮，作为西方市民社会理论的理论指向，其实是一种经过精心包装的"西方民主优越论"。在这种思潮的论述中，西方宪政民主不仅被视为西方价值观念优越性的体现，以及西方国家发达现状的根源，而且还被视为可供全世界效仿的理想模式。在此影响下，许多学者在描述中国政治体制改革道路时，实际上是以西方宪政民主为目标指向的。因此，正确认识西方宪政民主

---

① 《市民社会理论的研究》，载 http://www.china-review.com/sao.asp？id=1783.

② 参见谢维雁：《宪政所要解决的问题及其中国式理解》，载《理论与改革》2013 年第 6 期，第 192—193 页。

的本质，既有利于我们正确认识宪政民主思潮，也有利于我们认识西方市民社会。

（二）资本在美国宪法中的主导地位

宪法是宪政的核心，正是随着宪法的发展，宪政才得以产生，尤其对于美国来讲，美国宪政民主的形成实际上就得力于一系列宪法判例。

许多人认为，正是由于美国宪法的保障，美国人的自由权利才得以实现，美国才成为世界上最为自由的国家之一。美国被视为个人所求梦想的天堂，"美国梦"吸引着世界各地的人来到美国生活，而"美国梦"实现的基础便在于宪法对个体自由、权利的充分保障。同时，美国宪法体制使个体对政府、国家实现了有效的监督和管理，确保了自己的个人权利不受公共权力的侵害。美国宪法之父麦迪逊在《联邦党人文集》中也指出："首要的权力不管来自何处，只能归于人民。"[1] 美国宪法虽然没有明确将人民主权列入文本，但是序言便以"美利坚合众国人民"开篇，而且在"马卡洛诉马里兰"案中，马歇尔大法官在最终判决中指出，宪法是通过制宪会议、国会和各州议会而交给人民的，宪法规定的联邦主权来源于人民，因此从实质上规定了人民主权的原则。但是达尔曾明确指出《联邦党人文集》中针对宪法所作出的相关说明"远非对宪法批评性的、客观的分析。如果我们用字典上的定义来解释宣传，即'系统地传播以鼓励或伤害某项事业、国家等等的信息或观念'，那么，《联邦党人文集》确信无疑是宣传"[2]。

其实，美国宪法的出发点并不是人民民主，而是对私有财产的保护。关于宪法中私有财产与民主的冲突问题在制宪者那里便有所体现。美国"宪法之父"汉米尔顿和麦迪逊认为，人民很少能作出正确的决断，而以人民大众为中心的民主机构更无法切实地实现公共福利，因此美国宪法的目标应是防止民主所导致的不良后果，美国宪法遵循的原则是"应该这样组成政府使富

---

[1] ［美］汉密尔顿，杰伊，麦迪逊：《联邦党人文集》，程逢如等译，商务印书馆1980年版，第240页。

[2] Robert Dahl.*How Democratic is the American Constitution*，New Haven：Yale University Press，2011，p.64.

裕的少数得到保护，不受多数人的侵犯"①，这种侵犯自然指的是对富人私有财产的侵犯。为此，麦迪逊设计了共和政体，并在各州进行共和政体的实验。实际上，对私有财产的保护是麦迪逊政治思想的核心要点。学者马修斯也指出麦迪逊多次表明应该限制参议院的选举权以保护私有财产，尤其在弗吉尼亚宪法修改中的论述更是表明了他在民主与私有财产上更倾向于后者。②

《独立宣言》起草者之一亚当斯担心，如果让民主分子在立法机构上占据了优势地位，那么他们便会一系列立法，来剥夺有产者的私人财产。③美国宪政史学者阿克曼甚至直接指出，一直以来被认为是争取独立自由的美国独立战争"实际上不如说是有产者为了财产权而进行的一场反人民的战争"④。

美国宪法制定过程也展现了资本，抑或是资产阶级的主体地位。学者查尔斯·比尔德在《美国宪法的经济观》中指出，美国制宪运动便是一些商业巨子由于经济利益在原邦联条例下各州通商往来紊乱，以及对外贸易受挫的情况下受到了损害，因此推动促成一部更为强力的国家性法律的改革。1786年年底公债持有人诺克斯将军在给华盛顿的一封信中就写到，要求财产共有的贫困者正在结成一股肆无忌惮的力量，"这种可怖的情况业已威胁了新英格兰的每一个讲原则、有财产的人士……怎样才可以避免无法之徒的强暴呢？我们的政府必须加强、改革或转变，俾能保障我们的生命和财产"⑤。这样，全国的富人以及大部分的知识分子由于意识利益的一致，而结成了一个坚固的团体，联合商讨合众国的贸易和商业制度以及更进一步的改革。可见，制宪的动力最初来源于《邦联条款》下面的政治制度对巨大的主要的经济利益集团，即与土地对立的资本利益集团所面临的不利影响。

① ［美］查尔斯·比尔德：《美国宪法的经济观》，何希齐译，商务印书馆1989年版，中译本再版序言第3页。

② 参见 Alan Gibon. Madison on Democracy, Property, and Civic Education［J］.*The Review of Politics*, 2005, 67（01），p.71.

③ 参见［美］霍夫施塔特：《美国政治传统及其缔造者》，崔永禄、王忠和译，商务印书馆1995年版，第16页。

④ Bruce Ackerman, *We the People: Transformations Vol.II*, Cambridge: Harvard University Press, 1991, p.31.

⑤ ［美］查尔斯·比尔德：《美国宪法的经济观》，何希齐译，商务印书馆1989年版，第49页。

在为召开会议讨论修改《邦联条款》（最后却干脆制定了一部新的全国性宪法）而选举代表的过程中，为使会议代表不受人民的左右，许多州宪都对投票人和州议员的财产作出了严格限制，从而借限制全民投票达到保护财产的目的。比如马萨诸塞州规定，拥有投票权者必须拥有不动产，且年收入在三镑以上，或其不动产价值在六十镑以上，而对参议员和众议员资格的财产要求则更为严格，前者为拥有价值三百镑以上的不动产或六百镑以上的动产，后者为拥有价值一百镑以上的不动产或二百镑以上的动产。① 诸如此类的规定使大量美国人的公民权被剥夺了。

同时，通过对制宪会议代表们制宪前后的经济情况的深入考察，比尔德发现没有一个会议代表的切身经济利益是与小农或工人阶级相同的，而且大多数代表对宪法制定提出的建议都与私人经济利益有关，且在实际上也都因此获取了经济利益。② 当然，这样考察的目的并不在于指出宪法的制定只是为了制宪会议代表的私人利益，但至少说明了他们代表了与自身经济利益相关的资产者集团，而且说明了他们并不是仅仅遵循政治科学的抽象理论的指导而努力，而是通过宪法的确立将新政府建立在唯一可以稳定的基础，即维护新兴资本经济利益的基础之上。

总之，正如比尔德指出的，汉密尔顿等制宪者要得到这样一个政府，"它拥有若干积极的权力，但它的结构却分散了多数人的统治势力，同时则防止了对于少数人的财产权利的侵犯"③，他们想创建这样一种制度，它"限制一切摧残资本的各州议会的权力"④。美国宪法自诞生之日就有着强烈的经济和阶级倾向性。

学者张宇燕也从美国宪法所授予联邦政府的四项重大权力，以及对州议

① 参见［美］查尔斯·比尔德：《美国宪法的经济观》，何希齐译，商务印书馆1989年版，第53页。

② 参见［美］查尔斯·比尔德：《美国宪法的经济观》，何希齐译，商务印书馆1989年版，第104页。

③ ［美］查尔斯·比尔德：《美国宪法的经济观》，何希齐译，商务印书馆1989年版，第108页。

④ ［美］查尔斯·比尔德：《美国宪法的经济观》，何希齐译，商务印书馆1989年版，第108页。

会的种种限制两方面说明了问题。① 一方面，美国宪法赋予联邦政府租税、战争、商业管理和管理西部土地的权力，使得联邦政府在不能侵犯和限制财产权的前提下，可以顺利地执行其保障资本发展的经济职责。另一方面，美国宪法通过禁止各州发行纸币，使拥有动产者从前受到纸币贬值的侵害现象得到了抑制，同时通过禁止州议会干涉契约关系，保障了资本的金融活动。

美国宪法维护资本利益的基因并不会因为宪法的发展而消失，而只会发生形式的变化，如通过宪法解释等方式。例如宪法第十四条修正案设立之初本是为了保护被解放黑奴的基本权利，但在之后的司法运用之中，该法案却"转化成一部名副其实的为商业服务的大宪章"②，工人的劳动权利受到了侵害。各种垄断法案原为限制公司的无限权力，但往往也成为资本压制工人的工具。而且工人的许多权利都是在资本权力得到确认和保障之后有限的确立起来的。就是在罗斯福的"宪法革命"后，联邦政府成为劳资关系的主导力量，工人的各项权利有了提高，其实也是以资本利益最大化为首要考量。宪法的发展实际上是一个既确保了强势一方的利益，又照顾到了弱势群体某些要求，因而能保障现有社会秩序正常运转、长治久安的妥协的产物。

可见，西方宪政，尤其是美国宪政作为西方市民社会理论的目标指向，与市民社会本身一样，并不能从抽象的伦理概念上去理解。马克思的经济分析和阶级分析方法并没有过时，美国的宪法并不是一部超经济、超阶级的宪法，它以资本的利益和价值观念为自己的基本原则，说到底是资本主导市民社会和政治生活的结果。

（三）资本与民主的关系之争：和谐与冲突

既然西方的市民社会和政治国家从本质上都是由资本所主导，那么，西方市民社会论者在指向西方宪政民主的过程中，不得不面临一个问题，即资本与民主的关系是什么。

在自由主义的叙事逻辑中，资本与民主是一对孪生兄弟，资产阶级则是

---

① 参见张宇燕：《美国宪法的经济学含义》，载《社会科学战绩》1996 年第 4 期，第 43 页。

② ［美］伯纳德·施瓦茨：《美国法律史》，王军等译，中国政法大学出版社 1990 年版，第 106 页。

民主的代理人。许多学者都有相关表述，如学者 Moore 认为"没有资产阶级就没有民主"[①]。学者 Joseph Schumpeter 指出："历史清晰表明了……现代民主是伴随着资本主义而诞生的，并构成了因果关系……现代民主是资本主义进程中的副产品。"[②] 他在《资本主义、社会主义和民主》一书中还专门有一章名为"资本主义的文明化"，讨论了民主是文明化的一部分。Schumpeter认为，民主也在历史上支持了资本主义的发展。

这些学者认为，资本与民主的正向关系有着历史经验的支持。西方民主是资产阶级反抗专制国家、冲破封建传统障碍的结果。在经济利益的动机下，资产阶级创造了现代代议制度，将国家控制在议会权力之下。由资本驱动的经济利益带来个人权利和民主参与的提高，这种认识在西方政治话语中比比皆是，他们认为资本主义和民主是沿着协调的路线演进并互相增进的，并且创造了一种民主资本主义的模型。总之，这种观点越来越成为一种结构性的叙事。

随着民主与资本主义在发展中国家所呈现出的复杂与不稳定的关系，自由主义所搭建起来的民主与资本的积极关系受到了许多学者的挑战。

一种挑战性来自学者对资本与民主之间的偶然性关系的认识。一些学者认为，资本及资本主义的发展并不构成民主的前提条件，民主是阶级间博弈均衡的结果。比如吉列尔莫·奥唐奈等认为，在民主转型期间，"不同阶级之间必须达成某种妥协，一方面向资产阶级保证他们的财产权在可预见的未来不会被威胁，另一方面向工人与其他受薪阶级保证他们对薪资与社会正义的要求终究会被满足。"[③]

另一种挑战则来源于对资本与民主之间否定关系的认识。郑永年[④]认为，

①　Eva Bellin. Industrialists, Labor, and Democratization in Late-developing Countries [J]. *World Politcs*, 2000, 52（02），p.176.

②　Gabriel A.Almond. Captitalism and Democracy [J] .*Political Science and Politics*, 1991, 24（03），p.468.

③　［美］吉列尔莫·奥唐奈，［意］菲利普·施密特：《威权统治的转型：关于不确定民主的试探性结论》，景威、柴绍锦译，新星出版社 2012 年版，第 65 页。

④　参见［新加坡］郑永年：《危机或重生？全球化时代的中国命运》，浙江人民出版社 2013年版，第 8 至 10 页。

资本与精英民主确实是相互配合大于矛盾的，但是随着大众民主逐步取代精英民主成为西方主流民主形式后，西方国家也纷纷向福利国家转型，民主与资本主义的结构性矛盾便开始突显。大众民主要求政治以选民的选票为中心，在这种情况下，虽然金钱依然是政治基础，但选民意愿已然成为政客们首要考量的因素，这导致了民粹主义逐渐抬头。虽然福利体制的弊端日益显现，但大众民主必然要求政府不断扩大社会福利，郑永年因此称西方国家的民主往往沦为了"福利政策的'拍卖会'"①。

这种"拍卖会"很容易把全社会的注意力集中到社会财富的分配问题上，即如何分蛋糕的问题，而把生产潜力的发掘即如何做大做好蛋糕置于其次地位。这种本末倒置的"拍卖会"会并不利于社会生产力和科技的发展，从而在根本上影响到该国社会发展的效率和效益本身。当今许多发达国家在发展问题上陷入的困境及因此产生的失业、福利资金欠缺、社会改革政策推行难等诸多社会问题，都可以由此得到解释。

哈佛大学经济学家布鲁斯·斯科特也认为，资本主义并不是民主的充分条件，而且相反地，资本主义必然会导致贫富两极化，并趋向于反民主。②

这两种挑战虽然对资本与民主的关系作出了不同的判断，但是都展现了资本与民主关系的复杂性。从西方民主政治发展的实践历史看，资本统治与大众民主有协调关系的一面，也有相互冲突的一面。资本注重的是财富的积累和增值，民主注重的是财富、资源的平等分配，两者所遵循的原则和逻辑都是不同的，甚至是对立的。当前资本主义民主危机的根源就在于上述对立的平衡调和陷入某种困境。这种冲突关系使资本主义民主体制受到了挑战，但是并不否定纵观历史发展进程，资本确实促进了民主的发展，资产阶级所确立的西方民主政治制度也确实是为人类文明增添了光芒。具体来说，资本对于民主来讲具有妥协弹性。众多单个资本为了自己的根本利益会在一定程度上对工薪阶级妥协让步，通过调整国家立法来调整整个社会资本的行为，

---

① ［新加坡］郑永年：《危机或重生？全球化时代的中国命运》，浙江人民出版社 2013 年版，第 10 页。

② 参见 Patricia Cohen. An Unexpected Odd Couple：Free Markets and Freedom［J］. *English Digest*，2007（08），p.14.

从而推动整个社会公共利益的发展，包括民主政治的发展。在这种变革中，单个资本的妥协弹性极其有限，所以自由资本主义时期的民主政治发展较为缓慢，而资本主义国家作为"总资本家"则拥有极强的妥协弹性，可以使用更加多样、有效的策略来化解民主危机，使资本与民主在一个平衡的机制中共存。上述偶然性关系论者观察到的便是妥协弹性范围内在其他因素的辅助下资本对民主的促进。但是这种均衡改变不了资本对民主的统治地位，资本的逻辑决定了它不会停留在某一个领域或地区，它需要不断膨胀。晚期资本主义民主危机的不断加深便反映了资本主义国家作为"总资本家"的妥协弹性也在越来越逼近临界值，资本与民主的冲突关系不断显现。

实际上，哈贝马斯等西方马克思主义学者提出将文化的市民社会作为西方民主政治的基地，也正是源于晚期资本主义阶段，资本与民主的矛盾不仅在非西方国家，就是在美国这样的自由主义民主基地也日益凸显。可惜的是，他们虽然认识到了资本的逻辑对民主的蚕食，但是却总想可以在资本主导的经济政治社会关系下开辟出一块不受资本影响的"净土"，并希冀着这块"净土"可以消解资本与民主的冲突，维持资本主义制度，使得文化的市民社会成为一个可以实现的乌托邦。更加吊诡的是，许多市民社会论者将理论基础建构在文化的市民社会之上，但却内在地对资本与民主的关系持和谐论调，他们往往表面上在论述市民社会对于民主政治的推动作用，但实质上论述的是资本对民主的导向作用，遵循的还是"和谐论"的价值逻辑，并进一步将其转变为现代化的逻辑，认为中国民主政治要进一步发展，就必须将资本在市民社会中主导作用延续到政治领域中。

三、美国市民社会与国家关系之辩

市民社会与国家之间的关系是市民社会研究中的一个重要主题。总体来看，西方资产阶级兴起的过程就是资产阶级反抗封建王权并最终夺得统治地位的历史。同时资产阶级对私人财产权的依赖使他们基本都是强调私权、排斥公权。因此启蒙思想家指出"社会先于国家"。这种认识虽然陈述了部分事实，并有利于民主政治的完善，但是也遮蔽了市民社会与国家关系的本质，以及市民社会发展中国家与市民社会相互形塑的事实。

（一）理论争论：独立的反抗者与国家叙事

西方市民社会论者眼中，市民社会应是一个独立的领域，有着独立自主的精神，抵抗国家对个人权利的侵蚀。独立自主的反抗者这个角色，先是在西方市民社会反抗封建专制国家的生成过程中形成，然后又在当下西方社会反思二战以来的福利国家体制下得到固化。总之，强调市民社会脱离国家的控制，强调市民社会的独立自主性以及对国家权力的限制，一直是西方市民社会论者的主题。

尤其对于美国这样的市民社会先于国家存在的社会而言，"小政府、大社会"，国家只承担市民社会"守夜人"的思想更为浓厚。托克维尔在考察美国民主时也认为，自由也只有在独立于国家之外的市民社会中才能存在，自由属于市民社会，专制属于国家。[①] 与市民社会这种角色认知相伴出现的是"弱国家"的国家叙事。一般认为，美国是社会先于国家，社会高于国家的典型代表，尤其是在罗斯福新政以前，自由竞争、自由放任就是美国社会的标签。

在现代学者的描述中，美国市民社会与国家关系的历史则被简化为个人追求"美国梦"、追求自由的历史。比如方纳在《美国自由的故事》就将美国国家的诞生、南北战争、新政等一系列美国历史进程描述为，美国人民对不同历史时期具有不同内涵的自由的不断追求。正是奴隶制斗争、女权运动、劳工争取"经济自由"的努力，以及激进派和持不同政见者对言论自由的要求等等，所有这些群体按自己对自由的理解、不断开展的争取享有完整的自由的斗争，构成了美国历史前进的动力。这种讲述美国历史的方式比比皆是。[②]

多元主义者进一步发展了这种认识，将市民社会视为各利益代表组织，

---

① 参见 M.J.Vinod. The Changing Demensions of Civil Society in the Twenty-first Century: Theory Versus Reality [J] .*The Indian Journal of Political Science*，2006，67（04），p.784.

② 类似著作诸如［美］萨拉·M·埃文斯的《为自由而生——美国妇女历史》。

国家则是这些利益组织争夺利益的角斗场。这种认识造成了这样一种现象，即一方面美国在全球范围内无论在政治、经济上都是一个强国，在国内外有着广泛的干涉和管制能力，另一方面在历史叙述中却常常看不到"国家"的影子。美国人和学者永远乐于讲述的是关于个人主义、独立自由、志愿主义、自由劳动、自由市场的故事，而市民社会就是承载这些内容的舞台。这种认识与现实的断裂被亨廷顿称为事实和标准之间的"认识紊乱"，使人们在美国人的虚构与历史政治现实之间产生了混乱。同时，美国的历史也被生硬的分成了两节，罗斯福新政前和新政后，国家概念是突然出现的。

针对长期的"以社会为中心"造成的这种混乱，二十世纪七八十年代，以西达·斯考切波、艾拉·卡茨纳尔逊等为代表的"国家回归学派"，开始试图"将国家找回来"。在回应马克思主义的社会、阶级分析和现代化理论中，"国家回归学派"将关注的重点放在了国家的潜在自主性及其实现目标的能力上。斯考切波强调："国家应该被看作是独立于（虽然受束缚于）社会经济利益和结构的管理公共事务的、具有强制力的组织。但现今流行的理论……却使政治和国家行为沦落为社会经济力量和利益的代表。"[①]

在"国家中心主义"兴起以后，美国普林斯顿大学政治与国际关系教授约翰·伊肯伯里[②]进而提出了影响很大的"以国家为中心的研究方法"，他指出，不论是采取以社会为中心还是以国际为中心的方法来理解对外经济政策，都实际上是将政策制定作为"黑箱"看待。这些研究方法虽然都设定了众多推动或阻挠特定政策的力量存在，但却对这些力量是如何影响或塑造政策的语焉不详。而只有更好地理解国家在其中的作用才能正确认识政策制定的过程。国家并不简单的是一个官员的集合体，而且是一块战略要地，它塑造了政治斗争的整个过程，并往往为赢得战争提供了必需的资源条件。虽然从长期来看，支撑政策制定的政治机制更多地体现在社会和国际力量上，但是从短期来看，在获取政治资源的路径框架设定上，国家结构仍起着重要作

---

① Theda Skocpol, *States and Social Revolutions*, Cambridge：Cambridge University Press，1979，p.14.

② G.John Ikenberry. Conclusion：an Institutional Approach to American Foreign Economic Policy［J］. *International Organization*，1988，42（01），pp.220–222.

用。这些研究将国家带回到人们的视野之中，重塑了美国国家在其与市民社会关系中的形象，为我们重新理解美国市民社会与国家的关系提供了崭新的视角。

（二）志愿主义意识形态化在美国的形成

实际上，市民社会的独立性、志愿性以及与国家对立的内容虽然有着一定的经验基础，但是从本质上讲是美国政治家与学者意识形态化的结果。

南北战争后随着能够积聚大量经济力量的股份制公司的出现，个体不再需要国家来实现其经济目的，反而政府越来越成为个体实现商业利益的阻碍。这时，公司从公共控制中解放出来，公私相区分便成为个体追求的目标。在这个过程中，强调市民社会的独立性逐渐被意识形态化，市民社会成为一个含有强烈政治意味的概念。通过将独立的市民社会意识形态化，将志愿主义作为市民社会的精神并塑造为美国性格的表达，保守力量成功地长期将国家概念抵挡在了意志形态话语之外。

美国学者莱斯特·M.萨拉蒙在研究中也指出，尽管市民社会的独立性与志愿主义在传统美国价值观念，如个人主义、反对中央权力，政教分离等可以找到支持，但是美国并不是先天的就能够产生这样一个强烈的观念，即建立独立的、志愿主义的市民社会组织①，比如美国早期文化中存在着反团体主义、反精英主义、反对私人机构对民众的控制等文化倾向。在萨拉蒙看来，经济以外的市民社会组织的发展来自实用主义和必然的需要。② 美国社会先于国家产生，因此必须依赖自己提供公共服务而不像其他社会一样可以依赖国家。因此，在 19 世纪，非营利的市民社会组织被认为是一个必需产品而不是一种精神特质。美国人求助于组织来完成个体无法完成的事，同时对这些组织具有的制度化倾向保持怀疑，否定他们的团体地位，将其限制在其能够自我延续的状态，而不保障它们的"公共"特性。

---

① 参见 Lester M.Salamon and Helmut K.Anheier, *Defining the Nonprofit Sector—Across-national Analysis*, Manchester: Manchester University Press, 1997, p.280.

② 参见 Lester M.Salamon and Helmut K, Anheier.*Defining the Nonprofit Sector—Across-national Analysis*, Manchester: Manchester University Press, 1997, pp.281-283.

而在股份公司出现后，私人部门逐渐与公共部门相区分，并产生了两者相互对立的新信条。比如在救济穷人方面，产生了"科学慈善"（scientific charity）这个新的信条。它认为许多贫穷的根源是懒惰，公共部门的一些救济反而滋生了懒惰，而私人非营利部门则可以有针对性的救济。[①]因此私人部门成为政府贫困救济的反对者。同时，个人财富的急剧增长以及慈善活动的增加也强化了市民社会的志愿主义特质及其与政府之间的冲突。人们越来越认为私人组织可以成为公共机构的替代品来提供公共服务，前者甚至可以做得更好。志愿主义因此被政治化，并成为人们在快速城市化和工业化带来的诸多问题中，抵制公共机构的集结点。可见，依赖志愿主义的市民社会组织来满足公共需求最初仅是国家能力不足时的客观需求，但是这种实用主义的需要却逐渐转化为一种政治意识形态，尤其在19世纪晚期至20世纪早期成为反对政府社会福利保护的保守力量的集体诉求。可以说，志愿主义被意义形态化虽然提高了志愿活动以及非营利的市民社会组织在美国人民生活中的影响，但是也模糊了后者的实际作用。

总之，独立于国家（或政府）之外的市民社会在美国是一个颇有力量的神话，这个神话将市民社会理想化，将国家或政府妖魔化。这个神话遮蔽了一个事实，就是市民社会与国家紧密相连，并且在合作过程中产生了丰硕的成果。

（三）现实实践：美国市民社会与国家的互动与塑造

马克思"市民社会—国家"理论站在历史唯物主义立场上强调市民社会与国家的对立统一关系，批判了自由主义的"原子式的个人"及其基础上的二元论的市民社会与国家观点。占据美国意识形态主流地位的各式自由主义观点同样无一例外地强调市民社会的独立性，但是历史的看，完全独立的市民社会在美国并没有现实的存在过，而基本上是意识形态的创造物。前文就提到，早期美国的商业公司就是作为公共机构而存在的，国家直接或间接控制着私人生产部门，并将其作为管理社会经济的辅助工具。莱斯特·M.萨

---

① 参见 Lester M.Salamon and Helmut K, Anheier.*Defining the Nonprofit Sector——Across-national Analysis*，Manchester：Manchester University Press，1997，p286.

拉蒙在对美国非营利部门的研究中也指出，在殖民地时期和建国最初的一百年，美国盛行着公私部门的合作，而且直到19世纪后期，独立的私人非营利部门概念才出现，而作为一个不受社会和政治需求控制或介入的私人活动的非营利部门，其概念的建立则是更晚的事。[①] 实际上，美国社会先于国家的历史特点不仅不利于公私的分离，反而使公共角色和私人角色更容易混淆在一起。私人公司扮演着公共服务的角色，大学董事会包含了政府官员等公私混合的现象众多。南北战争后的一段时间由于社会和经济需要，这种现象更为普遍，一份1889年对17家私人医院的报告表明，这些医院收入的12%~13%来自于政府。[②]

一些学者考察了美国早期历史中政府对市民社会发展的重要作用。理查德·约翰通过对美国早期邮政系统发展的研究，发现联邦政府所主导构建的通信网络推进了信息革命，创造了一个商业信息的全国市场和讨论国家事务的公共领域，同时还为志愿性组织和大众政党的建立提供了技术条件。约翰进一步指出，在此过程中，联邦政府并不仅是一个各社会团体争夺利益的竞技场，而且是一个不可或缺的变革推动者。[③]20世纪90年代政治学研究开始盛行的"新制度主义"，也对行政机构在美国早期社会发展中的重要作用进行了大量的研究，发现只有给予国家概念与社会概念同等的重视，才能充分理解美国早期历史的发展。[④]

实际上，在威尔逊时期和罗斯福时期国家概念就曾一度兴起，国家在促进美国劳资双方集体谈判制度形成中起到了重要作用，并主动回应了市民社会的需求。在进步主义时代，尤其是威尔逊时期，联邦政府的角色和作用逐渐成为一个中心问题。同时，随着选举人对政党忠诚度的下降，各主要政党

---

① 参见 Lester M.Salamon and Helmut K, Anheier.*Defining the Nonprofit Sector—Across-national Analysis*, Manchester: Manchester University Press, 1997, pp.280-281.

② 参见 Lester M.Salamon and Helmut K, Anheier.*Defining the Nonprofit Sector—Across-national Analysis*, Manchester: Manchester University Press, 1997, p.284.

③ 参见 Richard R.John, *Spreading the News: The American Postal System from Franklin to Morse*, Cambridge: Harvard University Press, 1995, p.282.

④ 参见 Richard R.John. Governmental Institutions as Agents of Change: Rethinking American Political Development in the Early Republic, 1787-1835 [J].*Studies in American Political Development*, 1997 (11), pp.347-380.

都开始挖掘获得支持者的新途径。正是在此背景下，民主党领导人开始与代表工人的组织和个人合作，在此过程中，如何回应市民社会对一个更强有力国家的需要，很大程度上影响了民主党合作对象的范围，以及政策的制定。可以说，正是威尔逊及其民主党同僚较好地回应了国家问题，使他们获得了劳联之外，包括部分社会主义者、西奥多·罗斯福带领的进步党在内的更广泛的同盟力量。新政时期更是美国历史上迄今为止国家干预私人经济最为全面的一次试验。新政后杜鲁门政府的"公平施政"，艾森豪威尔政府推动联邦出资范围的扩大，肯尼迪和约翰逊政府进一步深化新政，提出"向贫困宣战"和"伟大社会"，实际上都是新政时期所构筑的国家和市民社会关系的延续。由此可见，美国政府积极主动与市民社会进行互动并不是 20 世纪以来的"创新"，学者约翰·劳里茨·拉森就指出进步主义者的改革正是试图重新恢复积极政府这一传统，以实现"曾经清晰的、不证自明而又激励人心的美国革命这个目标"①。

　　此外，就是在"文化的市民社会"影响下被广泛讨论的非政府组织的发展，也离不开国家的积极作用。萨拉蒙也指出，尽管在意识形态话语上的冲突和分离，主导了政府与非政府组织的关系，但在实际上，美国历史上的大部分时期政府与非政府组织都是积极合作的关系，就是在两者关系紧张的时期，这种紧张关系也不是对抗性的，而是一种被作者称为"第三方治理"（third-party government）模式，即政府依赖包括非政府组织在内的第三方去行使公共职能。②而且，国家的扩张与非政府组织的发展并不必然是对立的关系，罗斯福新政就实际上直接或间接地推动了各种社会组织形式的发展。20 世纪六七十年代"伟大社会"时期，更是非政府组织获得快速发展和政府社会监管体系形成的时期，而 80 年代里根政府大规模缩减政府对非政府组织的支持，不仅没有使非政府组织变得更加公益化，反而是更加商业化和更

---

　　① 　John Lauritz Larson, *Internal Improvement*: *National Public Works and the Promise of Popular Government in the Early United States*, Charlotte: University of North Carolina Press, 2001, p.7.

　　② 　参见 Lester M.Salamon, *The State of Nonprofit America*, Washington D.C: Brookings Institutes Press, 2002, p.450.

缺乏竞争优势了①。可见，正如马克思所认识的，国家与市民社会只能在理论上作出明确界分，但在现实生活中却始终纠缠在一起，且始终相互作用、相互形塑着，自由主义"市民社会—国家"理论本身缺乏坚实的历史基础。无怪乎有学者将自由主义"市民社会—国家"理论下发展出来的"公民社会"概念称为"新自由主义编造出来的一个粗糙神话"了②。

四、美国市民社会与民主政治发展
在认识上的自我修正之辩

许多当代市民社会论者研究或批判中国的逻辑基点在于，以多元政治参与、社会运动为核心内容的市民社会必然会导向民主政治。美国民主政治发展走的是这一条路径，东欧剧变也是对这条路径的印证。然而，这个逻辑本身越来越多地受到了学界内的质疑，马克思市民社会思想也为我们深入考察这个逻辑，并正确认识美国民主政治发展道路提供了独特的视角。

（一）西方学者"市民社会—民主政治"认识逻辑的困境与自我修正

在自由主义所塑造的价值体系中，美国资本主义体系的强大力量并不来源于产业或公司体系的庞大影响力，也并不来源于国家的 GDP 数值，而是来源于一些更加振奋人心的东西，比如国家赋予个体参与的种种机会和自由以及机会和自由带来的创新和进步。③ 总之，强调社会各个层次上的自我管理和公民参与，并将其作为国家进步和经济发展的根本原因，是这种价值体系的核心内容。

然而，自由主义的"市民社会—民主政治"认识面临着困境。新自由主

---

① 参见 Lester M.Salamon, *The State of Nonprofit America*, Washington D.C：Brookings Institutes Press，2002，p.447.

② 王绍光：《社会建设的方向："公民社会"还是人民社会》，载《开放时代》2014 年第 6 期，第 26 页。

③ 参见 Zoltan J.Acs, *How the Wealthy Give，and What It Means for Our Economic Well-Being*，Princeton：Princeton Universtiy Press，2013，p.151

义者的保守力量力求将市场的逻辑即资本的逻辑延伸到政治领域，仅在最低程度内对其进行修补。左派则试图使新社会运动成为民主政治发展的动力基础。他们虽然路径不同，但殊途同归，都是在自由主义框架下对市民社会及其与国家关系的理解，最终目的都是对资本主义体制的维护。一方面，如上文所述，他们所描述的田园牧歌式的市民社会遮蔽了许多历史现实，具有强烈的意识形态意味；另一方面，他们所希冀的通过文化的市民社会通向民主政治的道路处处受阻。前文已述，安子杰、蒂滋等学者的研究表明，非政府组织的发展并不一定能够推动民主政治变革。

结构主义认识被打破之后，许多学者开始从行动主义出发，研究市民社会与国家之间的策略性关系及其可能发展出的民主倾向。比如卡罗琳和江于舟以市民社会组织为分析视角提出的"政府联盟"和"政府规避"策略，哈斯马斯等以地方政府为分析视角提出的"策略性忽视"效应等。[①] 这种认识虽然更加微观、更加符合各地方的特殊性，但因此也更加碎片化，使我们对市民社会演进中民主政治发展的逻辑更加混沌。

如果说自由主义所描述的市民社会通向民主政治的道路不存在，那么是否市民社会便与民主政治不存在联系？我们又应该怎样理解美国市民社会和民主政治发展的道路？

在此，自由主义内部的自我批评值得我们重视与讨论。学者罗伯特·A.达尔的《多元主义民主的困境：自治与控制》批判并修正了自由主义所倡导的组织多元主义民主。简要地说，达尔的中心问题是，自由主义认为，独立、自主的社会组织是民主的重要内容，甚至是核心内容，但是同时自主和独立也赋予了社会组织以作恶的权力。也就是说，多元主义的关键问题便在于，他们所认为的社会组织的关键优势，恰恰也是其危险之处。[②]

具体来讲，达尔首先指出组织上的多元主义并不直接等同于民主，前者虽然可能是后者的必要条件，但是却一定不是充分条件。其次，并不是所有

① 参见原晨珈，李凯林：《近30年西方学者研究中国民间组织的特点管窥》，载《北京行政学院学报》2016年第1期，第106—107页。

② 参见［美］罗伯特·A.达尔：《多元主义民主的困境：自治与控制》，周军华译，吉林人民出版社2011年版，第26页

的民主政体都必须是多元主义的。在组织的多元主义之外，民主可以在小范围内实现，卢梭就有过这样的期望。当然，达尔认为，在大规模范围内仍然需要多元主义的代表制民主。尽管如此，多元主义仍然导致了几个问题，达尔将其归纳为：一是固化政治不平等。多元主义虽然通过相互控制来达到对国家权威的控制，但是也将未组织起来的利益排挤了出去，因而实际上维持了不平等。二是扭曲公民意识。组织多元主义必然与利益多元性相连，通过表达和加强特殊利益，组织将会阻止公意的表达。组织不仅是利益的中转站，而且会为了增强成员特殊利益损害公共利益，为了短期利益损害长期利益，为了团结组织内部而分裂组织与外部关系。可见，组织在聚合不同个体的同时也造成了分裂和冲突。同时，由于组织在团结少数人利益的同时却在实际上分散了利益关系，因此可能导致更大范围的公共利益受到了忽视。三是歪曲公共议程。多元主义有利于导致歪曲的公共议程，使那些为数量相对较小的有组织的公民带来短期可见收益的方案被至于公共议程前列。四是让渡最终控制。通过给予利益集团对于重要议程的最终决定权，多元主义可能导致公民失去公共事务议程的最终控制。

针对上述问题在美国的具体表现，达尔给出了一个重要补救措施，即倡导资本主义社会权力和控制关系的根本性重组，以及所有权关系的根本性重组。达尔指出，"在确定哪些随意的决策应恰当地列入特定公民议事日程的过程中，以下结论是无可避免的，即所有那些生活受到决策之最大影响的经济企业的所有雇员必须被包括在公民总体中。而且为了满足民主的标准，公司的公民必须拥有平等的投票权"[①]。可见，达尔的补救措施实质上是在多元主义框架之内的经济民主，即工业民主。达尔从生产关系领域寻找补救多元主义的措施是正确的。市民社会主要是负责生产的领域，其中劳方与资方是生产的主要承担者，劳方与资方的冲突矛盾是市民社会的主要矛盾表现，因此市民社会与国家关系的调整以及由此带来的政治进步无疑与劳资双方生产关系的改革紧密相连。

---

① ［美］罗伯特·A. 达尔：《多元主义民主的困境：自治与控制》，周军华译，吉林人民出版社 2011 年版，第 164 页。

（二）对达尔修正的认识

实际上，达尔提出经济民主或工业民主在美国历史上并非首创。美国劳资集体谈判制度的理论渊源之一便是工业民主。以康芒斯、李尔森为主要代表人物的制度经济学发展了这一理念，对美国劳工政策的形成起到了重要作用。从美国的历史经验来看，在"工业民主"口号下确立的集体谈判制度也确实使美国渡过了 20 世纪 20 年代末至 30 年代初的经济大萧条。工业民主这个概念在 19 世纪末首次被韦布夫妇引入社会科学后，便成为劳资关系问题研究中常见的一个概念。《美国政治和社会科学学会会刊》（*The Annals of the American Academy of Political and Social Science*）在 1920 年第 4 期就出版了一期"工业稳定"的专辑，对工业民主、集体谈判等问题进行了专门的讨论，参与讨论的有学者、政府官员、国会议员及劳资双方的代表。从相关讨论中可以看出，工业民主包含两个维度，一是价值维度，即将民主价值从政治领域推广至经济领域；二是制度维度，即将集体谈判作为实现工业民主的制度工具。而从本质上看，这两个维度又都首先指向了同一个目标，即工业领域的秩序和效率。

不论是《国家工业复兴法》中的劳工条款，还是《瓦格纳法》和《塔夫脱—哈特莱法》，都是对生产秩序的紊乱作出的直接回应。《国家工业复兴法》的第一条便说明了法案的目的，即解决全国范围内生产力的下降、失业率的上升及工业生产的无组织性等问题，以消除对国内外自由贸易的影响……推动政府监管下的劳资联合行动，以消除不公平的竞争行为，促进工业生产力的效率……改善劳动环境及其他方式以恢复正常的工业活动。[①]《瓦格纳法》第一条也指出，雇主对雇员组织起来的权利的否认，以及拒绝接受集体谈判的行为，导致了罢工和其他形式的工业冲突和动荡，并对贸易造成了一系列的不利影响……劳资之间谈判力量的不平衡使工资水平下降、工人购买力下降，影响了产业内部和产业之间的竞争性工资水平和工作条件的稳

---

① 参见孟广林主编：《西方历史文献选读（现代卷）》，社会科学文献出版社 2015 年版，第215—216 页。

定，从而阻碍了贸易的流通，加剧了当前商业萧条的程度。[①] 修正后的法案第一条中则增加了针对劳工影响商业贸易的内容，指出消除工会及其负责人和成员采取罢工等方式阻碍商品自由流通，或通过集体行动损害商业贸易中的公共利益的行为，也是法案的立法目标。可见，20世纪30至40年代美国通过立法所确立的劳资关系体制的总体目标为，一方面通过保障雇员组织权力和集体谈判权力，促进劳资矛盾的和平解决，减少工业冲突，从而防止商业贸易受到损害；另一方面通过将劳工行为置于国家的监管体系之下，防止工人及其劳工组织采取集体行为造成生产秩序的混乱。

为了维护资本主义生产的稳定与效率，资产阶级一方面必须作出一定的妥协与让步，另一方面又必须保证生产关系的改革不能危害到资产阶级的统治地位。为此，资产阶级选择的方式是将市民社会中劳资关系的调整以及劳资之间的谈判活动完全纳入行政国家的管理范围内，从而使集体谈判的权利服务于工业和平这个压倒一切的目标。市民社会和国家中的进步主义者，包括知识分子、进步的企业家和国家官员意识到，只有赋予工会组织一定的权利，使其与企业的力量相平衡，才能避免社会革命的爆发，维护社会秩序的稳定，只有在生产力进步的同时提高工人的工作福利，才能尽可能地减少生产悖论的负面影响。

在此基础上，资本主义统治者的任务便是使工业民主、工会组织对于资本主义制度和资本主义生产方式来说是完全安全的。最初，资本家采取的方式是将工人排除在选择工人代表的过程之外，通过设立"工厂委员会""公司工会"等形式来实现企业管理者对工人代表的直接控制。虽然国家战时劳工委员会等相关机构一再批判和要求改变，但是到《瓦格纳法》实施之前，这种工厂和企业内部的工人代表选举方式都始终占据着主流地位。国家工业委员会在其一份工作会议手册中对这种劳资协商方式评价道，这与其说是集体谈判，不如说是"集体决策"。[②] 然而，虽然这种方式并没有赋予工人足够

---

① 《瓦格纳法》（National Labor Relations Act），载 https://www.nlrb.gov/resources/national-labor-relations-act.

② 参见 Joseph A.McCartin, *Labor's Great War*, Chapel Hill: The University of North Carolina Press, 1997, p.217.

的谈判力量，但是却迫使资本家作出了妥协，承认了工人在工作中表达利益诉求的权力。这表明了美国劳资关系已经发生了改变，时代要求工人在集体谈判中得到更多的权力。《瓦格纳法》在保障工人组织和集体谈判权力的同时，通过国家劳资关系委员会的设立将劳资谈判从私域拉入到公域之中，将集体谈判置于国家的监管之下，使集体谈判成为国家调整劳资关系，促进工业生产秩序稳定和效率提高的公共政策工具。此外，法案将集体谈判中劳工方单位和工人代表的认证权完全授予国家劳资关系委员会，其实是在制度设计上对工会发展实现了既鼓励又限制的目标。《塔夫脱—哈特莱》对非工会成员和少数工人群体权利的保护，也体现了对工会力量的限制。实际上，一个多元化的工会格局正是美国劳资关系体制确立的目标之一，从而促进工会组织内部的竞争，削弱工会的整体实力，防止工会对资本主义体系的根本性破坏。总之，美国资本主义体制下所强调的工业民主，其本质并不是工人自我组织的权力，以及劳资之间的平等地位，而是劳资关系的稳定和资本主义工业生产的发展。

由此可见，公平、权利、自由等价值理念始终是社会秩序和经济发展的副产品。如果抛开生产关系领域，便难以真正理解理论家们对公平、民主、自由的追求。马克思、恩格斯对此早有洞见。马克思指出："权利决不能超出社会的经济结构以及由经济结构制约的社会的文化发展。"[①] 恩格斯在《论住宅问题》中认为："公平则始终只是现存经济关系的或者反映其保守方面，或者反映其革命方面的观念化的神圣化的表现。"[②] 针对美国工人在集体谈判相关法律上所获得的种种权利，美国学者克利斯托夫·汤姆林斯评价道，法院给予工人的只是理论上的自由，而不是实质上的工业自由，国家给予工人及其组织的最终也不过是，参与建立使他们自身处于从属和服从地位的体系的机会，因此，完全依赖美国构筑的劳资关系体系对工人来说犹如是将未来

---

① ［德］卡尔·马克思，弗里德里希·恩格斯：《马克思恩格斯选集》第 3 卷，人民出版社 2012 年版，第 364 页。

② 参见吴光芸：《社会资本，连接公民社会与协商民主的桥梁》，载《理论探讨》2009 年第 3 期，第 146—147 页。

建筑在了泥沙之上。^①

在了解了美国的历史经验之后，我们再回过头来进一步看自由主义的"市民社会—民主政治框架"，以及达尔所进行的修正。达尔指出了自由主义在多元的社会组织与民主政治之间搭建起必然因果关系的逻辑错误，并指出了企业内部权力变革的重要性，从而将人们的视线拉回到了经济关系领域，这是达尔的积极之处。但是达尔对资本主义制度本身仍是肯定的，这就不仅引起了我们的疑问，达尔提出的完全的雇员自我管理，如何能够在资本占据统治地位的情况下实现？他所期望的社会权力与控制关系的根本重组与资本主义制度本身是冲突的。我们可以猜测，出现这个问题的首要原因在于达尔仍基于自由主义之上，认为资本与民主之间存在必然的逻辑关系。毕竟，达尔一直对民主与社会主义的相容性持怀疑态度，他在《多元主义民主的困境》中明确提出："但是也很难弄清，一个普通的、多少有些统一的分权民主社会主义结构如何能在缺乏特定程度的集权和集中的情况下得到建立或维护。"^②而将资本与民主视为孪生兄弟的错误性上文已有论述。

进一步来看，达尔虽然认同不平等的经济资源导致了不平等的政治资源，但是他对经济向政治权力转化的观察仍然受限于美国多元主义政治理论。从根本上讲，美国多元主义政治理论的基本特点是，它在结构上受到了先前经验的影响和限制，这个经验基础是，美国的自由主义民主国家依赖于一个相对稳定的资本积累过程，公共权力依赖于以市场为导向的多元政治的政治决策。美国多元主义者正是在此基础之上将民主政治与多元性的组织联系起来的。实际上这种联系在很大程度上仍是经验性的，具有大量的偶然性与特殊性，并且各种群体利益斗争也付出了很大的代价。强调文化的市民社会者则走得更远，它试图通过多元性的非经济的社会组织来实现民主政治，是试图使用多元主义政治理论的政治监督原则和手段，但却不考虑，或是要超越后者的经济基础，这就无怪乎当前市民社会话语往往成为随意批判他国

---

① 参见 Christopher L.Tomlins，*The State and the Unions*，Cambridge：Cambridge university press，1985，p.327.

② ［美］罗伯特·A.达尔：《多元主义民主的困境：自治与控制》，周军华译，吉林人民出版社 2011 年版，第 106—107 页。

政治体制的意识形态工具了。

（三）科学认识美国市民社会与民主政治发展

要科学认识美国市民社会与民主政治的发展，或许马克思的认识框架会给我们以更多的启发。要从美国的市民社会出发去认识民主政治的发展，但必须：一、从市民社会作为生产力的承担者出发去理解民主政治的发展。不管是何种政治体制下的市民社会，都是以做蛋糕为主要目标的，而当前许多市民社会论者关心的重点是分蛋糕。在蛋糕做大的基础上，一定程度地改善分蛋糕的方式，即符合人类社会发展的趋势，也符合蛋糕继续做大的要求。但不能头足倒置，当前西方民主很大程度的问题便在于影响了做蛋糕的效率。二、从资本主导美国经济政治理解市民社会参与政治的进程。资产阶级在取得政权后，为了保持政权为资产阶级服务，设置了代议机构来管理国家事务。随着资产阶级内部结构的变化以及社会政治事务日益复杂性，资产阶级要求通过多种方式来管理国家事务。因此，要求市民社会深入政治领域、参与国家事务，在以资产阶级处于统治地位的资产阶级国家具有合理性，符合资本发展的利益。

具体来说，美国市民社会是资产阶级主导的市民社会，其在生产和交往中形成的社会组织的基本任务是保护自己的私有财产不受侵犯，政府是制约对象之一。因此资产阶级在获得政权后要用法治、三权分立等手段实现对政府的控制，保障后者成为资本的雇员。在市民社会内部，资本通过法律手段、社会规则等方式，创造有利于资本快速稳定积累的环境。劳动力是实现资本积累的关键要素，因此工人既受资本所制定的规范的制约，又受其保护。在三权分立下，资产阶级不以官员的身份进行直接统治，而是以股东身份通过职业经理人实现统治。职业经理人可以换，但都是资本内部竞争、协调的结果。政党政治是市民社会内部不同派别进行政治活动的主要方式，在资产阶级国家，执政党是资本内部不同派别竞争的结果。在美国，共和党在东北部工商业主及中西部开发各州的农业企业家的支持下成立，民主党则在种植园主和与南方奴隶主有联系的企业家的支持下成立。虽然随着经济结构和社会结构的调整，各党派都在积极地扩大自己的群众基础，将工人阶级等群体纳入了进来。但是归根到底，如果没有一定资本的长期支持，该党派便无法竞争执政党。

美国民主政治建设、市民社会与国家关系发展之所以有借鉴意义，根本在于其在一定历史阶段调动起了市民社会中的生产要素，适应了其经济基础发展的需要。比如，有学者研究了美国资本主义发展早期法律对劳工自由流动的长期限制[1]，劳动力的自由程度显然十分有限。但必须考察到，美国早期资本主义以个体企业为主，资本的自由虽然没有受到法律的限制，但受管理技术、科学技术等限制其流动范围也是十分有限的。在这种情况下，劳动力大范围的自由流动并不利于个体资本的发展。南北战争后，大规模铁路的建设与企业管理的创新使公司成为美国的主体力量，使资本的大规模流动与积聚成为可能，因此也需要充分自由的劳动力。研究也表明，对美国劳工自由流动的法律保障也是在这一时期逐步确立的。[2] 上述美国集体谈判制度确立过程中所提出的工业民主，本质上也是为了改变一定历史阶段上不符合生产力发展的生产关系，从而使市民社会内部的矛盾处于资产阶级政府可控的状态。而70年代以来包括美国在内的西方国家出现了民主危机，许多自由主义市民社会论者将原因归结于市民社会（在他们的理解中其实是公民社会）的衰落，或者中产阶级的衰落。但学者郑永年明确指出这些因素只是表象，并没有涉及西方民主所面临的结构性问题，而"在这个问题上，马克思仍然是对的，即经济基础决定上层建筑。当西方民主所依赖的经济基础发生变化的时候，民主的形式就要发生变化。而西方自由主义民主目前所面临的，是其政治结构和其所处的经济，社会结构之间的深刻矛盾"[3]。米歇尔·克诺齐耶等则分析指出，危机的主要根源在于，民众的过渡民主诉求成为政府的重负。[4] 也就是说，政治权力、社会权力应与经济权力相平衡，一味地强调通

---

① 参见韩铁:《美国法律对劳工自由流动所加限制的历史演变》，载《美国研究》2009 年第 2 期，第 61—65 页。

② 参见韩铁:《美国法律对劳工自由流动所加限制的历史演变》，载《美国研究》2009 年第 2 期，第 65—73 页。

③ ［新加坡］郑永年:《民主，中国如何选择》，浙江人民出版社 2015 年版，第 84 页。

④ 参见 Michel Crozier et al, *Crisis of Democracy*, *Report on the Governability of Democracies to the Trilateral Commission*, New York: New York University Press, 1975, p.157.

过政治权利获得社会权利，忽视相应的经济贡献，则容易导致多党政治等政治民主方式演变为利益的争夺，不是为了国家和社会的前途，而是为了多分一块经济蛋糕。西方发达国家起点高，经济蛋糕已经很大，但一些发展中国家经济蛋糕本就不大，还简单照搬西方模式，因此腐败、贫穷、政治激化等问题层出不穷。我们必须认识到，民主从来不会从天而降，不是有了民主，经济和社会利益都会随之而来。

可见，马克思市民社会思想中的政治经济学思维不仅对早期资本主义发展及资本主义本质作出了科学理解，而且对理解当前以美国为代表的西方资本主义国家的发展仍有科学指导意义。当然，马克思的市民社会思想并不是"经济决定论"，也绝不是一个在生产发展、市民社会生活水平上升与民主政治发展之间简单画上等号的线性逻辑。实际上，近些年政治经济学就在经济发展、经济危机、经济结构与民主制度、民主变革、民主巩固之间的关系方面作出了许多新的研究和探索①，为马克思市民社会思想当代价值的丰富提供了广阔的空间。

本章小结： 资本主导是理解美国市民
社会与民主政治的钥匙

市民社会是一个有着丰富历史内涵的概念，但将市民社会与民主政治紧密结合起来并形成某种因果关系是近几十年的事，在这个过程中，对市民社会的研究变得十分政治化和审美化，使得对市民社会的研究中充满了价值判断，阻碍了我们对市民社会的客观认识。

本书认为，虽然西方"市场经济—市民社会—自由民主"的认识模式是对西方经验的一种客观性认识，但是这种认识是各种必然性与偶然性结合起来所形成的一种表象认识。事实说明，市场经济与民主政治、文化的市民社会与自由民主政治之间都不存在必然的因果关系。从客观性上讲，西方民

---

① 参见王菁：《经济绩效、经济结构与民主制度》，载《世界经济与政治论坛》2013 年第5 期。

主政治的确立是资产阶级确保私人资本对经济实现绝对控制的必然需要，民主是资产阶级增加资本政治权力的手段。从主观选择上讲，西方民主政治的进一步发展是资产阶级通过各种方式使整个市民社会被纳入资产阶级民主政治体系下，使市民社会中各主体的利益诉求与资产阶级的主导地位在一定范围内相互容纳，普遍化的民主是资产阶级维持资本可持续发展的手段。总体来说，正因为西方的民主政治体系与资本进行国家治理之间达成了统一，西方国家才有了近几百年的快速发展。一方面，西方的民主模式使市民社会内部的一切社会关系得以在资本的逻辑下有序开展。另一方面，资本在进行国家治理时除了推动文化、政治领域的民主形式发展，最重要的是在经济领域进行了有限的民主变革，比如美国集体劳资制度的确立就是生产关系领域的改良，使国家治理本身拥有了民主的内涵与价值。当然，资本主义的政治制度决定了这种改良并不能从实质上改变资本的总逻辑和资本力量的强大，但却使美国国家得以快速发展。同时，当前"市民社会—民主政治"的模式在西方和非西方遭遇了危机，其根源也在于西方民主政治与资本国家治理的统一性开始动摇，一方面，国家经济领域进一步变革受到了自身政治制度的束缚，使得西方民主后继乏力。另一方面，对形式民主的过度追求又偏离了资本有效治理国家这个中心，甚至资本的正常运转都受到了阻碍。

可见，市民社会与民主政治一定程度上可以形成必然联系并被推而广之，但必须把握两个基本点：第一，要搞清不同市民社会的主导逻辑是什么，在资本主义市民社会这个逻辑是私人资本的逻辑，在目前的中国这个逻辑则是以公有制为基础的多种所有制的逻辑，民主政治只有在为这个逻辑支配下的市民社会的健康发展服务，才是有价值的。第二，市民社会中经济领域的民主变革构成了实质民主的重要内容，使国家与市民社会的互动中具有了真正代表人类发展方向的民主内涵与价值。

第五章　对中国市民社会
与国家发展的审视

　　从马克思市民社会思想出发，中国社会发展正处于市民社会的历史发展进程中是不争的事实，这使得中国市民社会发展与西方存在着许多共性。但同一历史阶段的具体实践有着多样性的表现形式，尤其社会主义性质的政治体制使中国的市民社会及其与国家关系的发展与西方存在着较大的不同。因此，如何理解中国国家在市民社会发展上的主导作用，中国共产党在国家与市民社会关系中的角色，以及中国民主法治的发展，还需要在马克思市民社会思想及历史唯物主义方法论的指导下，吸取美国等西方国家的经验教训，定位于中国当代实践和发展要求进行解读。

一、中国共产党的领导在市民社会与国家关系中的地位

　　以往的市民社会研究中，市民社会和国家是两个互动的主要主体，政党仅是作为一个次要的主体出现的。这种研究取向的根源在于西方中心主义的研究立场，基于西方经验的政党理论以及政党在市民社会与国家关系中地位的认识，并不适用于政党在国家构建中起到了关键作用的后发展国家。政党理论的多元化以及后发展国家的政治实践说明，政党已成为市民社会发展和现代化建设中的一个关键变量。尤其在以中国为代表的后发展国家，"市民社会—政党—国家"三主体模型比"市民社会—国家"双主体模型更加适合

市民社会的研究。可以说，政党视角的加入也是中国实践对马克思市民社会思想的进一步丰富。

（一）马克思主义政党与资产阶级政党的异同

要在中国市民社会研究中引入政党视角，首先必须明确的就是中国共产党作为马克思主义政党与西方资产阶级政党之间的异同。

其一，阶级性与社会性结合是两者的共同特征。一方面，政党是特定阶级利益的代表，具有显明的阶级性。但另一方面，政党必须平衡阶级利益与社会利益，以使政党获得或延续其执政地位。马克思主义政党与资产阶级政党首先就是在从阶级性上予以划分的。马克思主义政党作为工人阶级政党，是工人阶级的先锋队，是以马克思主义理论为指导、以民主集中制为原则、以实现共产主义为最终目标的政治组织。资产阶级政党则是代表资产阶级及其政治集团利益的政治组织，通过获得政权或影响政府决策来实现政党政治主张这个目标。

随着政党成为现代民主政治的重要组成部分，政党一方面虽然是社会中阶级冲突的产物，但同时一方面也成为整合这些冲突的工具。政党与国家权力结合的过程赋予了政党这样一个任务，即在保持自身阶级属性不变的情况下成为公共权力的掌控者。这种阶级性与社会性的结合也是政党不断调适自身所依据的原则。但由于社会生产方式及其基础之上的文化意识形态的不同，政党如何平衡阶级性与社会性的方式也不同。在以私有制为主体的社会条件下，私有制基础上的特殊利益是政党服务的主要对象，社会性是资产阶级政党进行统治的工具和中介。而以公有制为主体的社会则给予了政党实现公共利益的良好条件，社会主义制度与人民民主原则使得马克思主义政党的阶级性和社会性在本质上可以相互融合，马克思主义政党为整个社会服务不仅是执政的需求，同时也是其阶级属性的内在要求，因此更具有自觉性。

其二，两者产生方式不同。法国学者迪韦尔热根据政党产生方式的不同将政党分为内生党（internal parties）和外生党（external parties）。西方资产阶级政党大多数产生于议会或选举斗争，属于"内生党"。例如，英国政党产生于资产阶级和封建贵族在议会中的派别斗争。1680年议会选举前后，英国议会中形成了维护君主特权的托利党和反对政府、主张限制君主权力的辉格党。1688 年"光荣革命"后，英国确立了君主立宪政体，托利、辉格两党继续在议会中争斗，成为英国两党制的前身。美国政党的产生虽然与制宪时期关于联邦制的意见纷争有关，但更多地体现了选举竞争的需要。由"反联邦党人"于 1792 年正式建立的民主共和党，很快投入到选举竞争中，并于 1800 年帮助杰斐逊取得总统选举胜利。1822 年，民主共和党分裂为青年共和党和杰克逊的民主党，后来逐步演化为现在的美国共和党与民主党。资产阶级政党由于产生于政治体制之内，一般是"干部型"政党，政党成员最初由议会中政见相投的议员组成，组织结构比较松散，其根基在于政治上层建筑之中。

而马克思主义政党则更趋近于迪韦尔热所界定的外生党，即产生并形成于立法机关之外的政党。"外生党"大多是某种社会思潮与特定阶级力量相结合的产物，阶级斗争的需求刺激了政党的产生。马克思主义政党是马克思主义理论与工人运动相结合的产物。1847 年建立的"共产主义者同盟"是全世界第一个马克思主义政党，1869 年成立的德国社会民主工党则是首个在民族国家范围内产生的马克思主义政党。与资产阶级政党相比，马克思主义政党是群众性政党，其根基在社会甚至是下层社会，因此天然地与社会就有着密切的联系。

产生方式的不同对政党与国家、市民社会的关系有着重要的影响。马克思主义政党始终与群众保持着密切联系，不仅是现代选举制度使然，而且是本性使然。即使成为执政党，其根基也仍然主要在社会之中，人民群众仍然是其力量源泉。而资产阶级政党虽然在发展中向社会延伸，但其立场与根基仍在资本主导的国家上层之中。

（二）中国共产党在市民社会与国家关系中的双重身份

马克思虽然没有直接论述过有关政党与国家、市民社会关系的问题，但是马克思通过阶级分析法指明了政党的实质，表明政党是阶级斗争发展到一定程度的产物，是社会矛盾冲突的体现。而在政党结构诸要素中，阶级利益始终是核心要素。政党组织与市民社会中的一般社会组织的重要区别在于，政党有着明确的阶级性，其活动也有着明确的政治性，政党的一切活动都是围绕政权展开的，而一般的社会组织是利益的集合体，但不一定是特定阶级或阶层的集合体，其达成利益目标的方式也有多种多样。由此可见，政党在市民社会与国家关系中处于中介的地位，政党是现代民主政治发展条件下各阶级利益的集中表达。英国政治学者欧内斯特·巴克也强调："政党具有双重性格和性质，是把一端架在社会，另一端架在国家上的桥梁。换句话说，政党是把社会中思考和讨论的水流导入政治机构的水车并使之转动的导管和水闸。"① 政党是国家与市民社会联系的重要中介，但是在不同的政党政治理论主导下以及不同的历史环境下，各政党与市民社会的关系还有着不同的特点。总体来说，中国共产党在市民社会与国家关系中既充当着中介的作用，也充当着领导者的身份。更进一步地讲，中国共产党的领导地位正体现了中国市民社会发展道路的本质特点。十九大报告在重申了"坚持党的领导、人民当家作主、依法治国有机统一是社会主义政治发展的必然要求"② 这一原则的同时，也进一步指出"中国特色社会主义最本质的特征是中国共产党领导，中国特色社会主义制度的最大优势是中国共产党领导"③。

当前学者对政党与市民社会关系的研究并不多。其中较有代表性的有：爱尔兰政治学者彼得·梅尔和理查德·卡茨在其政党类型研究中指出，大众型政党是市民社会的组成部分，它产生于选举之中，意图通过进入国家内部并影响公共政策来获得长远利益；而全方位政党虽然不是市民社会中的组成部分，但也是市民社会与国家的中介，试图从外部对国家产生影响，更注重对暂时性公共政策的影响以满足其支持者实用主义的需要。④ 学者波格特克依据社会组织相对于政党的独立性程度将社会组织分为独立型、合作型、隶

① Ernest Barker, *Reflections of Government*, Oxford: Oxford University Press, 1942, p.39.

② 《决胜全面建成小康社会 夺取新时代中国特色社会主义伟大胜利——在中国共产党第十九次全国代表大会上的报告》，载 http://www.xinhuanet.com/politics/19cpcnc/2017-10/27/c_1121867529.htm.

③ 《决胜全面建成小康社会 夺取新时代中国特色社会主义伟大胜利——在中国共产党第十九次全国代表大会上的报告》，载 http://www.xinhuanet.com/politics/19cpcnc/2017-10/27/c_1121867529.htm.

④ Richard S.Katz and Peter Mair. Changing Models of Party Organization and Party Democracy: The Emergence of the Cartel Party [J].*Party Politcs*, 1995, 1 (01), p.8.

属型和从属型四种类型，独立型组织与政党并不存在正式的联系，两者之间的联系建立在共同利益的需求之上，合作型组织与政党在成员组成上有一定程度的重合性，后两种类型的社会组织则是政党建立的不同类型的子组织，为政党活动得以针对性的展开服务。① 国内学者高奇琦则将当代西方政党与市民社会的关系称为复合结盟的关系，以描述现代西方政党与市民社会之间的弱关系、开放性等新特点。②

专门针对中国政党与市民社会关系的研究则更少，但是在"市民社会—自由主义民主政治"框架中，中国共产党作为被批判的对象却是显而易见的。这种框架下的通常理解是，中国共产党与市民社会之间是零和博弈的关系，是对抗的关系。市民社会以多元利益、多元权力的实现为目标，因此在政治上要求多党执政。因此，市民社会的成长构成了对中国共产党执政的威胁，是中国共产党打压的对象。尤其在市民社会理论兴起的早期，用意识形态的视角观察中国共产党与市民社会关系的观点甚多。比如学者张包辉认为，中国市民社会发展受限的根源在于共产主义意识形态及其政治文化，他甚至认为共产主义政体内在具有极权主义的遗产。③ 可见，在他看来，中国共产党从本质上就是视市民社会为敌人的，而不是视后者为国家基础的。这种认识一方面来说仍是将市民社会等同于资本主义，将政治运动等同于市民社会主要内容的产物；另一方面也体现了行为主义的思考定式，将市民社会变量模式化来讨论政治现代化的转型，这虽然对比较不同国家之间的变量有所帮助，但却无益于有效解释国家发展道路的多样性。

其实，中国共产党的阶级属性以及产生的时代背景决定了不同于西方资产阶级政党是特定利益集团的代表，中国共产党是中国人民整体利益的代表。一方面，中国共产党的出身虽然是一个阶级，即工人阶级的代表，但它是工人阶级的先锋队，它的着眼点并不是限于工人阶级的利益，而是立于全

---

① 参见 Thomas Poguntke. Political Parties and Other Organizations, in Richard S.Katz and William J.Crotty（eds.）［J］.*Handbook of Party Politics*, London：Sage Publications, 2006, pp.397–398.

② 参见高奇琦：《西方政党与社会的关系变迁：一种复合结盟的分析框架》，载《当代世界与社会主义》2013 年第 5 期，第 91—93 页。

③ Baohui Zhang. Corporatism, Totalitarianism, and Transitions to Democracy［J］. *Comparative Political Studies*, 1994, 27（01）, pp.126–136.

人类的解放之上的。马克思在《共产党宣言》中就强调道："共产党人同其他无产阶级政党不同的地方只是：一方面，在无产者不同的民族的斗争中，共产党人强调和坚持整个无产阶级共同的不分民族的利益；另一方面，在无产阶级和资产阶级的斗争所经历的各个发展阶段上，共产党人始终代表整个运动的利益。"①这表明，在中国共产党的带领下，中国市民社会不是敌视的、分裂的、狭隘的市民社会。另一方面，中国共产党的产生有特定的历史背景，即中华民族的生死存亡之际。中国共产党自出生起便以中华民族的解放与崛起为自身的历史使命。因此，中国共产党可以成为整个市民社会利益的代表和领导者。而且，中国共产党坚持马克思主义理论指导，对发展市民社会有着辩证的认识，以人类社会的实现为最终目标。从这一点来看，中国共产党代表着市民社会发展的现代和未来，代表着人类前进的方向。因此，中国共产党在市民社会与国家发展中的经验实践也应为世界提供借鉴。

实际上，中国近些年的快速发展以及上文所显示的中国共产党执政在国内认同度较高的原因，正是缘于改革开放以来中国共产党对市民社会的积极培育和推动。市民社会发展对经济环境和政治环境的内在要求也一直都是中国共产党内部制度进行改革和完善的动力。十一届三中全会将党和国家的工作重心向以经济建设为中心的社会主义现代化建设上转移，实行确立和完善社会主义市场经济体制，加入世界贸易组织等一系列重大决策，为市民社会中各种要素竞相发展提供了基本的制度环境。之后，中国共产党为适应和推进市民社会的发展，并推动社会整合实现国家进步作出了一系列的党内调适，比如对企业家党员的接纳、对党基层组织建设的加强和改进等等。需要注意的是，中国共产党的共产主义理想决定了市民社会的社会关系异化本质始终是在党的视野内的，党发展市民社会是为了充分调动它对发展生产力和丰富人的社会关系的作用，并不是以市民社会为最终目标的。因此，中国共产党发展市民社会与资产阶级政党发展市民社会的最终目标并不相同。中国共产党必须努力减少市民社会发展中的异化因素，不断积累实现人类共同体的有益力量。同时，由于中国市民社会生成的国际国内环境，中国市民社会

①［德］卡尔·马克思，弗里德里希·恩格斯：《马克思恩格斯选集》第 1 卷，人民出版社2012 年版，第 413 页。

的发展需要外在力量的推动和指导。因此，对于市民社会的发展，中国共产党既是培育者又是监督者。

历史唯物主义的方法论要求我们应从政党与市民社会的互动过程，并且从两者在互动中的相互构建或重构中来观察政党与市民社会的关系特点，以及前者在后者发展中的作用。

我们来考察一下美国政党与市民社会的互动关系。在美国，政党的角色主要是选举的工具，它组织自身的方式也是以有利于在选举中获得更多的选票这个原则进行的，因此一般认为，美国的政党主要在选举期间开展积极主动的活动，相对地在选举周期以外则比较松散，缺乏整体意志的体现。因此，美国政党同国家和市民社会的互动也主要体现在周期性的选举过程中。对于这个特点，庞顿和吉尔曾作出这样的描述："像美国这样一个广阔而具有异质性的社会，其整个历史几乎一直维持着只有两党的局面，这表明其利益的集中恰到好处，但必须记住这些利益实际上只不过是每四年进行一次集中，这段时间足够让这些政党挑选其总统候选人并为赢得选举奋斗。其余时间里政党基本上只是党派自主的松散组合。"①虽然从本质上说，无论是民主党还是共和党都是资产阶级性质的政党，但是在美国独特的政党政治、总统选举制度及文化背景下，美国的政治实质上是"联盟政治"，即政党和市民社会中的各利益集团相互依赖，必须结成同盟关系。但与此同时，这种联盟关系又不是稳定的，而是具有极大的变动性。对此，杜鲁门也曾指出："全国性政党在特定时刻具有流动性和不稳定性，更多的是由临时性的个人组成的联盟，而不是持续的制度化关系。这意味着政党和其他政治利益集团之间的关系同样是变化的。因此，政党能否作为集团接近政府的适当工具，不仅取决于该集团，而且也取决于特定的时刻、地点以及有关政权的层次上的特征。"②

以美国民主党为例，民主党早期（尤其是在南北战争时期）主要代表南

---

① ［美］杰弗里·庞顿，彼得·吉尔：《政治学导论》，张定淮等译，社会科学文献出版社2003年版，第124—125页。

② ［美］D.B.杜鲁门：《政治过程—政治利益与公共舆论》，陈尧译，天津人民出版社2005年版，第307页。

部奴隶制种植园主阶级的利益，南北战争后，随着南部奴隶制种植园经济转变为资本主义农业经济，民主党逐渐成为农业资产阶级的代表。完成资产阶级政党转化的民主党同共和党一样代表资产阶级的利益，对工人阶级进行压迫。南北战争后首次于1885年上台的民主党克利夫兰政府就残酷地镇压了芝加哥工人争取八小时工作日的斗争，又于第二次任期内镇压了1894年的普尔曼工人罢工。19世纪末进步主义运动开始后，民主党逐渐调整政策倾向，争取工人阶级和改良主义者的选票支持。威尔逊时期民主党内的进步分子得到重用，提出了"新自由"的口号，通过了一系列反垄断和保障社会福利法案，对工人作出了一些让步。威尔逊这样做的目的很清楚，他说："我们不需要革命，我们不需要剧烈的变革；我们只需要一种新的观点，一种新的方法和协商精神。"[①]可见，威尔逊推行改良主义政策的意图是预防革命的发生，保护和发展资本主义。威尔逊的"新自由"政策使劳工组织与民主党结成了紧密的联系，标志着民主党走上了资产阶级改良主义的发展方向。

罗斯福新政期间，民主党则再一次经历了重大转变，有学者更称新政"永远改变了"民主党的"形象、声誉和选民成分"[②]。新政以前，民主党仍坚守着杰弗逊时期的原则，推崇个人自治、有限政府和州权，就算是威尔逊时期的改革也是在此原则范围内的调整。新政虽然没有完全抛弃民主党的政治传统，但提出的"新自由主义"却无疑对传统的政党政治提出了严重的质疑。威尔逊利用总统的任命权实现了对民主党的控制，使进步主义政策顺利通过，而罗斯福选择的则是改造民主党，使进步主义成为民主党的根本性原则。罗斯福甚至鼓励党内的保守份子加入共和党阵营，使民主党成为一个"激进的自由主义"党派。[③]在新政下，民主党建立了一个包括赞同改良主义的垄断资本集团及其代表资产阶级自由派，以及工会、蓝领工人、黑人、天主教徒、犹太人等在内的"新政联盟"，使改良主义的民主党和保守的共和

---

① Woodrow Wilson, *The Politics of Woodrow Wilson, Selections from His Speeches and Writings*, New York: Harper, 1956, p.185.

② Arthur M.Schlesinger, Jr. (ed.), *History of U.S.Political Parties* (vol.3), New York: Chelsea House Publishers, 1973, p.1959.

③ 参见 Sidney M Milkis. Franklin D.Roosevelt and the Transcendence of Partisan Politics [J] .*Political Science Quarterly*, 1985, 100 (03), p.483.

党之间的区分更加鲜明，新型的两党制逐步形成。同时，罗斯福时期，政党和政府之间的关系也有所转变，这主要体现在总统与党派的关系上。罗斯福认为总统从本质上应是超党派的，其责任远大于作为政党领袖的责任。这样，总统作为忠诚的政党代表角色弱化，政府管理者的角色得到加强。新政期间美国政党政治的变化一方面使得市民社会中各种利益需求被容纳进政党政治中，且在某种程度上在两党之间获得了平衡，从而使资产阶级得以继续运用两党制这一工具来垄断国家机器。另一方面，又通过总统行政权力与传统政党组织适度的分离，提升了市民社会与政党及总统候选人协商时的地位，并增强了国家作为市民社会内部冲突协调者与管理者的独立性。

当然，美国政党与市民社会的联盟关系处于不断的变化中，政党自身也仍然处于不断地调整当中。比如，美国工人虽然在威尔逊时期与民主党结成了紧密的同盟关系，但在一战后便迅速解体。曾在1916年民主党选举中发挥重要作用的亲劳工者沃尔什，1920年公开宣称不再支持民主党及其总统候选人，劳联领导人也于1924年改为支持进步党的独立候选人罗伯特·拉福莱特。[①]20世纪60年代在内外部多种因素的作用下，"新政联盟"也最终解体，面对新保守主义的崛起，民主党必须开始重新建立新的政治哲学来影响和改造民主党，以积极回应市民社会的变化，并将其转化为政治话语权上的优势。[②]

可见，美国政党与市民社会的关系呈现短期性、非制度性的有限合作特点，美国政党在与市民社会互动的过程中逐渐向群众型政党转变，市民社会中的不同阶级阶层在一定范围内在政党的调节下实现了有限的合作，达成了一定范围内的共识。此外，一些学者认为，美国政党近年来呈衰落趋势，未来政党的许多传统功能有被市民社会取代的可能性。[③]

而中国共产党作为长期执政的政党，其与市民社会的关系更加具有持

---

①　参见 Julie Greene. Negotiating the State，in Kevin Boyle（eds.）［J］.*Organized Labor and American Politics*，1894-1994，Albany：State University of New York Press，1998，pp.94-95.

②　参见林德山：《美国民主党回应现代保守挑战的经验教训》，载《当代世界与社会主义》2005年第4期，第18—22页。

③　参见高奇琦：《国外政党与公民社会的关系》，中央编译出版社2011年版，第160页。

续性，因此也更加具有制度化的内在潜力。中国共产党在国家和市民社会关系中的中介作用和领导作用，使得其在公私领域的协商调整中可以更好地发挥作用。统一战线是中国共产党成立以来取得诸多胜利的一个重要法宝，党章中也专门对统一战线的方针和任务作出了阐述。改革开放以来，中国共产党确立了以爱国和建设为主题的统一战线，将市民社会内部拥护社会主义的建设者和拥护祖国统一的爱国者凝聚了起来，紧紧地围绕在党的周围，扩大了党的群众基础，也使党成为这个统一战线的公共利益的代言人。与美国不同，中国新时期的爱国统一战线并不是一个阶级联盟，这为缓解市民社会内部之间的冲突和矛盾，共同为社会主义建设服务提供了基础。同时，统一战线也使中国共产党比美国的两党更具有全方位政党的特征，有利于中国共产党在执政中具有更强的自主性。亨廷顿也指出："一个仅代表某一社会集团利益的政党—无论它代表的是劳工，还是商界或是农民—它的自主性都不如体现社会各集团利益并将它们集为一体的那个政党强。后一类型的政党明显不是为了某些特定的社会势力而存在的。"①

同时，与西方国家相比，中国共产党在与市民社会的互动关系中占据着积极主动的地位，且政党建设是国家合法性的直接重要来源。将政党的这种优势地位视为现代化中的障碍是西方经验下的政党政治理念的产物。西方政党理论虽然也涉及政党与市民社会的关系，但是由于西方政党本身是议会内部斗争的产物，政党仅被视为政治体制的元素之一，是社会多元力量的一元，因此政党在西方政治理论中从未达到与国家、市民社会同等的高度。亨廷顿指出："在某一阶段，政党对于政治参与扩大的组织和安排作用是必不可少的，但政党的作用是第二位的，是补充制度的力量，而不是填补制度真空的力量。"② 这生动地阐述了西方政治理论中，政党在国家与市民社会关系中的从属性地位。因此，许多西方学者或受西方政治理论影响的国内学者，对中国共产党在国家与市民社会关系中的领导地位有深深的质疑也在常理之

---

① ［美］塞缪尔·亨廷顿：《变化社会中的政治秩序》，王冠华等译，上海人民出版社2008年版，第16页。

② ［美］塞缪尔·亨廷顿：《变化社会中的政治秩序》，王冠华等译，上海人民出版社2008年版，第334页。

中了。但缺乏了政党这一视角也使西方学者无法真正理解中国市民社会的发展和现代化进程。

实际上，政党在国家与社会建设中占据领导地位是后发展国家基于现实政治的普遍需要。强大的政党力量是后发展国家在复杂的国内外环境下整合社会力量、进行国家构建的自觉选择，这使得政党在整合市民社会、指导国家发展方向的过程中与市民社会、国家实现了相互渗透。与西方国家不同，后发展国家的政党不仅仅是社会动员的工具，而且其本身便构成了国家合法性的来源，政党体现了国家意志，并同时塑造了国家意志。当然，领导型的政党如何将与国家、市民社会的关系进一步制度化、政党如何调适自身以适应市民社会的多元性，并将后者与国家现代化整合在一起，仍有待我们进一步的研究。

（三）中国共产党与中国法治建设

虽然市民社会—自由主义民主模型不论是从理论上，还是从实践上都受到了质疑，但是市民社会的理论发展始终体现了文明、良善的价值取向。古希腊罗马的市民社会代表了有文明、法度而区别于野蛮社会的城邦制度，中世纪后期的市民社会体现了个体在封建束缚下对个体自由的向往和追求，洛克等发展的现代市民社会则为资产阶级革命与建设提供了注脚，当代市民社会又赋予了市民社会以公共领域等内容和文化功能，对国家与市民社会、经济与文化等关系的变化给予了丰富的讨论。因此，市民社会理论虽然最初形成于西方的现代化进程中，但不代表其没有全人类共通的价值取向，尤其是市民社会理论中的精神内核，即通过法治建设进行权力制衡，实现对多元权利的关切，应成为中国市民社会发展学习的对象。

综观美国市民社会的发展史，也是一部美国法治建设的发展史。市民社会及其与国家关系中的主要问题，即劳资问题更是推动了美国宪政的发展。从公司被赋予法律人格地位到罗斯福的"宪法革命"，体现了美国的宪法原则如何在市民社会与国家的互动中被实施，甚至被改变。美国集体谈判制度确立的过程也体现了美国法治建设的过程。在劳方、资方、国家三者的互动下，美国法院一方主导法律理论与实践的情况有所改变，国会、司法、行政相互制衡的格局逐渐完善，法治不仅成为国家回应市民社会需要的途径，而且也逐步成为国家治理社会的工具。

　　而且最为核心的是，美国的法治建设将包括政治力量在内的一切社会力量较好地容纳了进来。比如公司要在政治上获得与其经济上相适应的地位，最终转化为法律对其人格地位的确认；资方对工人运动的压制及工人的反抗，最终转化为刑事共谋罪、劳工禁令等法律原则及手段的运用及取消；劳资关系的调整，最终转化为《瓦格纳法》《塔夫脱—哈特莱法》等法案的制定，等等。尤其是美国的宪法，不仅规定了个人的权利，而且作为一切政治权威的合法性来源，确立了政权的组织原则。一方面，宪法限制着政治力量，通过将政府权力限制在法律的框架内，使政治体制实现各种宪法目的。另一方面，宪法建构着美国政治，它通过构建起一个可以生产协商性政策选择的政治秩序，在将最广泛的群体吸引到一起的同时，确保个体的基本权利不受侵害。正如美国法学学者马克·格雷勃所说："美国宪法有效的原因在于，它总是采取优先考虑自身意欲达成之目标的方式，来聚合现存的利益、价值观念以及政策偏向。"[1]一些宪法实践，如司法审查，其设计的首要目标就是确保宪法对政府的限制落实在实践上。其他的一些宪法实践，如总统选举系统，则首要确认的是宪法权力被有效地运用于保障国内和平与经济繁荣等宪法目标之上。总之，美国的法治体系使拥有强力的政治力量被束上了法律的绳索，与其他社会力量之间形成了一定的平衡，并使法律理念和法律话语成为一切社会力量运用和竞争的资源。这使得市民社会内部及市民社会与国家之间一切可能发生的对抗性冲突，都可以沿着法律的途径得到解决。

　　推动法治建设，也是中国积极培育市民社会的价值目标，反过来完善法治建设也能保障市民社会的健康发展。党章和1982年颁布的宪法都明确了法治政府，法律拥有至高无上的地位，法律面前人人平等等基本原则。1996年，江泽民又提出"依法治国，建设社会主义法治国家"的战略目标，并在1999年被写入宪法修正案。习近平在国家和党的工作会议上也不断地提出依宪治国、依宪执政等关键词。可见，建设法治国家始终是中国不断追求的目

---

① Mark A.Graber, *A New Introduction to American Constitutionalism*, New York: Oxford University Press, 2013, p.219.

标。而中国共产党作为国家的执政党，其在法治国家建设中的重要作用也必然成为学界关注的焦点。

一些西方学者往往将中国实现法治的障碍归结于"一党专政"，这种将多党执政等西方政治制度作为衡量标准的法治概念是西方学者运用"市民社会"理论批判中国和中国共产党的重要手段。实际上，单一政党与法治并非不相容，许多学者便分析了中国共产党与法治或宪政结合的可操作性。比如美国学者拉里·卡塔·巴克尔就指出中国共产党在国家机器内外发挥的制度作用，是中国法治建设的中心内容，而且不同于西方理论认知的是，中国国家的完整性在于正式的国家机器与中国共产党制度的相结合，政党建设始终与法治等国家制度建设相互关联。[①] 由此，巴克尔指出，似乎与西方思维相反的"扩党缩政"才是中国法治建设更为现实的道路选择，这种选择承认中国共产党在国家内这一现实，在实践上表现为在党内培育强大的法治伦理，在党内实现法治规范，使党与国家的行为完全一致，使党成为其他国家制度的典范，这种选择不是一味地强调党章与宪法的分离，反而要求把党的制度框架纳入宪法之中，使党和国家的一体化成为中国法治坚实的基础。[②]

学者强世功在部分认同巴克尔所论述的中国"单一政党宪政国"体制基础上，强调中国宪政模式所应具有的三个基本特征：第一，党的决策权与其他国家权力机构的执行权之间的相互制衡；第二，党的组织权力与国家机关的法定权力之间的分权和制衡；第三，党通过组织形式实现对经济与社会事务的间接柔性治理，实现社会领域利益、价值的多样化与党的组织、价值的集中化之间的平衡。[③] 学者柯华庆则提出用"党导立宪制"来描述中国的宪政模式，以及中国共产党与宪法之间的关系，并主张应在宪法中明确规定中国共产党的权力、领导方式，及其与其他国家权力机关之间的关系，使中国

---

① ［美］拉里·卡塔·巴克尔：《中国的宪政、"三个代表"与法治》，载吕增奎编译《执政的转型——海外学者论中国共产党的建设》，中央编译出版社2011年版，第290、292页。

② 参见［美］拉里·卡塔·巴克尔：《中国的宪政、"三个代表"与法治》，载吕增奎编译《执政的转型——海外学者论中国共产党的建设》，中央编译出版社2011年版，第296—297页。

③ 参见强世功：《中国宪政模式？——巴克尔对中国"单一政党宪政国"体制的研究》，载《中外法学》2012年第5期，第964—966页。

共产党的领导成为法治下的领导。①

可见，中国实践使越来越多的学者认识到，在中国党的领导与法治建设不仅不是相互冲突，反而是相互融合的。在这个过程中，当代市民社会思想所强调的市民社会作为法治建设的社会根基，以及市民社会对党的监督等都十分重要。强调党的建设与强调党的领导同等重要。党的建设需要市民社会的参与，这是社会主义人民主体地位的本质要求。十八大以来，中国共产党紧跟时代的发展和要求，提出了"四个全面"的战略布局，将全面依法治国和全面从严治党作为一个有机整体进行考量，十九大继续推动全面从严治党向纵深发展，体现了中国共产党肩负起中华民族伟大复兴的决心和将党的建设纳入国家法治轨道的努力。总之，近年来学者对党和法治的多种理解逐渐转向站在自由主义视角之外，建立在中国的历史和现实国情基础之上，对西方的法治道路进行批判性的吸收，目的都是将强大的政治权力纳入法律的规范之内，实现法律对国家权力的规制。

二、中国国家与市民社会关系的特点
——比较视域下的研究

中国市民社会、国家、政党之间关系的独特性得到了学界的广泛承认。一般认为，这种关系的形成与稳定发展来源于中国共产党成功的适应了经济与社会环境的变化。但中国共产党的适应性回应为何产生了积极效果还需进一步解释。如果将中国的情况置于一个比较性的环境中，改革时期中国市民社会与国家关系，受到了四个关键因素的影响，即国家主导的经济发展、较晚进入到全球化经济体系、社会主义性质，以及国家与资本的关系。这些因素在塑造中国市民社会发展特点的同时，也塑造了中国民主政治道路的特点。

（一）后工业化下国家主导的市民社会发展

学者傅尧乐将中国市民社会称为"国家引导的市民社会"（state-led civil

---

① 参见《中国式宪政——试论党导立宪制》，载 http://www.aisixiang.com/data/84804.html.

society），可谓是把握住了中国市民社会最大的一个特点。虽然本书已经对将市民社会与国家看作是两个泾渭分明的领域，或是将市民社会视为国家的反抗者的观点给予了批判性分析。尽管我们也说明了美国历史上国家与市民社会的种种紧密关系。但是，必须承认的是，西方市民社会与国家的关系从未达到中国市民社会与国家联系的紧密程度。中国国家在市民社会以及民主政治发展中起到了绝对的主导作用。

在一些学者眼中，中国国家与市民社会关系的现状是暂时性的偏离，国家的主导地位是中国市民社会发展和民主政治进步道路中的绊脚石。学者亨利·罗文认为，经济的持续发展必然导向的是有限政府，"威权"体制可以推迟这个必然性到来的时间，但不能阻止其最终的发生。① 他指出，中国当前民主政治发展受阻的首要因素就是现代经济的发展需求与国家控制社会的现状不相符合。学者何凯和冯慧云从社会资本理论出发，指出中国政府对其他社会组织、组织活动和宗教活动的控制限制了民间活动，以及社会资本的发展，因而影响了中国市民社会及其中社会网络的发展，使中国缺乏相应的环境去积累社会民主化所需的社会资本。②

这些观点的总体逻辑是这样的：从西方民主政治道路出发，将中国不符合其民主政治模式的现实要素陈列出来，贴上"非民主"的标签，然后再分析国家的控制力在这些"非民主"的现实要素形成中的作用。这种逻辑本质上是一种二元论的价值观逻辑，即将西方民主政治道路与非西方民主政治道路简单地划分为"民主"与"非民主"两个非此即彼的阵营，这样使得对中国市民社会发展、民主政治道路及国家在其中作用的研究总体上成为一种否定式的研究方式。这种否定式的研究方式不仅导致了价值预判，而且导致了对中国市民社会及民主政治道路的判断往往具有模糊性和片面性。历史唯物主义要求，我们对国家在市民社会发展中主导地位的认识必须在具体实践中、在具体历史发展中进行。实际上，正是中国市民社会发展的历史环境使

---

① 参见 Henry Rowen.When Will the Chinese People Be Free［J］.*Journal of Democracy*,2007,18（03），p.41.

② 参见 Kai He,Huiyun Feng.A Path to Democracy：In search of China's Democratization Model［J］. *Asian Perspective*，2008（01），p.152.

得国家主导成为中国市民社会的重要特点，中国市民社会的发展是在后工业化这个大环境下进行的。

从实践上看，国家主导的经济发展与后工业化往往伴随在一起，因此很难将两者分开进行论述。将中国的情况与首先进入工业化的国家，尤其是英美两国相比较便可看出这些因素所产生的影响。毕竟，将资本主义经济发展→市民社会形成→民主转型模式化的理论依据的便是英美的例子。

在英国，资本主义制度脱胎于封建经济，后者经济极端不平衡，国家较少地对基层群众生活进行直接控制。在此情况下，资本和劳动力的发展都基本独立于国家。而且，封建国家似乎仅仅对私人资本所有者的经济、政治和社会机会进行限制。因此，民主被资产阶级视为从落后的政治体制手中攫取权力的途径。但是，英国资产阶级最初所实现的自由民主并未将工人容纳进来，相反，早期的自由民主被资产阶级视为增强资本的政治权力，以对抗极权主义国家和城市工人的手段。而同时，工人与之前的极权主义体制物质联系较少，并看到了参与到民主政治中的好处，因而在推动自由民主的扩大方面发挥了重要的作用。

整体来看，英国市民社会的发展与自由民主的普及，与其当时的国际、国内环境有关。英国是18世纪末第一个工业化的国家，相较于后工业化国家，其全球竞争和资本流动都十分有限，正如美国经济史学者亚历山大·格申克龙所说，在英国这种竞争的局限性意味着资本家无须国家的支持与保护。[①] 而竞争的逐步增强则使得资本的积累急需国家的介入。因此，在第一次全球化浪潮中较早工业化的国家，如英国和美国的资本运行就更独立于国家，后来进入工业化的国家，如法国、德国和日本，国家和资本之间的关系则更加紧密。

此外，学者伊娃·贝林强调，由于"自由民主"早期的形成不包括工人，因此第一次工业化浪潮中，民主化对从低收入、高工作量的工人处获取

---

① 参见 Teresa Wright, *Accepting Authoritarianism*, California: Stanford University Press, 2010, p.27.

利益的资本家来说，并没有造成实质性的物质威胁。[①] 同时，一直到了 19 世末期，资本家的投资地点和工人选择都只能限定在极小的范围以内，这也增强了工人获取政治权力的力量，使得在英国及许多西欧国家，以及美国的 19 世末至 20 世纪初，"自由民主"的思想就普及到了底层群众。

与上述比较，开始于 20 世纪 60 年代的第二次工业化浪潮则充满着激烈的竞争。面对这样的现实，一方面，私人资本更加依赖于国家，以寻求资本投资和竞争保护。与此相应，后进入工业化的国家也倾向于给予私人资本以更多的支持，毕竟工业发展是它们保证军事安全和政治力量的唯一途径。因此，伊娃·贝林指出，在英美，国家往往被认为是资本利益的敌人，而在后发展国家，国家参与则被认为与资本利益发展息息相关。[②] 这样，后者中的私有部门不仅几乎没有理由去反对现存政治体制，反而有支持它的动力。就中国来说，快速的资本流动使非技能性工人异常脆弱。面对全球的劳动力市场，中国的工人缺乏足够的能力去独立地改善工作条件。而且，中国面临着吸引外资的压力，如果一味的要求外资提高工人工作条件，则很可能失去这些外资。种种因素使得中国虽然 GDP 快速增长，但却存在着严重的经济不平等。同时，就国内资本家来说，他们害怕工人阶级获得政治权力后会损害资本利益，因此有理由反对自由民主政体。另一方面，工人的脆弱性使得他们同样依赖于国家的保护，因而他们没有能力也没有足够的动力去追求政治变革。

可见，将处于不同发展阶段与背景的西方国家的发展理论奉为真理膜拜是完全错误的。西方市民社会与国家关系，及民主政治发展的道路不仅难以复制，而且是特定历史条件下的产物。

（二）社会主义性质

国家主导的后工业化国家是主导现代中国市民社会与国家关系形成的重要因素，但中国并不仅仅是一个国家主导的后发展者，中国还是一个社会主

---

① 参见 Eva Bellin, *Stalled Democracy：Capital，Labor，and the Paradox of State-Sponsored Development*，New York：Cornell University Press，2002，p.154.

② 参见 Eva Bellin. Contingent Democrats：Industrialist，Labor，and Democratization in Late-Developing Countries〔J〕.*World Politics*，2000，52（02），p.182.

义国家。因此，中国发展资本主义经济的出发点完全不同于其他没有社会主义背景的后发展国家。

政治学者理查德·罗斯、威廉·米什勒、尼尔·芒罗自1992年起每年进行的一项面向俄罗斯民众的调查报告中显示，苏联社会主义政治体制对现在民众对于资本主义和自由主义民主政治的态度仍有强烈的影响。罗斯等指出："市场机制建立后，人们对计划经济的态度更加正面。"① 矛盾的是，报告显示，虽然大多数民众认为苏联是专制体制，但从1992年至2005年超过半数民众对改革前的政治体制给予了积极的评价。② 而且，尽管大多数人认为改革后的体制更为民主，但他们仍然对改革前的政权有更好的印象。③ 罗斯等人的调查报告说明，俄罗斯大多数民众无法同英美自由市场的民主主义者分享共同的价值观念。政治学者马克·莫杰·霍华德对20世纪90年代末期和21世纪初期的俄罗斯和中东欧的调查也得出了类似的结论。④

这些研究为理解中国的现状提供了更为广阔的背景，尤其有利于我们理解市民社会中底层群众的政治、经济态度。再加上国家领导的发展以及后工业化的现实背景，中国的社会主义性质使得多数中国民众可以接受，甚或是支持中国共产党领导的政治现状，而对追求西方的自由民主缺乏足够的动力。

当然，最为根本的原因还在于经济上的，实际上中国市民社会中的所有群体都有着物质方面的动力去支持，或至少是接受现有的政治秩序，只是这些物质刺激往往被涂上了意识形态的色彩，并与后者裹挟在一起对市民社会各群体的观念产生着影响。毛泽东时代和后毛泽东时代中国共产党领导下的生活经历，使得中国的社会主义性质不仅仅在经济方面影响了中国人民，而

① Richard Rose, William Mishler, and Neil Munro [J].*Russia Transformed*: *Developing Popular Support for a New Regime*, New York: Cambridge University Press, 2006, p.153.

② 参见 Richard Rose, William Mishler, and Neil Munro [J].*Russia Transformed*: *Developing Popular Support for a New Regime*, New York: Cambridge University Press, 2006, pp.131–132.

③ 参见 Richard Rose, William Mishler, and Neil Munro [J].*Russia Transformed*: *Developing Popular Support for a New Regime*, New York: Cambridge University Press, 2006, p.132.

④ 参见 Marc Morje Howard, *The Weakness of Civil Society in Post-Communist Europe*, Cambridge: Cambridge University Press, 2003, pp.10, 29, 122.

且还深深地影响了人们对道德、正义、合法性等问题的价值判断。对于市民社会的中上层群体，即私人企业家、技术人员和知识分子来说，后毛泽东时代的国家政权无疑更为开放和合理。因此，他们不仅有支持现状的物质动机，中央政府对其社会地位的认可和保障也使他们有支持现存政治体制的精神动机。

当然，年轻人的社会主义价值认同相对较弱，随着他们成为市民社会中的主体力量，市民社会尤其是底层群众的政治倾向性可能会发生一定程度的变化，而且随着国内、国际的环境变化，这些物质的、精神的动力也并不是永久性的。但是，只有考虑到以上所述的几点因素，才能真正认识中国市民社会及其与国家关系的现状与未来。

（三）国家本质上不是私有资本利益的管理委员会

改革开放以来，中国市民社会发展中的一个重要特点是，资本已成为市民社会发展的主体因素，这与西方市民社会相似。但是，与西方私有资本在经济、政治、文化上全面占据主导力量以及资本的逻辑是整个国家社会的逻辑不同，中国的私有资本仅在市民社会内甚至仅在市民社会中的经济领域内作为主体因素之一起着重要作用，而在政治领域却没有占据与微观经济领域相应的地位。私有资本在整体上是受国家控制和主导的。

实际上，私有资本在经济领域中也受到了国家的控制，主要表现为国有企业以公有资本的方式在经济领域牢牢占据着基础地位和主导地位。对此，西方学者一开始采取强调私有资本才能推动市场经济发展的方式来批评中国国家进入市场盈利。比如，按照学者科尔奈[①]的观点，西方的方式遵循"预算硬约束"，企业在市场上遵循优胜劣汰的原则，而中国的方式则是遵循"预算软约束"，企业在市场上的生存并不完全遵循经济原则，还受国家意识形态的影响。后者只能导致经济体系的不协调、成本的增加和效率的降低。这种批评话语建立在古典自由主义，及其后产生的新古典经济学中所强调的市场与国家、公共与私人之间形成二元对立关系的基础上，并通过哈耶克以

[①] 参见 Janos Kornai, *The Socialist System*：*The Political Economy of Communism*，Princeton：Princeton University Press，1992，第 11 章、15 章的相关论述。

及科斯和诺斯的新制度经济学的发展，使只有私有产权才能推动市场经济高效运转成为西方学者根深蒂固的认识，也成为世界上占据主流地位的霸权话语。但这种认识在许多国企在世界经济普遍萧条中仍然快速增长，且对中国经济发展起到了关键推动作用的众多经验数据面前，遭受到了质疑。

这种话语模式还有一种变式，即将中国政府或公有资本的运行等同于私有资本的运行。比如魏昂德认为中国的地方政府与资本主义公司行为类似，尤其越基层的政府，其行为性质越像私人资本管控的公司，这也是地方经济发展的重要原因之一。^①还有许多学者用"国家资本主义"等概念来理解和描述中国的社会政治改革，认为中国所确立的社会主义市场经济本质上就是"国家资本主义"。这种做法背后的逻辑仍是将私有资本神圣化，是用新自由主义的话语方式来说明中国的经验道路。

在这种逻辑下，中国未来道路自然也应是由资本主导国家经济、政治发展，国家自然也应是资本的"管理委员会"。这样，资本通过代议制、新闻媒体、院外活动等自由主义民主政治方式将其经济领域的主导地位延伸到政治领域，被认为是中国民主政治道路的应然选择。而对此如何使用马克思主义的理论和方法作出符合历史现实与逻辑的回应，是我们需要思考的，同时这也关涉到了对"市民社会决定国家"这个命题的认识。

马克思在《共产党宣言》中对资本主义市民社会与国家的关系作出了这样的认识，即"现代的国家政权不过是管理整个资产阶级的共同事务的委员会罢了"^②。马克思的论述中揭示了在资本主义国家，市民社会是主人，国家是仆从。可以说，这种主仆关系，是"市民社会决定国家"命题在资本主义国家的主要表现形式。资本主义体制下，私有资本是市民社会和国家的主导者，资本关系是市民社会最本质的关系，资本的逻辑是市民社会最深刻的逻辑。资本家作为私有资本"人格化"的体现，先是为了获取私有资本自由发展的权利，反抗封建国家，夺取国家政权后，通过议会、选举、文化机构等

---

① 参见 Andrew Walder. Local Governments As Industrial Firms：An Organizational Analysis of China's Transitional Economy［J］.*American Journal of Sociology*，1995，101（02），pp.263–301.

② ［德］卡尔·马克思，弗里德里希·恩格斯：《马克思恩格斯选集》第1卷，人民出版社2012年版，第402页。

手段实现对国家权力的控制，确保国家权力为私有资本的发展服务。尤其是在公司成为私有资本积累和增殖的基地之后，私有资本对市民社会和国家的把控力更加强大。帕伦蒂在对美国的民主进行详细研究后也指出："美国的资本主义不仅代表着一种经济体系，而且代表着整个的文化与社会秩序。"① 在真正了解美国政治力量之前，必须明确"存在于我们社会的几乎全部社会机构，以及这些机构所拥有的巨大物质资源和业务资源统统在富豪的控制之下，统治者是一群未经选举、自我挑选、自定终身权的商团富翁代表，他们除了对自己负责之外，不对任何人负责"②。因此，在资本主义制度下，与其说是"市民社会决定国家"，不如说是私人资本决定国家。

当然，私人资本由无数多个单个资本构成，就算是在公司制度得到普遍确立之后，公司之间，大资产阶级与中、小资本阶级之间，也存在着利益与意见的冲突。这时，国家就承担起"总资本家"的角色，调整资本之间，劳资之间的冲突矛盾，尤其是福利制度确立后，国家的这种独立角色更加突显。相反，多元主义者将市民社会视为由多元利益集团、组织构成的领域，国家政策则是前者通过活动、竞争、协商后的结果。在多元主义眼中，国家只是一部消极的机器，是利益团体争斗的角斗场，它反映了国家作为平衡社会利益集团力量的角色。进一步对多元主义理论进行分析，我们可以看出，多元主义者发现了国家主权的形式性与虚伪性，但是却没有进一步的揭示国家主权的实质，"没有认识到国家作为一种阶级关系的表现性质"③，因此一方面将国家视为一个中立者，对其阶级属性采取了漠视的态度，另一方面则使国家工具化而失却其自主性和能动性。实际上，国家这种独立性正是国家与社会分离，以普遍利益自居的结果。需要注意的是，一些质疑者将马克思、恩格斯对国家是阶级工具的论述理解为对国家独立性与能动性的否认，这是理解是片面的与错误的。一方面，马克思、恩格斯对国家阶级工具的指认，

---

① ［美］帕伦蒂：《美国的民主》，韩建中、杨志荣译，河南人民出版社1991年版，第37页。

② ［美］帕伦蒂：《美国的民主》，韩建中、杨志荣译，河南人民出版社1991年版，第38页。

③ 徐木兴：《追寻自由民主的理路：哈罗德·拉斯基政治思想研究》，浙江大学出版社2015年版，第131页。

是为了说明国家的本质，说明市民社会才是国家的基础，是为了将国家从黑格尔国家学说中的神坛上拉回现实中来。另一方面，马克思、恩格斯也不曾否认国家的独立性与能动性，明确说明"政治权力在对社会独立起来并且从公仆变为主人以后，可以朝两个方向起作用。或者按照合乎规律的经济发展的精神和方向去起作用，在这种情况下，它和经济发展之间没有任何冲突，经济发展加快速度。或者违反经济发展而起作用，在这种情况下，除去少数例外，它照例总是在经济发展的压力下陷于崩溃"①。

但是，由于受到两种错误认识的影响，使得学界长期以来对"市民社会决定国家"命题的认识或者仅限于马克思思想史研究层面，或者将其打上了资本主义的烙印而加以批判，又或者成为质疑中国市民社会发展的手段。错误的一方面在于没有真正理解"市民社会决定国家"这个命题，而是如前文所说的将其与自由主义者的"社会先于国家"混同了，没有理解该命题是对市民社会和国家本质抽象层面上关系的说明，并没有否定两者在现象具体层面上的多样性关系；错误的另一方面则是将形式等于内容，将西方资本主义的路径作为该命题的唯一表现形式。结果是，市民社会通过选票制度实现对国家的控制和管理，利益群体联合起来形成组织机构保障市民社会权利不受国家侵犯，并对国家进行监督，以及由此生发出来的自由、民主概念便成为学界对"市民社会决定国家"实践形式的固有认识。甚至"市民社会决定国家"命题在中国现代化实践的研究中也成为一个难以碰触的"敏感"话题。

中国现在正处于市民社会发展阶段，市民社会对国家也有着"解释学"上的优先地位。但实践总是多样性的。首先必须明确的是，私有资本并不是中国市民社会和国家的主导者，中国国家政府不是资本雇佣的公共事务管理委员会，而是为了全体人民的共同利益和根本利益而服务的。法律保障资本作为市场经济中独立主体之一的一切合法权利，但在政治生活中决不允许资本凌驾于包括劳动者在内的其他市场主体之上，确保各主体平等的政治地位。国家政权决不能沦为资本的统治工具，贿选代表、买官卖官、权钱交易等腐败行为是与社会主义国家（政府）的本质完全背离的。但资本也绝不是

① ［德］卡尔·马克思，弗里德里希·恩格斯：《马克思恩格斯选集》第 3 卷，人民出版社 2012 年版，第 563 页。

被专政或被消灭的对象，资本是法治规范下为社会整体利益造福的能动要素。其次，国家作为市场主体可以参与到市场经济运行中，是市场经济发展中的一种方式，是国家意志引导市场经济发展方向的体现，与国家性质无关。但是，国有企业性质却与国家性质相关，中国国有企业不仅不是为了发展资本主义，反而是为了节制资本主义，使公有制牢牢地占据经济基础地位，使资本主义力量不能肆意妄为，更别说主导国家政治发展道路。

可见，马克思的理论认识从来都是历史的，而不是超历史的。马克思思想发展的时代是资本主义发展的初始阶段，而且马克思批判市民社会的过程是与批判资本主义的过程同时进行的，所以马克思对市民社会与国家关系认识的历史基点是资本主义社会，或准确地说是早期资本主义社会。因此，马克思的一些理论论述必然有与中国实践不相符合的地方，这并不与马克思市民社会思想的科学性相违背。

（四）良性互动模式是体现市民社会与国家对立统一本质的崭新形态

目前对市民社会与国家关系模式的讨论基本可以划分为三种类型：第一种是"弱国家—强市民社会"模式。市民社会与国家的"对抗说"、社会中心、多元主义的国家是利益集团的角斗场等都属于此模式。二是"强国家—弱市民社会"模式。极权主义、威权主义、国家中心主义等属于此模式。三是动态互动模式。以邓正来为代表的良性互动说、法团主义、"强国家—强市民社会"、国家与市民社会共生共强、孙立平等人的总体性社会模式、"国家在社会中"等属于此模式。

这三种模式中，由于"弱国家—强市民社会"仍是当前国内外学界的主流模式，是西方话语主要用于批评中国道路的工具，因此本书主要讨论的也是这种模式。这种模式的合理性在于对市民社会的承认和重视，关注国家与市民社会双方的权利边界确定，以防止国家的越权。但是这种模式也存在问题。实际上，在这种模式最初在中国实践中遭遇到挫折时，便已经受到了学界内的许多质疑。但大部分学者认为这种模型是西方经验实践的产物，并不能被广泛适用。但是这种认识只是说明了部分事实。从上文的分析中可以看到，"弱国家—强市民社会"这种模式中的许多内容不仅不适用于中国，而且也无法解释美国的许多历史事实。这种结构化的模式虽然有利于我们认识美国市民社会发展的基本特点，却也简化甚至扭曲了美国的市民社会发展道路。实际上，包括美国在内的世界上大部分国家中，"弱国家—强市民社会"都不是一个长期存在的状况。

　　第二种模式中的许多思想，尤其国家中心主义是在对第一种模式的批判上产生的。"弱国家—强市民社会"模型将国家视为一种限制性的力量，却没有看到摆脱了国家这个规范因素，弱国家下的强社会有可能演化成一个混乱而无序的社会。失去控制的市民社会与干预过度的国家一样，也会导致发展的失败。针对社会中心论的这一内在缺陷，国家中心主义应运而生。国家中心论的产生有其现实基础，二战以后，国家对社会的干预不断扩大与加强，国家问题重新进入到人们的视野当中主要不是理论创新的结果，而是现实的需要。需要注意的是，与极权主义、威权主义等主张国家对社会的全面控制不同，国家中心论强调国家作为社会结构变化、经济发展、政治变革和国际间互动关系的主要驱动者的作用。由于路径依赖，"强国家—弱市民社会"模式被广泛地用于对中国的国家与市民社会关系研究中，只是研究理论从极权主义转向了威权主义和国家中心主义。这种模式虽然将国家重新带回了人们的视野当中，并增强了对中国实践的解释力，但从根本上同"弱国家—强市民社会"模式一样，极易导致将国家与市民社会的关系归为零和博弈的框架之中，同时这种模式容易忽视社会对国家的作用。

　　考虑到前两种模式的缺点，出现了动态互动模式。国家和市民社会之间是彼此互相依赖、互惠发展，而不是以对方作为发展的代价。因此，要走出零和博弈的困境，国家与社会之间必须建立起一种合作互补的关系。应该说，这种模式更加符合马克思对市民社会与国家之间对立统一关系的理解。但是，这种模式中的一些理论背后的逻辑仍是前两种模式的延续，比如法团主义、"强国家—强市民社会"等。它们总体来说仍是在一种被学者们称为"连续统"（continuum）的系统中[①]，连续统的一极是国家对市民社会的绝对排斥或控制，另一极是自由主义或甚至是无政府主义。国家与市民社会的关

---

　　①　关于连续统（continuum）的说明参见 Gopakuma K Thampi, Suresh Balakrishnan, *Public Policy & Civil Society*：*Ambiguities and Possibilities*，Bangalore：Public Affairs Centre，2002，pp.1-2.

系根据两者力量的对比而处于连续统的不同位置上，并依此来判断两者关系的特点。这种逻辑虽然看似是对前两种模式的批评，但理论的终点还是自由主义式的市民社会及中国民主化进程。

跳出国家与市民社会之间的强弱对比，邓正来提出"良性互动说"。他认为："作为中国现代化进程的一种战略性思考，这一理论的根本目标在于从自上而下的角度致力于营建健康的中国市民社会。透过中国市民社会的建构，逐渐确立国家与市民社会的二元结构，并在此基础上形成一种良性的互动关系。唯其如此才能避免历史上多次出现的两极摆动，推动中国的经济体制和政治体制改革，最终实现中国的现代化。"[①] 当前，"良性互动说"在国内学界得到了较多的认同，这种良性互动的具体模式内容也还在发展之中。

在这个过程中，应将马克思市民社会思想与"良性互动说"结合起来看待中国市民社会与国家关系。需注意的几个基本点是：第一，马克思所揭示的国家与市民社会之间的对立统一本质关系，决定了国家与市民社会存在着良性互动的可能性，同时也应是市民社会健康发展的前提条件。第二，国家与市民社会采取何种具体手段进行互动因时因地而宜，但良性与否的判断标准应是三个有利于，即是否有利于发展社会主义社会的生产力、增强社会主义国家的综合国力、提高人民的生活水平，这也是两者互动的基点。第三，政党应是国家与市民社会良性互动中并列的第三个主体。就中国而言，国家与市民社会良性互动的实现系于中国共产党的正确领导。不论是国家还是市民社会，中国共产党都占据着领导地位，这有利于国家限制市民社会中的不利因素，最大限度地发展市民社会的积极因素。黑格尔在《法哲学原理》中也将市民社会视为多元利益存在并冲突的领域，市民社会自身很难实现真正的和谐统一，因此需要在伦理层面高于市民社会的理性国家的存在。这种认识是符合现实情况的，市民社会本身追逐私利，其视野往往是短视的，缺乏对国家整体发展甚至人类历史发展的长远眼光，资本为达到垄断牟利的目标，常常采取各种投机手段，工人群体虽然是先进生产力和生产关系的代表，但又往往受眼前福利的诱惑而忽视长远发展，如此等等。如果没有着

---

① 邓正来，〔英〕杰弗里·亚历山大编：《国家与市民社会》，中央编译局出版社2002年版，第88页。

眼国民整体长远利益的政党把控，国家和市民社会的根本利益都难以得到最佳保障。中国共产党的领导正好就是担当了这样一个重要角色。这是理解中国能够在短短数十年中取得重大成就、并可能在世界文明发展中后来居上的关键。

中国市民社会与国家之间的良性互动关系以马克思主义为理论基础，具有与西方完全不同的形态。西方市民社会与国家之间的关系以社会契约论为理论基础，后者的本质内容是交易关系。社会契约论最初在市场中表现为资本与资本之间的交易关系以及劳资之间的雇佣关系，后由经济关系上升为政治关系，表现为资本与政府雇员之间的交易关系，资本是主人，政府则是资本的雇佣者。这些交易关系共同的核心主体都是资本。可见，我们在理解西方社会契约论时，不能虚幻讲契约双方的关系，而应具体的说明这些关系，并说明这些关系的本质，这也符合马克思的认识。马克思市民社会思想强调市民社会是生产的承担者、历史的创造者，是国家的自然基础，国家应保障市民社会主体合力的发挥。因此，中国的良性互动关系强调保障各方利益，不偏袒任何一方。资本是与其他关系主体地位平等的一员，既不是主导者，也不是被利用者，资本在党和政府中有一定的地位。中国强调各种经济共同发展，即是强调市民社会中各主体的利益在良性互动关系中都能获得保障。

良性互动是体现国家与市民社会对立统一关系的崭新形态。中国市民社会及其与国家关系发展的道路不同于西方，一方面在于客观上不同的历史背景和基础，另一方面则来自主观上的选择。西方市民社会及其与国家关系发展的道路为中国提供了可供借鉴的经验，也提供了深刻的教训。西方市民社会与国家之间从血腥对抗到逐步改良的老路中国不能走。英国等西方国家市民社会最初面对落后的封建势力，采取了诸多手段，甚至通过暴力革命的途径才使自身地位获得确立，因此西方的市民社会形成了好战的特性。在美国市民社会发展中劳资之间的阶级对抗，最初往往也以国家压制工人运动、工人流血牺牲的方式呈现。虽然美国最终通过集体谈判制度的确立使工人、资本家、国家三者的关系得到了协调，但却花费了巨大的时间成本，付出了惨痛的代价。因此，中国市民社会与国家吸取教训，走和谐发展的道路，这也是当前构建和谐社会的题中应有之义。

同时，中国存在着有利于国家与市民社会和谐发展的历史与现实基础。一方面，中国市民社会发展面对的并不是落后的封建体制，而是思想进步的社会主义体制，市民社会和政治国家之间存在着一定的价值共识。另一方面，中国市民社会与国家相互依赖，有着互利互助的客观现实要求。国际竞争的激烈以及国内国家力量的强大，使市民社会从孕育到发展都离不开国家的领导与支持，相应的，中国力图实现现代化强国，在资本主义全球经济体系之中获得生存与发展，也有赖于一个健康的市民社会作为物质基础。

　　实际上，中国市民社会与国家之间直接而有效的互动关系已经成为许多学者研究的重点。美国学者杰西卡·蒂滋[①]指出，市民社会中社会组织的发展有利于地方政府公共服务的更好实现和管控资金缺口的弥补，因而使地方政府有主动与社会组织合作的动力。同时这也符合来自西方的"小政府大社会"的思想，因此共同促进了社会组织与地方政府之间的合作。蒂滋认为，中国市民社会与国家的关系模式既允许市民社会相对自主的扩张，又允许国家更多间接控制工具的发展，该模式主要有两个特点，一是政策制定与实施中社会的多元参与，二是政府间接控制工具的多元化使用。[②]这种模式对于市民社会中社会关系的多元化发展有着更多的宽容，国家对市民社会的管理并没有从本质上限制中国市民社会的快速发展，对社会组织的各种法律法规限制也仅仅是一种"控制的表象"，双方实质上是基于相互利益衡量的合作关系。邓正来也强调，中国的改革是市民社会和国家复杂互动的过程，这种互动渐进性地对国家治理提出了挑战，使国家在作出政策回应的过程中产生了原本经济目的之外的政治结果，进而使国家诸多改革议程之外的领域出现了制度和技术的双重改进。[③]

---

　　① 参见 Jessica C，Teets.Let Many Civil Societies Bloom：The Rise of Consultative Authoritarianism in China［J］.*The China Quarterly*，2013（213），pp.19–38.

　　② 参见 Jessica C，Teets.Let Many Civil Societies Bloom：The Rise of Consultative Authoritarianism in China［J］.*The China Quarterly*，2013（213），pp.32–33.

　　③ 参见邓正来：《市民社会与国家知识治理制度的重构》，载《开放时代》2000 年第 3 期，第 17 页。

三、改革开放以来中国市民社会与国家关系的变迁

改革开放以来，经济体制的变革使中国的市民社会获得了蓬勃的发展，也使国家与市民社会的关系不论从经济层面，还是从政治层面都发生了巨大的变化。总体来说，可以将改革开放以来中国市民社会与国家关系的变迁分为两个阶段，即改革开放以来至 20 世纪 90 年代早期的初始阶段，和 90 年代早期至今的深入发展阶段。在这个过程中，社会结构发生了巨大的变化，非公有制的经济因素得到了快速发展。但是，经济的市场化并没有令中国出现许多西方政策制定者和市民社会理论学者所预期的政治变革，甚至有学者指出，这些因素反而实际上巩固了中国现存的政治体制[①]。

中国改革开放初期涵盖了 20 世纪 70 年代晚期至 90 年代早期的 15 年左右，这一时期，中国逐渐形成了国家领导的发展模式，以及允许个体参与局部领域的商业活动和建立小规模私人商业公司的有限的经济改革。同时，在关系国计民生的垄断行业继续实行社会主义的经济政策，这样大多数的城市工人，尤其是在国有企业中的工人可以继续享受国家提供的各项福利。从外部来看，随着中国经济市场逐渐向国际资本主义经济系统开放，中国面临着日趋激烈的竞争和一体化的全球市场，因此流动的资本可以更容易地获得中国大量的非技术性工人。

这一时期，市民社会主体间的经济差距与改革开放前相比明显拉大，导致社会经济两极化的现象出现。在 20 世纪 70 年代晚期改革开放刚刚启动时，中国的基尼系数是 0.15，而到了 1988 年就达到了 0.386。[②] 虽然与同时期的其他社会主义国家相比，中国的基尼系数仍然很低，但是考虑到中国建国初期的平均主义历史背景，经济的不平等现象仍然引起了一部分社会民众尤其是少数低收入民众的不满。但同时，城乡居民的经济状态总体上都得到了提升。

从市民社会和国家的关系来看，虽然是国家领导市民社会发展，但与改革开放之前相比，市民社会对国家经济上的依赖程度有所降低。80 年代一系

---

① 参见 James Mann, *The China Fantasy*, London: Viking, 2007, p.110.

② 参见 Teresa Wright, *Accepting Authoritarianism*, California: Stanford University Press, 2010, p.5.

列的农村改革，如确立家庭联产承包责任制，允许农民搞个体和私营，破除"统购统销"，活化农村商品流通等使农民有了更多的自主性。越来越多城市的大学毕业生有了选择工作的自由，而不是由国家来分配工作。有技能和才能的国有企业工人也开始向私人企业流入。可见，改革开放使一体化的市民社会和国家开始逐步分离，交往关系尤其是经济交往关系逐步丰富与多样化。80年代市民社会和国家关系的变化是两个主要政治变化过程的结果：一是自上而下的过程，提高对个体法律权利的保障，并实行经济改革，下放一定的中央权力；二是自下而上的过程，即民众中各种社会关系组织形式的逐步出现。这期间进行的一系列政治、经济和法律改革改变了"文化大革命"以来社会发展缺乏自我意识和个体权利的环境，推动了市民社会的发展。首先，改革创造了市民社会与国家分离的潜在社会基础，包括私人企业的出现，外资的引入，文化事业政策的调整等。经济改革使过去国家对社会无所不在的影响有所降低。随着政治对社会生活干预的减少，个体的自主性增强，尤其是"阶级划分"的淡化，使个体不再受到阶级标签的束缚，所有权形式的多元化发展在促进劳动力流动的同时，也为商品和服务的供应提供了可选择的来源。其次，国家与社会力量天平的变化带来了经济资源的再分配，进一步为市民社会的发展创造了空间和资源环境。有学者就指出，国家、社会两者力量的变化会促使社会中原本分离的独立实体联合起来管理自身的经济环境，以与国家相区别。[①]此外，改革加速了乡村之间、城乡之间以及区域之间的水平流动，这从根本上弱化了以往中国垂直的社会组织结构。

　　中国市民社会与国家关系变化的第二个阶段起始于20世纪90年代早期，一直延续至今。这一时期的主要特点是国家领导的经济市场化的快速扩张和发展时期。1992年社会主义市场经济改革目标正式确立，改革全面展开，国内经济体系几乎全面向国际资本主义体系开放，这使得非技术工人在面对快速变化的全球市场体系下更加显得脆弱不堪。这些因素对社会经济的稳定产生了影响，对执政党的领导提出了挑战，同时也带来了机遇。

---

　　① 参见 Yanqi Tong. State，Society，and Political Change in China and Hungary［J］.*Comparative Politics*，1994，26（03），pp.333–353.

从社会经济的平等性来看，改革后期最主要的一个特点就是社会经济的两极化更加突显。

在改革的第二个阶段，中国市民社会发展愈加迅速，但民众接受中国共产党领导的程度较高，并没有强烈地进行政治变革的欲求。这也是为什么中国虽然经历了资本主义经济的快速发展，却没有产生强烈追求西方自由主义民主的民众压力的原因之一。从中国的实践来看，市民社会—国家关系的"对抗"说，以及市民社会与自由主义民主之间的必然联系都没有得到印证。其实，这两种模型都是自由主义理论下的假设，前者虽然在一些国家的一些历史时期中真实的存在过或存在着，但却并没有体现市民社会与国家关系的本质；后者更是自由主义者从个人主义出发，意图达到自身理论和政治需求而构筑出来的理论图景，两者都是历史唯物主义批判的对象。一些学者虽然对中国实践有了客观的认识，但仍是从自由主义理论模式出发来判定中国市民社会及其与国家关系的发展，都是在自由主义理论的基础上认为中国的市民社会是不成熟的，抑或不是真正意义上的市民社会。其实，中国市民社会发展及民主政治的道路有着自身的逻辑。

本章小结： 中国道路对市民社会历史实践的扬弃

中国市民社会及民主政治建设道路不同于西方，并且在发展前景上甚至优于西方的一个关键点便在于，中国生产关系领域改革的深入性与先进性，以及领导者中国共产党的先进性。公有资本为主导的经济关系改革是对私有资本主导的西方经济关系的扬弃[①]，是比美国劳资关系改革更为根本的变革，因而拥有快速打破资本主义市民社会弊端的潜力，拥有政治发展的良好基础。中国共产党阶级性质的先进性以及着眼点的长远性、宏观性，使其不仅超越了劳资利益，代表了中国人民的普遍利益，而且正进一步走向世界，为人类命运共同体的构建贡献力量。中国共产党领导下的中国市民社会发展道

---

① 关于公有资本的相关论述，参见李凯林：《"公有资本"对社会主义和谐社会建设的意义》，载《新视野》2006年第6期，第17—19页。

路以超越市民社会、实现人类共同体社会为目标，因而代表着人类社会前进的正确方向。十九大报告也提出要"倡导构建人类命运共同体，促进全球治理体系变革"[①]，这说明中国市民社会发展的道路虽然源于中国，但却属于全世界。

马克思市民社会思想最终的理论指向是对市民社会的批判和超越。在马克思看来，市民社会是对前市民社会的扬弃，是人类社会的进步，但是市民社会并不是人类社会发展的终点，而只是通向共同体社会的一个环节。市民社会本质上是人与人关系的异化，是人对物的依赖关系的体现，它实现的只是政治上的解放，并没有消除人在天国中的抽象的平等与在现实中的不平等之间的矛盾，因此还需要继续对市民社会自身进行批判和革命，实现人类解放。对待市民社会的革命态度体现了马克思主义者与自由主义者之间的重大差异。西方自由主义者对待市民社会基本持肯定态度，无论是右翼强调肯定和维护市场，还是左翼将市民社会看作是万能的关键词，都是争夺意识形态话语权的手段。马克思主义学者艾伦·梅克辛斯·伍德也强调，自由主义者对市民社会的过分强调与夸大"掩盖了市民社会的强制的一面，模糊了国家压迫植根于市民社会中的剥削和强制关系这方面的内容"[②]。此外，自由主义者信奉多元主义原则，将市民社会视为一个多样化的、充满冲突的领域，这虽然促使我们关注到了马克思所强调的经济和阶级之外的关系，但是却使资本主义政经一体化的总体逻辑和压迫性逐渐被遮蔽了。总之，市民社会逐渐沦为为资本主义辩护和扩张的概念。在这方面，葛兰西则较好地继承了马克思革命的传统，他根据当时的斗争需要，提出了必须对市民社会的文化领域进行批判，工人阶级必须通过夺取文化领域权实现对资本主义堡垒的摧毁的革命思想，使市民社会成为资本主义批判话语中的重要理论资源。

对于中国市民社会的发展，我们必须明确的是：一方面，中国当前的历史进程仍处于市民社会史阶段，因此市民社会的局限性同样适用于中国。市

---

① 《决胜全面建成小康社会 夺取新时代中国特色社会主义伟大胜利——在中国共产党第十九次全国代表大会上的报告》，载 http://www.xinhuanet.com/politics/19cpcnc/2017-10/27/c_1121867529.htm.

② 俞可平：《全球化时代的"社会主义"——九十年代国外社会主义述评》，中央编译出版社 1998 年版，第 194 页。

民社会阶级所具有的社会关系异化特点在当前中国也有体现。但是，与各种社会关系的异化得到了极端发展的西方资本主义社会不同，中国市民社会有着自身的特点和优势。另一方面，社会主义制度要求中国现代化发展的实践要最终扬弃市民社会。这就要求中国不仅不能弱化公有资本的主导作用，而且要完善公有资本的各种形态，加强其对于国民经济的把控力和引导力。同时，我们必须时刻保持清醒的认识，不能被各种一味美化、神化市民社会，甚至将市民社会作为人类历史终点的观点所迷惑，不能让资本主义市民社会发展的模式成为中国市民社会道路的模板，更不能让自由主义市民社会理论主导中国市民社会发展的意识形态话语权。只有时刻站在扬弃市民社会的原则高度上，站在人类命运共同体的价值高度上，才能维护社会主义立场，增强中国现代化发展道路的正当性，与西方理论经验平等对话。

结　论

本书以市民社会概念的思想史发展与当代实践为切入点，以历史唯物主义为根本的方法论指导，系统地研究了马克思市民社会思想的主要内容，及其对当代市民社会思想发展和中外实践的理论价值。现将本书研究的主要结论概括如下：

第一，市民社会首先是社会经济生产生活的基本承担者，"市民社会—国家"二分法不应在实现了文化转向的当代市民社会理论中被弱化或抛弃。当代市民社会理论实现了文化转向后，"市民社会—国家"的二分法也逐步转向了"经济领域—市民社会—国家"的三分法。"文化的市民社会"开拓并发展了市民社会的文化功能，突显了历史进程中人类社会交往关系领域和形式的多样化，使市民社会概念在当代历史背景下获得了合法性。但是三分法并不是将经济交往关系和文化交往关系在市民社会内部予以划分，而是将经济交往关系剥离于市民社会之外。现在广泛使用的"市民社会—民主自由"等框架都是在三分法之上形成的。然而，在历史唯物主义的视阈下，经济关系虽然不是市民社会的全部内容，但却是市民社会的基础内容和本质内容，只有扎根于经济领域，才能理解市民社会与国家分离的历史过程，以及市民社会与国家对立统一的本质关系，才能把握必须进行市民社会批判的根源之所在。因此，必须坚持"市民社会—国家"二分法，在市民社会内部考察经济关系领域、文化关系领域的界分及互动。一方面，经济关系主体是市民社会的主要成员，他们之间的交往活动和交往形式，以及各自与国家的互动，是理解市民社会及其与国家关系发展的重要内容。另一方面，坚持经济关系对市民社会的基础性作用，才能真正理解市民社会与民主政治之间的关系，脱离了生产关系领域的文化市民社会难以成为民主政治的坚固根基，甚至包含着自由民主观念众多思想火花的文化领域，脱离了经济领域也难以保持自身的独立性。

第二，"市民社会—国家"框架是马克思历史唯物主义经典表述中的一个基本框架。"市民社会—国家"框架既不能被视为马克思早期不成熟的思想，也不能与"经济基础—上层建筑"框架相等同。"市民社会—国家"框架是马克思从早期政治实践到黑格尔法哲学批判，再转向政治经济学研究，最终通过对资本主义生产方式的批判实现市民社会批判，提出人类解放这一思想过程的内在线索。通过从"现实的人"出发，马克思发现，市民社会与国家"同一—分离—统一"的过程，便是人类社会历史发展的过程。总体而言，人类社会历史是沿着"原始的共同体社会—市民社会—共产主义社会"这三个阶段进行的。而且，从"市民社会—国家"框架解读马克思历史唯物主义，也体现着马克思对西方思想史的继承与内在超越。"市民社会—国家"框架内含着对特殊性与普遍性、私人利益与公共利益之间矛盾的思考。古典思想家通过赋予城邦以最高的伦理价值，使公民的公私利益统一于城邦的政治生活中。中世纪城市的迅速发展使公私矛盾实体化、激烈化。近代契约论者从"原子化的个人"出发，试图通过个体的理性计算与共识来达成普遍性与特殊性的和谐。黑格尔批判了契约论者形式的普遍性，提出伦理国家才是统一普遍性与特殊性的真实力量。马克思则指出了黑格尔对古典自由主义者批判的不彻底性，即仍从后者要求的独立人格出发理解普遍性与特殊性的冲突，并试图用理性消解现实中的矛盾，表现了唯心主义思想下解决路径的倒退性和表面性。马克思明确表明，特殊性与普遍性冲突与解决的出发点都应在市民社会，必须使用革命的手段对市民社会进行改造才能实现公与私的统一。

第三，市民社会是交往关系普遍发展了的、异化了的历史阶段，资本主义社会则是异化的交往关系获得极端发展的社会。从人的社会本质出发解读市民社会及其与国家关系是历史唯物主义的内在要求。马克思认为，现实的人的本质是由物质生产关系及其基础上形成的各种社会关系所决定的，因此，人类社会的历史便是社会关系展开与发展的历史。建立在市场经济基础上的市民社会是至今以来交往关系最为发达的历史阶段，人与人之间的社会交往破除了国家、民族、行业、阶层等的界限，在经济、文化等各领域充分地建立起来。当代市民社会理论的文化转向虽然与马克思在理论旨趣上有着较大的不同，但是都历史地把握到了市民社会发展下个体社会关系的变化、公共领域的出现以及由此带来的市民社会功能的拓展。

同时，马克思时刻是以发展的眼光，从辩证的角度来看待市民社会的。一方面，马克思肯定了市民社会对于人类历史发展的积极意义，它使个体脱离了原始的共同体社会中对人的依赖关系，使人的社会性普遍化了。另一方面，马克思也看到了市民社会中人与人社会关系的异化，人的社会关系必须通过物的交换关系才能实现，而社会关系在经济领域之外的异化表现也在哈贝马斯等学者那里得到了发展。尤其是在资本主义生产方式下，市民社会以"货币拜物教"的形式得到了极端的发展，资本与劳动之间的对立将市民社会内部的矛盾，以及市民社会与国家之间的张力无限扩大了。市民社会的双重性使其在马克思的历史观中是一个需要扬弃的阶段，这种态度也使马克思市民社会思想与其他形形色色的，利用市民社会概念来维护资本主义体制的理论相区别。因此，对当前中国发展市民社会也应有清醒的认识。一方面，市民社会不等同资本主义社会，与政治体制无关，它是人类历史发展的进步，中国市民社会正在蓬勃发展是现实，国家也始终在积极培育中国的市民社会。另一方面，市民社会并不是"历史的终结"，中国的政治体制也决定了中国不仅不以资本主义的市民社会为模板，也不以市民社会为最终目标，而是始终坚持在市民社会发展中不断积蓄扬弃自身的力量，为最终实现人类共同体做准备。

第四，马克思的"市民社会—国家"框架是一元历史观的体现。市民社会与国家的分离只能在理论上达成，而无法在现实中实现。甚至是在理论上，市民社会对国家的基础性作用，也决定了必须从市民社会出发来理解国家，以及两者之间的关系。马克思的"市民社会—国家"框架要揭示的是一个平行互动的有机社会结构，体现了市民社会与国家的对立统一关系。这种框架摒弃了以往诸多思想家将市民社会和国家分属特殊性和普遍性、私人性和公共性两个不同领域的二元划分。当代许多市民社会与国家关系理论中，无论是"社会中心""国家中心"，还是法团主义框架都是建立在这种二元划分的基础上，将市民社会与国家立于两端，然后在这两端之上或之间确定一点，来确立市民社会与国家的力量对比，并由此标明市民社会与国家的关系。这种二元论模式不仅是在被西方学者视为"异类"的中国，还是在其重要的起源地美国，都无法真实地反映历史。

第五，马克思市民社会思想的科学内涵在理解当前中美实践中仍有理论指导意义。虽然马克思市民社会思想诞生于资本主义发展早期，是对当时历史现实的理论反映，但是其科学性使其仍是我们把握当前历史实践的理论工具。就美国而言，不同于自由主义者将美国市民社会视为多元利益主体平等博弈的"天堂"，马克思主义则揭露了美国市民社会的资本主导本质，及其产生的宪政民主实质。资本主义在发展中采取了更加多样和隐藏性的形式来遮蔽这个本质。不同于自由主义者将美国市民社会和国家看作是"反抗者"和"利维坦"的对立，马克思主义看到了美国市民社会与国家之间的相互形塑。不同于自由主义者将美国历史的发展解读为自由、民主、政治等"普适价值"下的结果，马克思主义则将美国历史的发展归因于，西方宪政民主适应了资本主导的市民社会内部结构调整和发展的需要。就中国而言，公有制主导和共产党领导是理解中国市民社会现在和未来的关键点，中国市民社会与国家在实践中形成的良性互动关系也是对自由主义的现实批判及对马克思主义的继承发展。中国民主法治的发展必须建立在经济关系领域不断改革、生产力不断发展的基础上，且以超越资本主义市民社会的局限，实现人类共同体社会下的社会主义民主政治为最终目标。

中国由于国情和文化的不同，在市民社会及其与国家关系的发展路径上与西方国家有着许多不同，也与马克思当初的设想有诸多不同。中国社会主义民主政治走上了"党的领导、人民群众当家作主和依法治国三者统一"的道路。这一道路的适应性和优越性已被数十年现代化高速发展的事实所验证，其在以后还需不断发展完善。中国道路的探索是对西方资本主义市民社会历史实践的扬弃。

>>>> 参考文献

中文著作：

［1］［德］卡尔·马克思，弗里德里希·恩格斯：《马克思恩格斯选集》第1卷，人民出版社2012年版。

［2］［德］卡尔·马克思，弗里德里希·恩格斯：《马克思恩格斯选集》第2卷，人民出版社2012年版。

［3］［德］卡尔·马克思，弗里德里希·恩格斯：《马克思恩格斯选集》第3卷，人民出版社2012年版。

［4］［德］卡尔·马克思，弗里德里希·恩格斯：《马克思恩格斯选集》第4卷，人民出版社2012年版。

［5］［德］卡尔·马克思，弗里德里希·恩格斯：《马克思恩格斯文集》第1卷，人民出版社2009年版。

［6］［德］卡尔·马克思，弗里德里希·恩格斯：《马克思恩格斯文集》第3卷，人民出版社2009年版。

［7］［德］卡尔·马克思，弗里德里希·恩格斯：《马克思恩格斯文集》第4卷，人民出版社2009年版。

［8］［德］卡尔·马克思，弗里德里希·恩格斯：《马克思恩格斯文集》第8卷，人民出版社2009年版。

［9］［德］卡尔·马克思，弗里德里希·恩格斯：《马克思恩格斯全集》第1卷，人民出版社2002年版。

［10］［德］卡尔·马克思，弗里德里希·恩格斯：《马克思恩格斯全集》

第 3 卷，人民出版社 2002 年版。

　　[11][德]卡尔·马克思，弗里德里希·恩格斯：《马克思恩格斯全集》第 4 卷，人民出版社 1958 年版。

　　[12][德]卡尔·马克思，弗里德里希·恩格斯：《马克思恩格斯全集》第 30 卷，人民出版社 1995 年版。

　　[13][德]卡尔·马克思，弗里德里希·恩格斯：《马克思恩格斯全集》第 32 卷，人民出版社 1998 年版。

　　[14][德]马克思：《法兰西内战》，人民出版社 1964 年版。

　　[15][德]马克思：《1844 年经济学哲学手稿》，人民出版社 2000 年版。

　　[16]时和兴：《关系、限度、制度：政治发展过程中的国家与社会》，北京大学出版社 1996 年版。

　　[17]邓正来主编：《国家与市民社会：中国视角》，格致出版社、上海人民出版社 2011 年版。

　　[18][古希腊]亚里士多德：《政治学》，吴寿彭译，商务印书馆 1983 年版。

　　[19]邓正来，[英]杰弗里·亚历山大编：《国家与市民社会》，中央编译出版社 1999 年版。

　　[20][意]托马斯·阿奎那：《阿奎那政治著作选》，马清槐译，商务印书馆 1982 年版。

　　[21][美]汤普逊：《中世纪经济社会史》（下），耿淡如译，商务印书馆 1997 年版。

　　[22][德]马克斯·韦伯：《儒教与道教》，王容芬译，商务印书馆 1995 年版。

　　[23][英]约翰·邓肯：《民主的历程》，林猛译，吉林人民出版社 1999 年版。

　　[24]何增科编：《公民社会与第三部门》，社会科学文献出版社 2000 年版。

　　[25][英]霍布斯：《利维坦》，黎思复，黎廷弼译，商务印书馆 1985 年版。

　　[26][英]霍布斯：《论公民》，应星，冯克利译，贵州人民出版社

2003 年版。

［27］［英］洛克：《政府论》下篇，叶启芳、瞿菊农译，商务印书馆 1986 年版。

［28］［法］卢梭：《社会契约论》，杨国政译，陕西人民出版社 2004 年版。

［29］［法］孟德斯鸠：《罗马盛衰原因论》，婉玲译，商务印书馆 1995 年版。

［30］［美］艾伯利编：《市民社会基础读本——美国市民社会讨论经典文选》，林猛、施雪飞、雷聪译，商务印书馆 2012 年版。

［31］［英］休谟：《人性论》（下册），关文运译，商务印书馆 1980 年版。

［32］［美］约瑟夫·克罗普西：《国体与经体：对亚当·斯密原理的进一步思考》，邓文正译，上海人民出版社 2005 年版。

［33］［英］戴维·米勒，韦农·波格丹诺编：《布莱克维尔政治学百科全书》，邓正来译，中国政法大学出版社 2002 年版。

［34］［法］皮埃尔·罗桑瓦隆：《乌托邦资本主义——市场观念史》，杨祖功、晓宾、杨齐译，社会科学文献出版社 2004 年版。

［35］［英］亚当·斯密：《国富论》（上），郭大力，王亚南译，上海三联书店 2009 年版。

［36］［美］拉齐恩·萨丽等：《哈耶克与古典自由主义》，秋风译，贵州人民出版社 2003 年版。

［37］［德］黑格尔：《法哲学原理》，范扬、张企泰译，商务印书馆 1961 年版。

［38］张一兵：《回到马克思——经济学语境中的哲学话语》，江苏人民出版社 2014 年版。

［39］［日］山之内靖：《受苦者的目光——早期马克思的复兴》，彭曦、汪丽影译，北京师范大学出版社 2011 年版。

［40］［德］卡尔·洛维特：《从黑格尔到尼采》，李秋零译，生活·读书·新知三联书店 2014 年版。

［41］［德］路德维希·费尔巴哈：《费尔巴哈哲学著作选集》（上卷），荣震华、李金山译，生活·读书·新知三联书店 1959 年版。

［42］［英］吉登斯：《资本主义与现代社会理论——对马克思、涂尔干和韦伯著作的分析》，郭忠华、潘华凌译，上海译文出版社 2007 年版。

［43］中国社会科学院哲学所编译：《马克思哲学思想研究译文集》，人民出版社 1983 年版。

［44］［英］G·柯尔：《政治原理与经济原理之关系》，孟云峤译，生活·读书·新知三联书店 2012 年版。

［45］［美］约瑟夫·熊彼特：《经济分析史》第 2 卷，杨敬年译，商务印书馆 2001 年版。

［46］［日］望月清司：《马克思历史理论的研究》，韩立新译，北京师范大学出版社 2009 年版。

［47］［意］萨尔沃·马斯泰罗内：《一个未完成的政治思索：葛兰西的〈狱中札记〉》，黄华光、徐力源译，社会科学文献出版社 2000 年版。

［48］［德］哈贝马斯：《公共领域的结构转型》，曹卫东等译，学林出版社 1999 年版。

［49］［澳］伊安·亨特：《分析的和辩证的马克思主义》，徐长福、刘宇译，重庆出版社 2010 年版。

［50］［英］阿拉斯代尔·麦金泰尔：《德性之后》，龚群等译，中国社会科学出版社 1995 年版。

［51］姚颖编：《中央编译局文库 马克思主义研究资料》第 17 卷，中央编译出版社 2014 年版。

［52］全国马克思主义哲学史研究会编：《论马克思主义哲学的形成和发展》，河南人民出版社 1983 年版。

［53］黄楠森，施德福，宋一秀：《马克思主义哲学史》（上册），北京大学出版社 1987 年版。

［54］［意］葛兰西：《葛兰西文选》，国际共运史研究所编译，人民出版社 1992 年版。

［55］［美］诺曼·杰·奥恩斯坦，雪利·埃尔德：《利益集团、院外活动和政策制订》，潘同文译，世界知识出版社 1981 年版。

［56］俞可平等：《中国公民社会的制度环境》，北京大学出版社 2006

年版。

［57］［美］汉密尔顿，杰伊，麦迪逊：《联邦党人文集》，程逢如等译，商务印书馆 1980 年版。

［58］［美］查尔斯·比尔德：《美国宪法的经济观》，何希齐译，商务印书馆 1989 年版。

［59］［美］伯纳德·施瓦茨：《美国法律史》，王军等译，中国政法大学出版社 1990 年版。

［60］［新加坡］郑永年：《危机或重生？全球化时代的中国命运》，浙江人民出版社 2013 年版。

［61］［美］萨拉·M·埃文斯：《为自由而生——美国妇女历史》，杨俊峰译，辽宁人民出版社 1995 年版。

［62］［美］罗伯特·A.达尔：《多元主义民主的困境：自治与控制》，周军华译，吉林人民出版社 2011 年版。

［63］孟广林主编：《西方历史文献选读（现代卷）》，社会科学文献出版社 2015 年版。

［64］［新加坡］郑永年：《民主，中国如何选择》，浙江人民出版社 2015 年版。

［65］汝信，陆学艺，李培林编：《2007 年：中国社会形势分析与预测》，社会科学文献出版社 2006 年版。

［66］［美］帕伦蒂：《美国的民主》，韩建中、杨志荣译，河南人民出版社 1991 年版。

［67］徐木兴：《追寻自由民主的理路：哈罗德·拉斯基政治思想研究》，浙江大学出版社 2015 年版。

［68］［美］杰弗里·庞顿，彼得·吉尔：《政治学导论》，张定淮等译，社会科学文献出版社 2003 年版。

［69］［美］D.B.杜鲁门：《政治过程—政治利益与公共舆论》，陈尧译，天津人民出版社 2005 年版。

［70］吕增奎编译：《执政的转型——海外学者论中国共产党的建设》，中央编译出版社 2011 年版。

［71］俞可平:《全球化时代的"社会主义"——九十年代国外社会主义述评》,中央编译出版社 1998 年版。

［72］［美］吉列尔莫·奥唐奈,［意］菲利普·施密特:《威权统治的转型:关于不确定民主的试探性结论》,景威、柴绍锦译,新星出版社 2012 年版。

［73］高奇琦:《国外政党与公民社会的关系》,中央编译出版社 2011 年版。

［74］陶德麟编:《马克思主义哲学研究》,湖北人民出版社 2008 年版。

［75］［美］霍夫施塔特:《美国政治传统及其缔造者》,崔永禄、王忠和译,商务印书馆 1995 年版。

英文图书:

［1］Andrew Nathan.*China's Crisis: Dilemmas of Reform and Prospects for Democracy*, New York: Columbia University Press, 1990.

［2］Timothy Brook and B.Michael Frolic（eds）.*Civil Society in China*, New York: M.E.Sharpe, 1997.

［3］Baogang He.*The Democratic Implications of Civil Society in China*, New York: St.Martin's Press, 1997.

［4］Anthony Giddens.*The Consequences of Modernity*, Stanford: Stanford University Press, 1991.

［5］Suzanne Orden. *Inklings of Democracy in China*, Massachusetts: Harvard University Press, 2002.

［6］Francie Ostrower.*Why the Wealthy Give*, Princeton: Princeton University, 1995.

［7］Michael W.Apple（ed.）.*Cultural and Economic Reproduction in Education*, London: Routledge&Kegan Paul, 1982.

［8］Michael Edwards（ed.）.*The Oxford Handbook of Civil Society*, Oxford: Oxford University Press, 2011.

［9］J.L.Cohen and A.Arato.*Civil Society and Political Theory*, Cambridge:

The MIT Press, 1992.

[10] Robert Dahl.*How Democratic is the American Constitution*?, New Haven: Yale University Press, 2011.

[11] Bruce Ackerman.*We the People: Transformations Vol.II*, Cambridge: Harvard University Press, 1991.

[12] Lester M.Salamon and Helmut K.Anheier.*Defining the Nonprofit Sector—Across-national Analysis*, Manchester: Manchester University Press, 1997.

[13] Richard R.John. *Spreading the News: The American Postal System from Franklin to Morse*, Cambridge: Harvard University Press, 1995.

[14] John Lauritz Larson.*Internal Improvement: National Public Works and the Promise of Popular Government in the Early United States*, Charlotte: University of North Carolina Press, 2001.

[15] Lester M.Salamon.*The State of Nonprofit America*, Washington D.C: Brookings Institutes Press, 2002.

[16] Joseph A.McCartin.*Labor's Great War*, Chapel Hill: The University of North Carolina Press, 1997.

[17] Christopher L.Tomlins.*The State and the Unions*, Cambridge: Cambridge university press, 1985.

[18] Michel Crozier et al..*Crisis of Democracy, Report on the Governability of Democracies to the Trilateral Commission*, New York: New York University Press, 1975.

[19] James Mann.*The China Fantasy*, London: Viking, 2007.

[20] Teresa Wright.*Accepting Authoritarianism*, California: Stanford University Press, 2010.

[21] EvaBellin. *Stalled Democracy: Capital, Labor, and the Paradox of State-Sponsored Development*, New York: Cornell University Press, 2002.

[22] Richard Rose, William Mishler, and Neil Munro.*Russia Transformed: Developing Popular Support for a New Regime*, New York: Cambridge University

Press, 2006.

[23] MarcMorje Howard.*The Weakness of Civil Society in Post-Communist Europe*, Cambridge: Cambridge University Press, 2003.

[24] JanosKornai.*The Socialist System: The Political Economy of Communism*, Princeton: Princeton University Press, 1992.

[25] Ernest Barker.*Reflections of Government*, Oxford: Oxford University Press, 1942.

[26] Richard S.Katz and William J.Crotty (eds.).*Handbook of Party Politics*, London: Sage Publications, 2006.

[27] Woodrow Wilson.*The Politics of Woodrow Wilson, Selections from His Speeches and Writings*, New York: Harper, 1956.

[28] Arthur M.Schlesinger, Jr.(ed.).*History of U.S.Political Parties(vol.3)*, New York: Chelsea House Publishers, 1973.

[29] Kevin Boyle (eds.).*Organized Labor and American Politics, 1894-1994*, Albany: State University of New York Press, 1998.

[30] Mark A.Graber.*A New Introduction to American Constitutionalism*, New York: Oxford University Press, 2013.

[31] Lubman, Stanley B.*Bird in Cage: Legal Reforms in China after Mao*, Stanford: Stanford University Press, 1999.

[32] Sudipta Kaviraj and Sunil Khilnani (eds.).*Civil Society: History and Possibilities*, Cambridge: Cambridge University Press, 2001.

[33] Patrick Renshaw.*American Labour and Consensus Capitalism, 1935-1990*, London: Macmillan, 1991.

[34] Howard J.Wiarda. *Civil Society: The American Model and Third World Development*, Boulder: Westview Press, 2003.

[35] Theda Skocpol.*States and Social Revolutions*, Cambridge: Cambridge University Press, 1979.

[36] StephenSkowronek.*Building a New American State*, Cambridge: Cambridge University Press, 1982.

［37］William B.Gould IV.*A Primer on American Labor Law*，Cambridge：The MIT Press，2004.

［38］Alasdair MacIntyre.*After Virtue*，Notre Dame：University of Notre Dame Press，2007.

［39］BobJessop and Russell Wheatley（eds.）.*Karl Marx's Social and Political Thought*：*Critical Assessments*，*Vol.V*，London：Routledge，1999.

［40］Rober A.Dahl.*Dilemmas of Pluralist Democracy*，New Haven：Yale University Press，1982.

［41］Gopakuma K Thampi，Suresh Balakrishnan，*Public Policy & Civil Society*：*Ambiguities and Possibilities*，Bangalore：Public Affairs Centre，2002.

中文期刊：

［1］吴海燕：《"市民社会决定国家"开拓了通向历史唯物主义之路》，载《江西社会科学》1989年第2期。

［2］李淑珍：《论马克思的市民社会理论与国家的思想及其历史与现实意义》，载《学术月刊》1996第9期。

［3］荣剑：《马克思的国家和社会理论与改革》，载《马克思主义研究》1987年第4期。

［4］荣剑：《对马克思的国家和社会理论的再认识》，载《江汉论坛》1987年第3期。

［5］荣剑：《试论马克思主义的一体化过程——马克思国家和社会理论逻辑关系的考察》，载《江淮论坛》1988年第3期。

［6］鲁越：《从国家和社会的关系看国家政治经济职能的弱化趋向》，载《哲学研究》1987年第2期。

［7］辛少阳：《从国家与社会的关系看国家与社会的"趋同"——兼与鲁越同志商榷》，载《哲学研究》1988年第1期。

［8］沈越：《马克思市民经济思想初探》，载《经济研究》1988年第3期。

［9］沈越：《"市民社会"辨析》，载《哲学研究》1990年第1期。

［10］奚兆永：《评〈马克思市民经济思想初探〉》，载《经济研究》1989年第1期。

［11］奚兆永：《〈"市民社会"辨析〉的辨析》，载《哲学研究》1990年第5期。

［12］邓正来：《"生存性智慧"与中国发展研究论纲》，载《中国农业大学学报》（社会科学版）2010年第27卷第4期。

［13］方朝晖：《市民社会的两个传统及其在现代的汇合》，载《中国社会科学》1994年第5期。

［14］何增科：《市民社会概念的历史演变》，载《中国社会科学》1994年第5期。

［15］马长山：《从市民社会理论出发对法本质的再认识》，载《法学研究》1995年第1期。

［16］马长山：《市民社会理论：法学现代化的重要基点》，载《求是学刊》1999年第1期。

［17］郑戈：《市民社会中的市民法》，载《法律科学》1994年第6期。

［18］徐国栋：《市民社会与市民法——民法的调整对象研究》，载《法学研究》1994年第4期。

［19］郭定平：《我国市民社会的发展与政治转型》，载《社会科学》1994年第12期。

［20］陈玉刚：《市民社会的发展与西方民主》，载《复旦学报》（社会科学版）1995年第3期。

［21］王国有：《市民社会与中国现代化》，载《理论探讨》1995年第3期。

［22］俞可平：《马克思的市民社会理论及其历史地位》，载《中国社会科学》1993年第4期。

［23］俞可平：《社会主义市民社会：一个新的研究课题》，载《天津社会科学》1993年第4期。

［24］朱宝信：《培育有中国特色的市民社会刍议》，载《文史哲》1994年第6期。

［25］张一兵：《"市民社会"与"人"：一个共时性与历时性向度中的逻辑悖结》，载《江汉论坛》1994 年第 5 期。

［26］王兆良：《马克思的"市民社会"思想新思考》，载《哲学动态》1998 年第 7 期。

［27］李淑珍：《论马克思的市民社会与国家的思想及其历史与现实意义》，载《学术月刊》1996 年第 9 期。

［28］刘安：《市民社会？法团主义？——海外中国学关于改革后中国国家与社会关系研究述评》，载《文史哲》2009 年第 5 期。

［29］邓正来：《关于"国家与市民社会"框架的反思与批判》，载《吉林大学社会科学学报》2006 年第 3 期。

［30］邓正来：《"生存性智慧模式"——对中国市民社会研究既有理论模式的检视》，载《吉林大学社会科学学报》2011 年第 2 期。

［31］康晓光，韩恒：《分类控制：当前中国大陆国家与社会关系研究》，载《社会学研究》2005 年第 6 期。

［32］臧峰宇：《苏格兰启蒙运动与青年马克思的市民社会理论》，载《天津社会科学》2014 年第 2 期。

［33］王代月：《马克思超越黑格尔市民社会理论的过程史研究》，载《教学与研究》2010 年第 3 期。

［34］王新生：《现代公共领域：市民社会的次生性层级》，载《教学与研究》2007 年第 4 期。

［35］张康之：《对"市民社会"和"公民国家"的历史考察》，载《中国社会科学》2008 年第 3 期。

［36］王绍光：《社会建设的方向："公民社会"还是人民社会》，载《开放时代》2014 年第 6 期。

［37］卫欢：《马克思市民社会理论及其对构建中国和谐社会的指导》，载《政治与法律》2012 年第 5 期。

［38］刘明松：《马克思"市民社会"视域中的社会建设》，载《社会主义研究》2009 年第 2 期。

［39］丁瑞媛，胡大平：《日本新马克思主义的市民社会理论及其效应》，

载《南京社会科学》2015 年第 10 期。

［40］丁瑞媛：《论平田清明对社会主义与市民社会的链接与反思》，载《学术论坛》2015 年第 10 期。

［41］李佃来：《古典市民社会理论的历史流变及其影响》，载《武汉大学学报》（人文科学版）2007 年第 5 期。

［42］杨璐：《孟德斯鸠的"社会"：不同于现代自然法传统的努力》，载《社会学研究》2015 年第 2 期。

［43］张一兵，周嘉昕：《市民社会：资本主义发展的自我认识》，载《南京大学学报》（哲学、人文科学、社会科学）2009 年第 2 期。

［44］杜华：《国家构建理论与美国政治史研究的新趋势》，载《史学理论研究》2015 年第 1 期。

［45］王代月：《抽象具体关系视野中的马克思市民社会理论》，载《现代哲学》2011 年第 6 期。

［46］汪俊昌：《泰勒对自由主义的批判》，载《浙江学刊》2003 年第 6 期。

［47］王代月：《马克思对自由主义市民社会理论的批判研究》，载《社会主义研究》2009 年第 2 期。

［48］徐俊忠：《"市民社会决定政治国家"辨析》，载《广东社会科学》1990 年第 3 期。

［49］杨琪：《略论"综合经济基础"》，载《学术月刊》1979 年第 12 期。

［50］黄克剑：《从马克思恩格斯的早期著作看唯物史观的雏形》，载《江汉论坛》1980 年第 1 期。

［51］吴海燕：《"市民社会决定国家"开拓了通向历史唯物主义之路》，载《江西社会科学》1989 年第 2 期。

［52］陈荣富：《"生产关系"概念的制定与历史唯物主义的创立》，载《江西社会科学》1983 年第 2 期。

［53］［意］诺伯特·巴比奥：《葛兰西和市民社会的概念》，何增科译，载《国际共运史研究》1993 年第 2 期。

［54］俞可平：《社会主义市民社会：一个新的研究课题》，载《天津社

会科学》1993 年第 4 期。

［55］杨霞:《怎样理解马克思关于"市民社会"的用法》,载《马克思主义研究》1995 年第 6 期。

［56］杜志清:《马克思恩格斯关于经济基础和上层建筑学说的阐发过程》,载《河北学刊》1986 年第 6 期。

［57］张式谷:《论马克思思想发展历程中的两次重大转折》,载《社会主义研究》1985 年第 1 期。

［58］顾昕,王旭:《从国家主义到法团主义》,载《社会学研究》2005年第 2 期。

［59］秦洪源,付建军:《法团主义视角下地方政府培育社会组织的逻辑、过程和影响》,载《社会主义研究》2013 年第 6 期。

［60］江华,张建民,周莹:《利益契合:转型期中国国家与社会关系的一个分析框架》,载《社会学研究》2011 年第 3 期。

［61］陈晏清,王新生:《马克思的市民社会理论及其意义》,载《天津社会科学》2001 年第 4 期。

［62］王代月:《马克思市民社会理论的发现》,载《国外理论动态》2010 年第 4 期。

［63］阎月梅:《西方学者杰·亨特谈马克思的市民社会概念发展的三个阶段》,载《国外理论动态》1996 年第 24 期。

［64］郁建兴:《马克思的市民社会概念》,载《社会学研究》2002 年第1 期。

［65］林金忠:《马克思市民社会理论的得与失》,载《学术月刊》2011年第 3 期。

［66］邢荣:《从马克思的市民社会观到当代社会观》,载《北京行政学院学报》2008 年第 6 期。

［67］荣剑:《马克思的国家和社会理论》,载《中国社会科学》2001 年第 3 期。

［68］段妍:《马克思视野下"国家—社会"关系理论与中国现代社会治理创新》,载《理论探讨》2015 年第 3 期。

［69］荣剑：《从政治和经济的二元化看经济改革和政治改革的关系》，载《政治学研究》1987 年第 6 期。

［70］吴光芸：《社会资本，连接公民社会与协商民主的桥梁》，载《理论探讨》2009 年第 3 期。

［71］张爱军，高勇泽：《公民社会与协商民主》，载《社会主义研究》2010 年第 3 期。

［72］马长山：《中国法治进程的根本面向与社会根基》，载《法律科学》（西北政法学院学报）2003 年第 6 期。

［73］刘军：《"市民社会决定国家"命题的提出与确立》，载《北京大学学报》（哲学社会科学版）2014 年第 2 期。

［74］李会欣：《二战后美国劳工运动的变迁》，载《当代世界社会主义问题》2001 年第 1 期。

［75］徐正，邓国胜：《美国非营利组织的规模与结构》，载《学会》2011 年第 3 期。

［76］谢维雁：《宪政所要解决的问题及其中国式理解》，载《理论与改革》2013 年第 6 期。

［77］韩铁：《美国法律对劳工自由流动所加限制的历史演变》，载《美国研究》2009 年第 2 期。

［78］王菁：《经济绩效、经济结构与民主制度》，载《世界经济与政治论坛》2013 年第 5 期。

［79］林德山：《美国民主党回应现代保守挑战的经验教训》，载《当代世界与社会主义》2005 年第 4 期。

［80］强世功：《中国宪政模式？——巴克尔对中国"单一政党宪政国"体制的研究》，载《中外法学》2012 年第 5 期。

［81］邓正来：《市民社会与国家知识治理制度的重构》，载《开放时代》2000 年第 3 期。

［82］李凯林：《"公有资本"对社会主义和谐社会建设的意义》，载《新视野》2006 年第 6 期。

［83］原晨珈，李凯林：《近 30 年西方学者研究中国民间组织的特点管

窥》，载《北京行政学院学报》2016 年第 1 期。

英文期刊：

［1］Edward Friedman.Deng versus the Peasantry：Recollectivization in the Countryside［J］.*Promblems of Communism*，1990，39（05）.

［2］Merle Goldman.The Men Who Took the Rap in Beijing［J］.*World Monitor*，1991（August）.

［3］Philip C.C.Huang.Public Sphere./ "Civil Society" in China：The Third Realm Between State and Society［J］.*Modern China*，1993，19（02）.

［4］Jonnathan Unger，Anita Chan.China，Corporatism，and the East Asian Model［J］.*The Australian Journal of Chinese Affairs*，1995（33）.

［5］Minxin Pei.Chinese Civic Associations：An Empirical Analysis［J］.*Modern China*，1998，24（3）.

［6］Katherine Morton.The Emergence of NGOs in China and Their Transnational Linkages［J］.*Australian Journal of International Affairs*，2006，59（04）.

［7］Jessica C.Teets.Let Many Civil Societies Bloom：the Rise of Consultative Authoritarianism in China［J］. *The China Quarterly*,2013（213）.

［8］Caroline M.Cooper.This is Our Way in：the Civil Society of EnvironmentalNGOs in South-west China［J］.*Government and Oppostion*，2006，41（01）.

［9］MarkNeocleous.From Civil Society to the Social［J］.*The British Journal of Sociology*，1995，46（03）.

［10］Shui-Yan Tang，Xueyong Zhan.Civic Environmental NGOs，Civil Society，and Democratisation in China［J］.*The Journal of Development Studies*，2008，44（03）.

［11］Rebecca R.Moore.China's Fledgling Civil Society：A Force for Democratization？［J］.*World Policy Journal*，2001，18（01）.

［12］Jeninifer Y.J.Hsu，Reza Hasmath.The Local Corporatist State and

NGO Relations in China [J] .*Journal of Contemporary China*, 2014, 87（23）.

[13] Timothy Hildebrandt, The Political Economy of Social Organization Registration in China [J] .*The China Quarterly*, 2011（208）.

[14] AndreasFulda, Yanyan Li, Qinghua Song.New Strategies of Civil Society in China: A Case Study of the Network Governance Approach [J] . *Journal of Contemporary China*, 2012, 76（21）.

[15] Pat Devine.Economy, State and Civil Society [J] . *Economy and Society*, 1991, 20（02）.

[16] Gordon White.Prospects for Civil Society in China: A Case Study of Xiaoshan City [J] .*The Australian Journal of Chinese Affairs*, 1993（29）.

[17] ChristopherNevitt.Private Business Associations in China: Evidence of Civil Society and Local State Power [J] .*The China Journal*, 1996（36）.

[18] ElizabethKnupp.Environmental NGOs in China: An Overview [J] . *China Environment Series*, 1997（01）.

[19] Teh-chang Lin.Environmental NGOs and the Anti-Dam Movements in China: Asocial Movement with Chinese Characteristics [J] .*Issues&Studies*, 2007, 43（04）.

[20] Michael W.Foley and Bob Edwards.The Paradox of Civil Society [J] . *Journal of Democracy*, 1996, 7（03）.

[21] Marcia A.Weigle and Jim Butterfield.Civil Society in Reforming Communist Regimes: The Logic of Emergence [J] .*Comparative Politics*, 1992, 25（01）.

[22] Yanqi Tong.State, Society, and Political Change in China and Hungry [J] .*Comparative Politics*, 1994, 26（03）.

[23] Carolyn L.Hsu and Yuzhou Jiang.An Institutional Approach to ChineseNGOs: State Alliance versus State Avoidance Resource Strategies [J] . *The China Quarterly*, 2015（221）.

[24] Anthony J.Spires.Contingent Symbiosis and Civil Society in an Authoritarian State: Understanding the Survival of China's Grassroots NGOs[J] .

American Journal of Sociology, 2011, 117（01）.

［25］Kay Lehman Schlozman.What Accent the Heavenly Chorus？ Political Equality and the American Pressure System［J］.*The Journal of Politics*, 1984, 46（04）.

［26］EvaBellin.Industrialists, Labor, and Democratization in Late-developing Countries［J］.*World Politcs*, 2000, 52（02）.

［27］Gabriel A.Almond.Captialism and Democracy［J］.*Political Science and Politics*, 1991, 24（03）.

［28］M.J.Vinod.The Changing Demensions of Civil Society in the Twenty-first Century：Theory Versus Reality［J］.*The Indian Journal of Political Science*, 2006, 67（04）.

［29］Richard R.John.Governmental Institutions as Agents of Change：Rethinking American Political Development in the Early Republic,1787-1835［J］.*Studies in American Political Development*, 1997（11）.

［30］JosephFewsmith.Assessing Social Stability on the Eve of the 17th Party Congress［J］.*China Leadership Monitor*, 2007（20）.

［31］David S.Meyer.Protest and Political Opportunities［J］.*Annual Review of Sociology*, 2004（30）.

［32］Henry Rowen.When Will the Chinese People Be Free？ ［J］.*Journal of Democracy*, 2007, 18（03）.

［33］Kai He, Huiyun Feng.A Path to Democracy：In search of China's Democratization Model［J］.*Asian Perspective*, 2008（01）.

［34］AndrewWalder.Local Governments As Industrial Firms：An Organizational Analysis of China's Transitional Economy［J］.*American Journal of Sociology*, 1995, 101（02）.

［35］Baohui Zhang.Corporatism, Totalitarianism, and Transitions to Democracy［J］.*Comparative Political Studies*, 1994, 27（01）.

［36］Sidney M.Milkis.Franklin D.Roosevelt and the Transcendence of Partisan Politics［J］.*Political Science Quarterly*, 1985, 100（03）.

［37］Eric W.Orts.The Rule of Law in China［J］.*Vanderbilt Journal of Transnational Law*，2001（34）.

［38］Philippe C.Schmitter.Still the Century of Corporatism？［J］.*Review of Politics*，1974，36（01）.

［39］Lucian W.Pye.China：Erratic State，Frustrated Society［J］.*Foreign Affairs*，1990，69（04）.

［40］Richard S.Katz and Peter Mair.Changing Models of Party Organization and Party Democracy：The Emergence of the Cartel Party［J］.*Party Politcs*，1995，1（01）.

网络资料：

［1］《2009 年民政事业发展统计报告》，载 http：//www.chinanpo.gov.cn/yjzlk/index.html.

［2］《市民社会理论的研究》，载 http：//www.china-review.com/sao.asp？id=1783.

［3］《中国式宪政——试论党导立宪制》，载 http：//www.aisixiang.com/data/84804.html.

［4］《瓦格纳法》（National Labor Relations Act），载 https：//www.nlrb.gov/resources/national-labor-relations-act.

［5］《第五个现代化：民主及其他》，载 https：//wenku.baidu.com/view/b7b89f306bd97f192279e9d8.html.

［6］《决胜全面建成小康社会 夺取新时代中国特色社会主义伟大胜利——在中国共产党第十九次全国代表大会上的报告》，载 http：//www.xinhuanet.com/politics/19cpcnc/2017-10/27/c_1121867529.htm.

>>>> 后　记

　　跌跌撞撞，兜兜转转进入马克思主义理论学科的学习研究已 10 年有余，但说来惭愧，自认真正跨入理论性学术研究的门槛也只能从博士学习算起。对于理论基础不够扎实的我来说，本书的选题和写作都是极大的挑战，这种挑战有心理的，也有身体的。因此，虽然本书仍有许多不尽之处，但也是几年努力完成的成果。学无止境，道路漫长，此时，感触良多。

　　本书是在我的博士论文基础上修改而来。市民社会这一问题意识的萌生，最初是在考察海外学者对中国国家与社会关系的研究中产生的。在导师李凯林先生的悉心指导下，我与先生合作发表了《近 30 年西方学者研究中国民间组织的特点管窥》一文（载《北京行政学院学报》2016 年第 1 期），现在回头来看，这真是我学术生涯中极为重要的一步！由衷地感谢先生！我本打算继续以海外的相关研究为主题作博士论文，后来在李凯林先生建议下，我决定以马克思的国家与社会关系思想为主题，以海外研究为理论资源，落脚于中国现代化道路实践，以利于夯实理论基础的同时，开拓视野、服务国情。而在进一步文本研读中，我却遭遇到了马克思的"市民社会决定国家"命题，发现相较于国家与社会关系问题，市民社会是更为基础的概念，于是便有了本书的主题。一方面，本书的写作过程即是理论学习的过程，因此本书可说是一个"自我教化"的产物；另一方面，李凯林先生一直教导我要把论文写在祖国大地上，本书也致力于用马克思市民社会思想与其他相关理论进行对话，回答中国问题，但自知自己选择了一个几乎无法驾驭的问题，相应的回答亦不够深入。然而如果本书能在一定程度上激发读者的思考便是笔者最大的荣幸了。

本书能够顺利出版首先要感谢我博士阶段的导师李凯林先生。如果没有先生的指导，我的博士生涯必将更加艰难困苦。先生对我每次提交的大大小小的提纲或文章总是不分早晚，第一时间给予我细致而又具有启发性的反馈意见，也常常字斟句酌的亲自帮我修改，在我研究过程中遇到挫折时也对我给予鼓励。即使毕业以后，先生还在关心我的工作与生活。师恩难忘，吾辈当努力！此外，孙美堂、张秀华、文兵、罗朝慧，孟彦文等诸多师长也给予了许多指导，在此一并谢过。特别要提到的是，我现在工作单位的各位领导给我创造了宽松愉快的工作氛围，借此机会表示我的感谢！

人生道路还很长，期盼本书写作过程的收获能伴我今后一路知行合一，砥砺前行。

原晨珈

2022 年 5 月